日本の建築意匠

平尾和洋・青柳憲昌・山本直彦 編著

学芸出版社

はじめに

　「伝統」に意識的かつ継承的(サクセッシブ)なデザイン表現について、戦後日本の建築界を概観すると、1950年代に「伝統論争」で華々しい議論が展開され、多くの意欲作が生み出された一方で、その後の経済成長期以降、(一部の作家を除くと)同様の試みは影を潜めたように感じられます。他方、国際化が急激に進行した近年では、一部に伝統回帰の傾向が認められ、一般社会のみならず建築界でも「日本的なもの≒日本的・遺伝的アイデンティティと想定されるもの」を再考する状況が醸成されつつあるように思われます。

　本書はそうした現代的状況に鑑みて、一般的な日本建築史の教科書とは異なり、現在の建築設計や都市景観デザインに直結しうる、日本の建築的伝統に関する今日的な視点を提供することを目的として編まれました。日本建築の通史書に叙述された様式的細部の変遷をただ闇雲に記憶したとしても、現実的な設計課題に益する機会は少ないのが実情であり、日本の伝統的建築の意匠を、現代の建築に、表層的にではなく本質的に取り入れるためには、むしろ日本の建築史を包括的に理解することに加え、現代的な視点に立って、さまざまな歴史的事象をデザイナー自身が再解釈する必要があるのではないか。こうした問題意識に立っています。

　そこで本書では**近代の建築家による伝統理解と表現手法、フレームとフォルム、構成要素とマテリアル**の3部構成に基づき、建築・都市・空間感覚などを様々な切り口(モチーフ)で再解釈し、学生諸氏・現在活躍している若い設計者に向けてわかりやすく解説することを試みました。一方、「日本の建築意匠」とは何か、そして現在それはどうあるべきかという問題に対する見解を安易に示すことは控えています。むしろそれは、創作・表現活動に関わる事象である以上、個々の設計者たちが取り組むべき重要課題の一つと考えるからです。

　深く鋭い建築史的洞察を基盤に日本の建築的伝統に対する本質的見解を世に問うた先達の著作として、伊藤ていじ『日本デザイン論』(1966)、磯崎新『見立ての手法』(1990)、神代雄一郎『間(ま)・日本建築の意匠』(1999)などがありますので、本書とともに活用し、これからの有効な現代的提案に繋げていただきたいと思います。

　紙面構成については、設計資料としても使っていただきたいという企図から図版を多く掲載し、読みやすさ重視という観点から、見開きで各項目の内容を完結させる体裁としました。そのため分量面での制約が大きく、盛り込むべき事柄を一気に凝縮した結果、内容的には濃密なものになった反面、叙述不足からわかりづらい箇所もあるかもしれません。本書を通読してさらに理解を深めたいとなれば、本文末尾の註に掲げた資料などによって補完していただければと思います。加えて各項目(トピック)は、各部の編者の統括のもと、複数の執筆者の分担によって執筆されています。いうまでもなく叙述の方針や文体はできるかぎり統一を図りましたが、具体的内容や細部については執筆者の個性によるところも少なくありません。本書を通読されて不統一の誇りを免れないとすれば、ひとえに編者の力量不足の故であり、ご容赦いただきたいと存じます。

　日本の建築文化に興味はあるものの、日々取り組んでいる設計活動にそれをどのように応用すればいいのかわからない、という設計者は意外と多いのではないでしょうか。本書がそういった方々に手がかりを提供することができたとしたら、そしてそのことがひいては現代日本の建築文化の向上に繋がるとしたら、それに勝る喜びはありません。

2016年12月　編者一同

目次

I 近代日本の建築における「日本的なもの」と建築家の伝統表現　9

第1章　日本建築意匠論序説：日本近代の伝統表現　11

1.1　明治の建築における伝統表現　12
　　── 西洋古典主義の構成原理と折衷主義

1.2　大正の建築における伝統表現　14
　　── 様式論争と鉄筋コンクリート造による伝統表現の試み

1.3　昭和戦前期の建築における伝統表現　16
　　── 折衷主義的伝統様式の完成とモダニズム建築の伝統表現

1.4　1950年代の建築における伝統表現　18
　　──「弥生的なもの」と「縄文的なもの」

1.5　1960年代以降の建築における伝統表現　20
　　── メタボリズムの更新可能性とポスト・モダニズムの大衆性

column 1　万国博覧会の日本館　22

column 2　「縄文的なるもの」が語るもの ―白井晟一の創作哲学―　23

第2章　近代的テクノロジーという前提：「空間」の伝統表現から「象徴」の伝統表現へ　25

2.1　柱と梁と庇の、明るい空間　26
　　──**丹下健三**の「弥生的なもの」にみる軸組の表現

2.2　コンクリートの壁的表現　28
　　──**丹下健三**の「縄文的なもの」にみる"日本建築"の象徴化

2.3　内・外を流動する空間の造形　30
　　──**前川國男**による「行為」の空間と「日本的」な佇まい

2.4　柱と梁の「自抑的な意匠」　32
　　──**吉田鉄郎**、および「郵政スタイル」の軸組・各階庇の伝統表現

2.5　細部（ディテール）よりも比例（プロポーション）で　34
　　──**吉田五十八**の鉄筋コンクリート造による平安王朝美の再現

2.6　建築に"上絵付け"をする　36
　　──**谷口吉郎**の「意匠心」と鉄筋コンクリート造の日本建築様式

2.7　柱の「間（ま）」が併存させる"近代"と"伝統"　38
　　──**大江宏**の「混在併存」による伝統表現

2.8　壁を「屋根」とする　40
　　──**浦辺鎮太郎**の「ウラチン庇」にみる"日本建築"の生物学的進化

2.9　「床（ゆか）」を宙に浮かす　42
　　──**菊竹清訓**によるコンクリートの組立建築と架構の象徴表現

2.10　まちづくりの手がかりとしての「民家」　44
　　──**大高正人**のプレファブリケーション工法と傾斜屋根の造形

2.11　「日本的なもの」を解体し、再構築する　46
　　──**磯崎新**による日本建築からの引用手法と「闇（やみ）」の空間

column 3　折衷の日本の構築 ―伊東忠太の「法隆寺建築論」と進化主義―　48

column 4　山田守の伝統表現 ―和風意匠の抽象化による個人的なイメージの共有―　49

第3章	**伝統技術の継承と変容："数寄の美学"から"民家の造形"へ**	51
3.1	数寄屋を「明朗化」する ——**吉田五十八**の "新興数寄屋" にみる「大壁真壁」と「明朗な平面」	52
3.2	数寄屋の古典を再生（リバイバル）する ——**堀口捨己**による「本歌取り」の手法	54
3.3	関西風の薄味で自在なデザイン ——**村野藤吾**の "数寄の美学" の創作精神	56
3.4	緩勾配・切妻の屋根と象徴的な柱 ——**白井晟一**が秋田の風土から導いたもの	58
3.5	「箱の解体」により流動する空間 ——**F. L. ライト**と弟子たちのプレーリー・スタイルと "日本建築"	60
3.6	丸太架構のモダニズム ——**A. レーモンド**とその弟子たちによる "民家的" 空間の抽象化	62
3.7	ワン・ルームのなかの「鋪設（しつらい）」 ——**清家清**の「新日本調」の小住宅と本棟造り風棟持柱の家	64
3.8	民家の「象徴空間」を創造する ——**篠原一男**の「第一の様式」、〈白の家〉と〈地の家〉への道程	66
column 5	現代建築にみられる「日本的なもの」	68

Ⅱ	**日本の空間フレームとフォルムを学ぶ**	73
第4章	**中世の社寺建築における「日本的なもの」**	75
4.1	神秘的な「奥行き」空間 ——中世和様建築（仏堂）の空間構成の成立過程	76
4.2	穏やかで軽快な佇まい ——中世和様建築（仏堂）の立面意匠の成立過程	78
4.3	野物と化粧：おおらかさから整備感へ ——中世和様建築の成立の技術的背景	80
4.4	流造りの中世的展開 ——奥行き空間の創出と連棟式社殿	82
第5章	**民家プランと構造の基礎知識**	85
5.1	近世民家の成立 ——広間型と四間取り・併列型のプラン	86
5.2	ベーシック・ストラクチャー ——上屋と下屋・四方蓋・四方下屋・四本柱の四つ建	88
5.3	日本民家の源流 ——分棟型民家と多彩な屋根フォルム	90
5.4	空間は均質ではない ——オモテとウラ／平入と妻入	92
5.5	土間と床・座敷 ——座の多様性と「高さを操作する」	94

目次

第6章 日本の都市・集落デザイン 97

- 6.1 京都：1200年間続く都のかたち 98
  —— 都城の完成形の土着化・城下町化・近代化
- 6.2 城下町の歴史的展開 100
  —— 5類型と縦町型から横町型への変化
- 6.3 町家のかたち 102
  —— 都市に密集して住まう仕掛け
- 6.4 農村のかたち 104
  —— 集村から散村への歴史的展開
- 6.5 水辺空間と生活の風景 106
  —— 水と暮らしの関わりが生み出す風景

第7章 日本の空間特性 109

- 7.1 道 110
  —— 到達する道、シークエンス、活動の場、盛り場の街路
- 7.2 間接光が織り成す日本建築の光 112
  —— 反射光と透過光
- 7.3 空間の仮設性・可変性 114
  —— 祭礼、小屋掛け、空間をつくるおおい・床・仕切
- 7.4 ダイナミックバランス 116
  —— 反りの美学、アシンメトリー、天地人、間と余白

第8章 日本的空間の構造と配置形式 119

- 8.1 軸によって繋がれる空間と時間 120
  —— 水平性と垂直性が重なり合う直線的構造
- 8.2 浮遊する平面 122
  —— 無限に重層化される透明空間
- 8.3 「奥」を生み出す空間の結合形式 124
  —— 雁行による奥行がもたらす運動性と時間性
- 8.4 空虚な余白を包み隠す空間 126
  —— 「奥」を生み出す引力
- 8.5 世界の縮図としての空間構成 128
  —— 家と庭とが織りなす日本的コスモロジー
- column 6 かいわい（界隈）—活動が規定するにぎわいの場— 130

Ⅲ 構成要素とマテリアル（モチーフ） 133

第9章 部位のかたちと構成 135

- 9.1 屋根の多様性 136
  —— フォルムと素材、妻面と軒裏・組み合わせによるヴァリエーション
- 9.2 木割：和のオーダー 138
  —— 部材のプロポーションと配置の規範

| 9.3 | 窓と格子 | 140 |

　　　──三つの窓のかたち、茶室の景、格子のヴァリエーション

| 9.4 | 戸・障子と襖 | 142 |

　　　──古式開き戸、障子と襖のヴァリエーション、機能的な仕掛け

第10章　民家のシンボリズム　　145

| 10.1 | 家格の表現としての屋根 | 146 |

　　　──妻面と瓦葺・家紋と防火祈願

| 10.2 | 門と式台玄関～座敷 | 148 |

　　　──誘いのかたち・接客空間の独立

| 10.3 | 柱：神と福徳・家長のシンボル | 150 |

　　　──大黒柱・かまど神（荒神）・恵比寿柱

| 10.4 | 梁組・小屋組による演出 | 152 |

　　　──牛梁・中引梁・投掛梁・枠の内・梁算段・貫束和小屋

| 10.5 | 塗籠から寝間へ | 154 |

　　　──高八方造・雪国の生活と閉鎖性・方位のもつ意味

第11章　実用から生まれたアノニマスな機能美　　157

| 11.1 | 生産手段としての建築 | 158 |

　　　──農作業と養蚕民家のかたち

| 11.2 | 宗教行事と炉端の日常接客 | 160 |

　　　──視線による空間秩序・仏壇と部屋飾り

| 11.3 | 風雨と向き合う | 162 |

　　　──外壁の保護・屋敷林・防風と耐風・曲家

| 11.4 | 雪に備える | 164 |

　　　──構造強化・中門造・セガイ・軒下空間

| 11.5 | 火災からまもる | 166 |

　　　──土倉・土蔵の系譜、卯建の成立過程、立地の工夫

第12章　素材に隠された意味と役割　　169

| 12.1 | 素材原論 | 170 |

　　　──自然素材と場所性・連想性・テクスチャー

| 12.2 | 素地と着色 | 172 |

　　　──素木と黒木・色付という革新・自然との対比

| 12.3 | 漆喰と紙 | 174 |

　　　──白い意匠とプロポーション

| 12.4 | 竹の野趣 | 176 |

　　　──自然への連繋・数寄屋と民家の竹使い

| 12.5 | 外部空間のマテリアルデザイン | 178 |

　　　──地域性・真行草・記号的意味・ヒエラルキーとサスティナビリティ

問題集　　181

索引　　188

代々木体育館

近代日本の建築における「日本的なもの」と建築家の伝統表現

　第1部では、日本近代における伝統表現の系譜について概説しつつ（第1章）、主に第二次世界大戦後に活躍した建築家をなるべく数多く取り上げ、建築家ごとに伝統表現の設計手法について解説する（第2・3章）。

　たとえば古代ローマの建築家たちが古代ギリシアの建築的伝統を「シュムメトリア」という概念で解釈しつつ、同時代の技術革新やローマ人の嗜好に適合するようにそれを発展的に継承したように、「伝統」の解釈と再現は洋の東西を問わず建築史を通底する本質的な現象であるといえよう——建築の真実性(オーセンティシティ)はいつも同時代の精神が解釈する「伝統」が担保してきたのである。近い過去である近代という時代における先達たちの「伝統」への取り組みは、社会的前提条件が現代に近いだけに、「日本」を今一度見直そうとする現在の状況にも比較的容易に接続されるだろう。

　以下では建築家たちのパーソナリティや建築思想などではなく、彼らの設計の手法に焦点を当てつつ、近代的構法（鉄筋コンクリート造・鉄骨造）と木造の2側面に分けて見ていく。というのも、重要なのは作家個人ではなく、現代に発展的に継承させるべき「手法」にこそあるからであり、また建築の表現の問題は、設計の前提条件としての構法の問題に大枠を規定されるからである。そうした見方を提示することによって、多様で個別的に見える作家たちの作品や手法にも、時代による共通点や時代ごとの傾向などが朧気(おぼろげ)ながらに見えてくる。とはいえ、いうまでもなく現代は、ここで取り上げた建築家たちの時代と社会的背景や技術的前提条件が違うから、今日の「伝統」の表現法も彼らと全く同じものにはならない。しかし、彼らの残した建築作品や手法的成果についての正当な理解は、今日の提案にも現代的根拠と説得力を与えることだろう。

第1章　日本建築意匠論序説
日本近代の伝統表現

　第1章では、明治期から戦後（1980年代まで）にかけての建築家たちの日本意匠論と伝統表現の手法を概観する。明治維新による日本の近代化の始動後、近代国家の形成の過程においては、江戸時代までの「伝統」をどのように捉え、どのようにそれを継承していくかという問題が、建築界の主要テーマの一つであった。改めていうまでもなく「伝統」とは自明のものではなく、時代の眼により発見され、創造的に継承されるべきものであり、このテーマは現代の建築界においても決して無縁ではない。

　明治末期から昭和期にかけて、鉄筋コンクリート造・鉄骨造という近代的テクノロジーが普及しはじめ、一方で都市化にともなう建物の高層化により、大正期の建築家たちは伝統表現法の新たな課題に直面した。そして昭和初期になると、西洋からモダニズム建築が導入されて、伝統表現にも新機軸を打ち出す──「空間」という概念や、形態の「単純化・抽象化」によって伝統が表現されるようになったのである。戦後の1950年代にはモダニズム建築の「弥生的なもの」に対して、主に脱・モダニズムの観点からの「縄文的なもの」が登場し、この時代を最後に今日まで「伝統」が建築界で大きく議論されることはなかったが、メタボリズム・グループやポスト・モダンの建築家たちによってこの問題が引き継がれて現代に至っている。

1.1 明治の建築における伝統表現
——西洋古典主義の構成原理と折衷主義

図2 奈良県庁舎（長野宇平治、1895）

〈奈良県庁舎〉（図2）で和風意匠が求められたのは、近くに建つ「似而非西洋風」の奈良博物館（片山東熊、1894）が不評だったので古都奈良との調和が図られたからである。構造は筋交いを用いた大壁構造で、外観に現れる柱は装飾的付加物であり、小屋組にはトラスが用いられている。

〈日本勧業銀行〉（図1）は武田五一の処女作でもある。敷地は洋風建築が建ち並ぶ日比谷公園前で、設計者の提案により和風意匠が採用されたといわれる。正面の中央部では千鳥破風と唐破風を組み合わせ、車寄せの入母屋の屋根とともに賑やかに正面性を強調し、両翼を大きく前面に突出させて奥行き感を出している。また、柱と梁の交差部には伝統的な釘隠しを用い、内部の営業室は寺院建築の回廊のように柱間に虹梁を架け、蟇股・大斗で棟木を支える。武田はこの後この様式を洗練させながら〈山王荘〉（1919）などの和風建築を数多く生み出した。

図1 日本勧業銀行（妻木頼黄・武田五一、1899）

　日本の近代化は、徳川幕府の崩壊に伴い鎖国政策が廃され、西洋諸国に開国したことで本格的に始動します。明治政府は、欧米列強との不平等条約を改正するために富国強兵・殖産興業のスローガンのもと欧化政策を推し進めましたが、日本において「近代化」とは「西洋化」とほぼ同義であり、その過程では常にナショナリズムによる反動が伏在していました。建築分野の明治時代は、西洋様式建築の学習と模倣の時代であったとされますが[1]、その一方で"日本的なもの"を希求する動きも少なからず見られたのです。社会のあらゆる側面での大変革をもたらす「近代化」の渦中で、それまでの長い歴史の中で培（つちか）われてきた自国の文化をどのように維持・継承していくかという課題は、日本のみならず、近代国家形成の過程で必然的に出てくる要請であり、それは現代にあっても無縁ではないのです。

○ハーフティンバー様式と西洋古典主義の融合
　西洋建築の学習が進められた明治20年代（1887～1897年）に、長野宇平治は〈奈良県庁舎〉（1895、図2）において「Traditional Style」すなわち日本の新伝統様式の創出を試みました[2]。この作品に示された手法は、この後の日本近代を通して展開される伝統表現の礎（いしずえ）となりました。

　長野は、同時代に日本で流行していたアメリカのハーフティンバー様式を下敷きに和風意匠を提案しています[3]。この様式が柱・梁を意匠的に外観に表現するので、真壁（しんかべ）の日本の伝統建築と親近性があったためでしょう。柱間に袖壁（そでかべ）をつけて縦長の窓にしているのはこの様式を踏まえたためです[4]。また、正立面の中央部では入母屋の屋根に千鳥破風（ちどりはふ）を付け、車寄せには入母屋の妻面を見せて正面性を強調しつつ、両端部では壁面を少し前面に出し、大きな切妻破風を見せて横長の立面（よくよう）を引き締めています。このように抑揚を付けながら記念性を表現する立面構成原理は、西洋の古典主義建築と本質的に同じであり、外観は"和風"でありながらも、美学的にはあくまで西洋建築に依拠しているのです。

○「屋根」の重視、および屋根と軸組の比例操作
　妻木頼黄と武田五一による〈日本勧業銀行〉（1899、図1）でも、長野の伝統様式と同様の手法が用いられていますが、造形的にはさらに展開されています。ここでは〈奈良県庁舎〉よりも軒を深く出し、陰影で屋根の存在感を強調しており、そこに「屋根」重視の伝統理解がうかがえます。また、注目されるのは、屋根と軸組の比例に注意が払われている点です。日本の古建築は楼閣や塔を除

図3　旧二条駅（1904）　　　　　　　　図4　奈良ホテル（1909）

図5　妻木頼黄自邸（1909）　　　　　図6　唯一館（コンドル、1894）

第一案

第二案

図9　芝川邸（武田五一、1911）

図7　帝国議会議事堂計画（エンデ&ベックマン、1887）　図8　奈良県物産陳列所（関野貞、1902）

妻木頼黄の〈自邸〉（図5）は全体的にハーフティンバー様式をもとにしながらも、玄関庇の唐破風のような曲線、破風を受ける二手先組物のような持ち送り、千木の付いた妻飾りに花頭窓、蟇股、大瓶束など、様々なモチーフが混然一体となり、独創的で濃密な意匠となっている。このように折衷主義の建築は、しばしば伝統的モチーフの本来的意味や用法からは逸脱し、独創的・個性的な意匠を創造する。記念性が求められない建築は、ハーフティンバー様式本来の、ピクチャレスクな左右非対称の軽快な外観意匠が見られる（図6）。武田五一の〈芝川邸〉（図9）もピクチャレスクの一例で、様々な形式を組み合わせた天井など、数寄屋建築の遊興的な意匠とそれを結びつけた例である。

〈奈良県物産館〉（図8）は〈平等院鳳凰堂〉（京都府、1053）に倣った中堂・翼廊の構成で、翼廊には方形の楼閣をあげる。鳳凰堂を参照したのは、それが西洋古典主義建築の立面構成に類似するためだろう。舟肘木、虹梁、蟇股、人字型割束など、日本建築史の各時代の様式的細部が意図的に折衷されている。

けば基本的に平屋建てなので重層建築に"和風"を適用するには工夫が必要になります。ここでは板張りの1階外壁で立面を2層に分割し、上層において屋根を支える伝統的建築の立面比例に近づけているのです。

明治中期に創出されたこうした伝統様式は、鉄道駅や観光ホテルなどを通じて全国的に広がったと考えられます（図3、4）。[5]

○西洋歴史主義建築の折衷主義的手法

西洋の様式建築の骨格の上に"和風"を装うという伝統表現の手法は、基本的には折衷主義の範疇に入るものです。折衷主義は19世紀西洋の歴史主義建築の設計手法で、複数の歴史的様式を自在に組み合わせて一つの建築にまとめ上げるものであり、しばしばロマン主義的な異国への憧憬を伴います（ピクチャレスク）。

「折衷」を行うには、むろん様式史の知識が必要で、明治中期ごろに日本建築史の体系化が進むにつれて日本建築史上の複数の様式を意図的に折衷するものが出てきます。たとえば、日本建築史研究の第一人者・関野貞は〈奈良県物産陳列所〉（1902、図8）で、日本建築史の各時代の様式的細部を混在させながら、サラセン風の窓の意匠までも組み込んでいます。

○背景としてのオリエンタリズム

明治期の伝統様式の根源には、外国人建築家の異国趣味、すなわちオリエンタリズム（東洋への憧憬）があったと思われます。たとえば、エンデ&ベックマンの〈帝国議会議事堂計画第二案〉（1887、図7）は、第一案のネオ・バロック様式の骨格をそのままに、中央と両端の屋根を"日本"を連想させる形態（祇園祭の山鉾を思わせる）に変更し、表層的に異国趣味を表現したものです。「屋根」で"日本"を表現した点や、古典主義の構成を用いる点で、前記した長野の伝統様式に先鞭を付けたものでした。また、ハーフティンバー様式をもとに"和風"を表現するのも長野の創意ではなく、早い例にJ.コンドルの〈唯一館〉（1894、図6）があります。コンドルは〈上野博物館〉（1881）で、日本の風土を考慮して西洋と日本の中間のインド・サラセン様式を採用したと述べており[6]、また〈唯一館〉でもサラセン風の窓の意匠を用いています。

［註］
1　『近代日本建築学発達史』丸善、1972、pp.1541-1570
2　長野宇平治「新築奈良県庁図面説明」『建築雑誌』1896年3月号、p.62
3　桐敷真次郎『明治の建築』日本経済新聞社、1966、pp.142-145
4　藤森照信『日本の近代建築（下）』岩波新書、1993、p.16
5　初田・大川・藤谷『近代和風建築（上）』建築知識、1998、pp.40-53
6　「コンドル博士答弁」『建築雑誌』1920年6月号、p.279

1.2 大正の建築における伝統表現
——様式論争と鉄筋コンクリート造による伝統表現の試み

〈明治神宮宝物殿〉(図1) は、事前に行われた設計競技の一等当選案 (図2) とは無関係に大江新太郎により実施設計がされた。宝物を収容するという機能の類似性から日本古建築の中の校倉造りが参照されているが、"校倉造り"だけでは記念性の表現が難しかったものと思われ、寝殿造りも参照している。分棟形式として左右対称に建物を配し、高床で正面に大階段を設けた中心建物は〈京都御所紫宸殿〉(京都府、1855) を思わせる。こうした特徴は設計競技案の三等一席の後藤慶二案 (図3) に比較的近い。実施案は鉄筋コンクリート造であるが、校倉風外壁の上の組物や繁垂木 (鉄骨製) は忠実に再現され、その一方で渡廊下やピロティの柱上の組物はシンプルで見慣れない形式が考案されており、伊東忠太の建築進化論の影響がうかがえる。なお、設計競技案の三等三席 (図4) は〈唐招提寺金堂〉(奈良県、奈良時代) を直截的に参照し、軸部でドリス式オーダーを木造風にアレンジしているが、大正期にはこのようにギリシア古典建築の木造起源説を論拠に進化論的折衷を試みる事例が散見される。

図1 明治神宮宝物殿 (大江新太郎、1921)

図2 同・一等当選案 (大森喜一、1915)

図3 同・三等一席 (後藤慶二、1915)

図4 同・三等三席 (松井貴太郎、1915)

　明治時代末になると、日本の建築家たちによる西洋様式建築の習得はほぼ完了し、欧米並みの水準でそれを建てられるという自信が生まれてきました[1]。この時代の背景には日清・日露戦争の勝利とナショナリズムの高揚があり、それまで一部を除き西洋一辺倒だった建築界の方向性が見直され、自国の伝統を見直そうとする動きが出てきます。一方、建築技術の発達により日本に鉄筋コンクリート造の建物が出現しはじめるのもこの時期です。この構造の基準整備が進められて普及するのは関東大震災 (1923) の後ですが、大正期の建築家たちは、耐火性・耐震性に優れるとされたこの最新の構造技術を用いて、どのように木造古建築の伝統を表現できるのかという新たな課題に取り組んだのです。

○様式論争「我国将来の建築様式を如何にすべきや」

　1910 (明治43) 年、近代国家の象徴的建物・「議院建築」(国会議事堂) で採用すべき「国民的様式」とは何かという問題を念頭に、将来の日本の建築界の進むべき方向性について大きな論争がありました[2]。そこで想定されているのは木造ではなく不燃構造 (石造・RC造) で、日本古建築の様式は当然ながら木造としての合理性の上に成立したものである以上、その様式をそのまま適用することはできません。その論争の中で長野宇平治らは、日本の建築は新技術による「様式」にはなり得ないと考え、従来通りの方向で「本当に欧羅巴の建築を応用」すべきと主張しました。しかし、関野貞は「日本の建築にあらわれた趣味精神」を土台とし、そのうえで世界の歴史様式を折衷させながら「国民的様式」を創造すべきと説き、伊東忠太は「日本古来の様式を基礎とし、之を進化」させるという「建築進化論」を主張しました。大正期の建築界では、彼ら建築史家の見解が実作に展開されます。

○大正期における折衷主義の継続

　明治末の様式論争後、まもなく〈明治神宮宝物殿〉設計競技 (1915) で、鉄筋コンクリート造による伝統表現が実作として試される機会を得ましたが[3]、そのほとんどの案は、明治期の伝統表現と同じく折衷主義的なものでした。つまり、構造が変わっても、表現や手法にはほとんど変化が見られなかったのです。一等当選案 (大森喜一、図2) は、中央部と両端部に西洋古典主義的なオーダーを設けつつも方形や入母屋の和風屋根をかけたもので、また大江新太郎の設計で実施された建物 (図1) も、校倉造りと寝殿造りという異なる日本建築史の様式を組み合わせている点で折衷主義的です。

第1部　近代日本の建築における「日本的なもの」と建築家の伝統表現

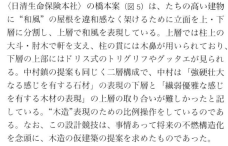

図5　日清生命保険本社（橋本舜介原案、佐藤功一、1917）

〈日清生命保険本社〉の橋本案（図5）は、たちの高い建物に"和風"の屋根を違和感なく架けるために立面を上・下層に分割し、上層で和風を表現している。上層では柱上の大斗・肘木で軒を支え、柱の貫には木鼻が用いられており、下層の上部にはドリス式のトリグリフやグッタエが見られる。中村鎮の提案も同じく二層構成で、中村は「強硬壮大なる感じを有する石材」の表現の下層と「繊弱優雅な感じを有する木材の表現」の上層の取り合いが難しかったと記している。"木造"表現のための比例操作をしているのである。なお、この設計競技は、事情あって将来の不燃構造化を念頭に、木造の仮建築の提案を求めたものであった。

図6　震災記念堂（伊東忠太、1930）外観（左）、三重塔（右）　　図7　高島屋京都店（1912）　　図8　虎屋（岡田信一郎、1932）

伊東忠太の〈震災記念堂〉（図6）の本堂はバシリカ式教会堂の骨格（平面・断面）に"和風"を装った折衷主義的建築であるが、三重塔では建築進化論に従い、組物や垂木の"変形"と"単純化"が試みられている。

大江新太郎の〈神田神社〉（図9）や〈醍醐寺霊宝館〉（図10）は鉄筋コンクリート造らしく木太い柱の柱間をゆったりと取りつつ、建物のたちを低くしている。そのどっしりとした外観意匠は、大江の造形感覚をよく示している。

図9　神田神社（大江新太郎、1934）　　図10　醍醐寺霊宝館（大江新太郎、1935）

次いで行われた〈日清生命保険本社〉設計競技（1916）は、都市部に立地するたちの高い多層建築でどのような伝統表現が可能かという、大正期の都市化と技術発展を背景に生まれた新たな課題の解法を求めるものでした[4]。一等当選案（図5）などで示された解法は、立面を2層に分割し、上層を伝統建築の立面比例に近づけながら軸組と屋根で"和風"を表現し、下層は西洋様式建築をベースに壁的な表現とするものです。この立面構成法は、明治中期の〈日本勧業銀行〉で示された解法と基本的には同じで、それを応用したものといえます。

〇伊東忠太の「建築進化論」とその系譜

様式論争に際して伊東は、あえて「折衷を試みなくても宜しい」と、折衷主義的な手法を否定しました[5]。伊東の持論・「建築進化論」は、木造から石造に「進化」して古典様式を生み出した古代ギリシア建築のように、日本建築も木造から石造（RC造）に進化すべきという考え方です。伊東によれば、まずは石造により木造の「古式」を忠実に再現する「Substitutionの時代」があり、その後に建物各部が次第に「変形」し、新しい建築様式が成立するとされます。彼のいう「変形」とは、石造による古式の再現が構造的・施工的に不合理となる部分を合理的になるように──ある必然性をもった形態に──変えることを意味し、たとえば斗と肘木を石材で製作するのは無理があるので、つくりやすいように変形すれば、いずれ組物の新形式が創出されると述べています。

大正期の建築を見ると、伊東のいう「Substitutionの時代」のように、鉄筋コンクリート造で木造古建築の軸組構造を忠実に再現しようとした事例がよく見られます。たとえば〈真宗大谷派函館別院〉（伊藤平左衛門、1915）では二手先組物などコンクリートでつくりにくい部分も正確に再現されています。

一方、鉄筋コンクリート造なので軸組構造よりも壁体を主とする表現を適当と考えて、校倉造りを参照したものに〈明治神宮宝物殿〉（図1）や〈鎌倉国宝館〉（岡田信一郎、1928）があります（しかし校倉造りだけでは記念性の表現には限界がありました）。また、土蔵造（11.5節）を参照したものに〈高島屋京都店〉（難波新平、1912、図7）や〈虎屋〉（岡田、1932、図8）などがあります。

［註］
1　村松貞次郎『日本近代建築の歴史』日本放送出版協会、1977、pp.128-129
2　「我国将来の建築様式を如何にすべきや」『建築雑誌』1910年6・8月号
3　「明治神宮宝物殿建築意匠の懸賞競技」『建築雑誌』1915年10月号
4　「日清生命保険株式会社新築設計図案懸賞審査発表」『建築雑誌』1916年5月号
5　伊東「建築進化の原則より見たる我邦建築の前途」『建築雑誌』1909年1月号

1.3 昭和戦前期の建築における伝統表現
——折衷主義的伝統様式の完成とモダニズム建築の伝統表現

図1　東京帝室博物館（渡辺仁、1937）

図2　東京帝室博物館設計競技当選案（渡辺仁、1931）

図3　帝国議会議事堂案（下田菊太郎、1920）

〈東京帝室博物館〉設計競技における渡辺仁の提案（図1、2）は、それまでの伝統表現と比較して斬新なものであった。正面の中央を強調する手法として従来のような千鳥破風や唐破風などの大袈裟なモチーフを用いず、若干張り出した上層の高欄や柱断面の違い、切妻造り・平入りの車寄せなどによってさりげなく正面性を強調している。正面の両端にも従来のような破風を見せず、かわりに落棟としつつ壁面を後退させて横長の立面を引き締める。棟にも反りはなく、全体的に直線的でシンプルな造形となっており、同時代のモダニズム建築の美意識の投影を見て取れる。

　昭和初年代になると、近代合理主義思想を基盤として20世紀初めに欧州で生まれた"モダニズム建築"、とりわけ後に「国際様式（インターナショナルスタイル）」と呼ばれる様式——装飾的要素が少なく、白い箱型のヴォリュームが表現された建築——が日本にも出現しはじめます。その背景には、第一次世界大戦後の日本における工業化の進展や、相次ぐ経済恐慌による建設業の経営合理化などがあります。しかし、満州事変（1931）を契機に日本は次第に右傾化し、一時は軍需生産により建設活動も活況を呈しましたが、1938年以降は建設資材の使用制限、建築規模の制限などの国家統制によって建築生産は麻痺状態となります。ナチス・ドイツとは異なり、日本では建築意匠の統制はありませんでしたが、そうした時代背景は日本のモダニズム建築を「畸形化（きけい）」したと考えられています[1]。しかし、伝統表現の手法に着目すれば、それまでとは異なる新たな展開を見ることができます。

○折衷主義的手法による「帝冠様式」
　この時代には公共建築を中心に、いわゆる「帝冠様式」の建物が多く建てられたことが知られています[2]。これは昭和初期の"国家主義"に呼応するものとされますが、むしろ明治期以来の折衷主義的伝統表現を集大成したものと見るべきでしょう。一般に「帝冠様式」とは、西洋の歴史主義的な建物に日本の伝統的な瓦葺きの勾配屋根を載せたものを意味し、下田菊太郎による「帝冠併合式」という〈帝国議会議事堂案〉（1920、図3）に由来するものとされます。その案はバロック風の古典主義建築の上に、京都御所を参照したという2層の和風建物を載せた案ですが[3]、このように建物の上に建物を載せただけの意匠は昭和期の「帝冠様式」には見られません。

　帝冠様式の建築は立面を2層か3層に分割し、最上層のたちを低くして、屋根を支持する伝統的木造の立面比例に近づけるという手法を用います。たとえば〈東京帝室博物館〉（1937、図1）、〈京都美術館〉（1933、図4、8）、〈軍人会館〉（1934、図5）は、最上層で釘隠し付きの長押や柱梁の軸組が表現されています。既述のように、この手法は明治期の〈日本勧業銀行〉から大正期の〈日清生命保険本社〉を経て展開されてきた手法であり、入母屋や切妻の破風で立面に抑揚を付けるのも明治期以来の常套手段です。一方、昭和期に固有な特徴は、城郭風の瓦葺き屋根をかけるものが目立つという程度です。

○モダニズム建築の造形理念にもとづく伝統理解
　一方、モダニズム建築家たちは、こうした帝冠様式の

図4　京都美術館 (1933)

図5　軍人会館 (1934)
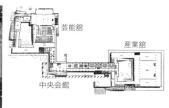
図6　在盤谷日本文化会館 (前川、1943)

図7　紫烟荘 (堀口捨己、1926)

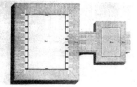
図9　大東亜建設記念営造計画 (丹下健三、1942)

図8　京都美術館・細部　　図10　在盤谷日本文化会館 (丹下健三、1943)

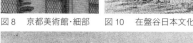

図11　建国記念館A案 (前川國男、1937)　　図12　東京市忠霊塔 (前川國男、1942)

丹下健三の〈在盤谷日本文化会館〉計画案（図10）は木造だが、京都御所に範を採りつつも、破風にやや転びを付けた切妻造りに棟持柱を設けた"古式"の神明造りを用いて「日本」を象徴的に表現している。また、この設計競技で前川國男は歴史的様式の細部の直写ではなく「空間構成」で伝統を表現したと述べている。前川案（図6）の、産業館と芸能館を矩折りに配して中央会館で繋ぐという配置計画と空間構成は、戦後の〈神奈川県立図書館・音楽堂〉などに継承される。前川の〈東京市忠霊塔〉計画案（1942、図12）では、城郭の石垣をモチーフとした単純形態の量塊が象徴的に強調されている。

堀口捨己の〈紫烟荘〉（図7）は昭和初期におけるモダニズム建築家の伝統理解を示す一例である。堀口は、都市部の環境悪化を背景に「非都市的なもの」を志向し、茶室の「空間構成」や「美的表現」を参照しながら、左右非対称のモダンで田舎家風の茅葺き住宅を提案した（アムステルダム派の影響が見られる）。この住宅は、明治期以来見られたピクチャレスクの伝統表現の系譜に連なるものといえる。

建築を強く非難しました[4]。彼らは、そこに見られる瓦葺きの勾配屋根は寺院建築に由来するもので、それは中国起源のものなので「日本的」ではないと批判しつつ、そもそも勾配屋根は鉄筋コンクリート造には不要で、構造的な合理性がなく、また、帝冠様式にしばしば用いられる蟇股や組物などの細部の装飾も本来の構造的意味を持たないと批判しています[5]。彼らは、寺院建築のかわりに日本固有とされた神社、住宅、茶室に着目し、それらに見られる無装飾、簡素さ、素材の直截的表現などの造形的特徴こそ「日本的」であるという、抽象美学的な造形理念にもとづく伝統理解を提示しました。

また、浜口隆一は、西洋の建築は「物質的・構築的」なのに対し、日本は「空間的・行為的」であるという見方を提示しつつ、前川國男の〈在盤谷日本文化会館〉（図6）を称賛しました[6]。しかし、実作においては昭和戦前期に「空間」という抽象的概念で「日本」を表現したものは一部を除きほとんど見られませんでした。

○モダニズム建築による象徴性の伝統表現

モダニズム建築家たちは自らの美学や理念に従い、それまでの折衷主義とは異なる手法で伝統表現を試みました。とりわけ記念性が求められる建築のデザインにおいて、彼らは日本建築に由来する形態を用いて象徴性を付与しながら、それを単純化・抽象化した形態のヴォリュームを強調するという手法を用いました。

たとえば、丹下健三は〈大東亜建設記念営造計画〉（1942、図9）で、伊勢神宮に見られる切妻造り・平入りの神明造りをモチーフとしつつも、高床ではなく、地面から巨大な屋根が直接立ち上がる「原型」的なもの[7]（天地根源宮造）を象徴的に表現しています。千木を省略し、堅魚木を天窓に変更するなど、なるべく装飾的要素を排除しつつ、形態を単純化しています。大屋根は内部に大空間を内包し、「帝冠様式」のように単なる"装飾"ではなく、打ち放しコンクリートで素材が直截的に表現されています。また、前川國男の〈建国記念館〉計画案A案（1937、図11）は〈法隆寺綱封蔵〉を連想させる造形で、両側の白い箱形ヴォリュームを強調しつつ、中央の独立柱の列柱によって記念性が付与されています。

[註]
1　稲垣栄三『日本の近代建築　その成立過程』丸善、1959、p.337
2　井上章一『戦時下日本の建築家』朝日新聞社、1995、pp.14-101
3　長谷川堯『日本の建築 [明治大正昭和] 4 議事堂への系譜』三省堂、1981、p.179
4　堀口捨己「現代建築に表はれた日本趣味について」『思想』1932年1月号
5　藤岡洋保『近代建築史』森北出版、2011、p.132
6　浜口『市民社会のデザイン　浜口隆一評論集』而立書房、1998、p.132
7　丹下健三ほか「コンペの時代」『建築雑誌』1985年1月号、p.23

1.4　1950年代の建築における伝統表現
――「弥生的なもの」と「縄文的なもの」

図1　神奈川県立近代美術館（坂倉準三、1951）

図2　神奈川県立近代美術館・テラス

図3　香川県庁舎（丹下健三、1958）

図4　玉堂美術館（吉田五十八、1961）

坂倉準三の〈神奈川県立近代美術館〉（図1, 2）は、スレンダーな柱の鉄骨造による軽快な外観や、内外空間の連続する流動的な空間構成という点で、同じ設計者の〈パリ万国博覧会〉（1939）を想起させる。鶴岡八幡宮の平家池に面するテラスは、自然石の礎石にたつ鉄骨の列柱で持ち上げられた上階の下にあり、建築と自然環境との連続性を感じさせる。坂倉は「内部に立って外部の自然との調和あるつながりを感ずる空間」は「桂離宮の古書院の内に坐して障子をあけはなして外部の池の空間につらなる感じ」と同じであると述べている。

　1950年代は、昭和戦前期にはまだ少数派であったモダニズム建築が全面的に展開される時期であり、この時期の「伝統」の表現手法も、戦前のものを継承しつつ、発展させたものでした。敗戦後の日本では、GHQの統治下でアメリカの民主主義が移植され、戦時下の国粋主義に対する反動から日本の伝統的なものを排除する社会風潮が見られましたが、1950年代になると朝鮮戦争の特需による経済的復興や、講和条約締結（1951）による日本の「独立」の回復を背景に、「日本的なもの」を希求する社会的な動きが台頭してきます。「新日本調」（3.7節）と呼ばれた木造小住宅が流行し、1955年1月の『新建築』誌上の丹下健三らの論考[1]を契機に、いわゆる「伝統論争」が起こりました。その後は今日に至るまで日本の"伝統"の問題が建築界において俎上に載せられることはなかったので、1950年代の伝統理解の枠組みや表現の手法を見直すことは現在でも有効といってよいでしょう。

○伝統理解の枠組み、および「空間」による伝統表現

　丹下健三（2.1節）の伝統論は、縄文時代の竪穴住居に始まる閉鎖的な空間の下層（農民）階級の流れと、弥生時代以来の高床で開放的な上層（貴族）階級の流れの2系統で日本建築史を捉え、その結節点に桂離宮を位置づけるというものです（5.5節）[2]。同じ頃に白井晟一も「日本文化伝統の断面を縄文と弥生の葛藤において」捉えることを説き、「縄文的なるもの」を提唱・称揚しました[3]。日本古代住宅を「竪穴」と「高床」の2系統で捉える図式は建築史家・太田博太郎がすでに提示したものですが[4]、彼らはそれを日本住宅史全体に敷衍しつつ、そこに"現代建築"としての評価軸を与えたのです。当時「縄文的なもの」が注目された背景には、戦後民主主義の導入を背景とした建築界の「民衆」への着目がありました。

　また、丹下は、古民家の「田の字型プラン」や町家の「通り庭式」など歴史的建築の形式に「空間の典型化」を見て、その典型化の過程で日本人が獲得したという「方法的成果」（空間の融通性・無限定性・規格化された互換性）を現代に継承しようとしました[5]。つまり、丹下は伝統的な「空間構成」から学んだことを実作に展開しようとしたのです。「空間」に"日本"を見るという見方は、昭和戦前期の延長線上にあります。なお、当時は丹下のほかにも多くの建築家が"寝殿造り"を参照していますが、それは一室空間で、必要に応じて屏風や几帳で空間を仕切るという点でモダニズム建築の理念（特にミースのユニヴァーサル・スペース）との類似を見たためでしょう。

図5 松風荘（吉村順三、1954）

1950年代は世界的にモダニズム建築の限界（人間性の欠如など）が認識されはじめた時期で、その観点から日本の伝統的な建築が注目された。吉村順三設計の〈松風荘〉（図5）は1954年にニューヨーク近代美術館で展示され、正規の書院造り（光浄院客殿）を参照したものであり、吉村はそこで「建物と庭との関係」を最重視したと言う。使い勝手に配慮して平面を変更し、細部を省略するなど、いわゆる「復元」建築とは異なり、吉村の伝統観が反映している。展示後はフィラデルフィアの公園に移築された。

図6 京都会館（前川國男、1960）

図7 都ホテル・佳水園（村野藤吾、1960）

前川國男の〈京都会館〉（図6）では、2つのホールと会議場の各ヴォリュームを繋ぐように流動的に空間が構成されている。戦前の前川作品から見られる彼一流の配置計画である。外観は、先端が反り上がる大きな庇で水平線が強調されつつ、その深い影により建物の巨大な量感を和らげている。ピロティの天井には格天井のような表現も見られる。

村野藤吾の〈都ホテル・佳水園〉（図7）は、複雑に重なる緩勾配の薄い屋根で、瀟洒で軽快な数寄屋の美が表現されている。軒は深く、薄く、その薄さを実現するために軒裏をI型鋼で補強しており、とりわけ螻羽（けらば）に蓑甲（みのこう）をつけたことは屋根に優美な軽快さを出すのに有効に利いている。

図8 大阪新歌舞伎座（村野藤吾、1958）

図9 善照寺（白井晟一） 図10 松井田町役場（白井晟一）

図11 杵屋別邸（吉田五十八、1936）

○近代的テクノロジーという前提（RC造・S造）

以下本書の第1部では、主に戦後日本の建築家がどのように「伝統」の表現を試みたかについて、その手法に着目しながら見ていきます。その際に、近代的構法（RC・S造）と木造の2側面から述べますが、それは、手法のレベルで考えるには設計の前提条件となる構法が重要になるためです（ただし、いうまでもなく一人の建築家が様々な構造や表現を使い分けることも往々にしてあるので、本書の章立てはあくまでも便宜的なものです）。

戦後の伝統表現をみると、柱・梁の軸組構造による均質な内部空間で、高床と軒で水平線を強調し、ガラスを多用して開放的とするものがよく見られます（図1～3）。それらは「空間」という抽象的概念によって「伝統」を表現したものであり——その基盤はモダニズム建築にあります——、鉄筋コンクリート造や鉄骨造という近代の構造技術に呼応した伝統表現として創造されたものです。

こうした「弥生的」な軽快な表現に対し、1950年中頃に建築界に登場した「縄文的なもの」は、主に脱・モダニズム建築の観点から土着的なもの、民藝的なものを志向しました。壁主体の閉鎖的な空間や、急勾配の大屋根などを用いて、「弥生」のシンプルな造形とは対比的に装飾的で、象徴的に"日本"を表現している点に特徴があります（図4、8、9、10）。1950年代中頃における丹下健三の作風の変化は（2.1節、2.2節）、「弥生」から「縄文」へという当時の建築界の流れを端的に示しています。

○伝統技術の継承と変容（木造）

比較的小規模な建築で用いられる木造在来構法の場合は、「伝統」の技術的基盤をそのままに、それをいかに現代に合わせて刷新するかが問われます（したがって表現の志向性はRC・S造と逆方向となります）。堀口捨己（3.2節）や村野藤吾（3.3節）らは、モダニズム建築の美学や自らの好みにもとづき、桂離宮などの数寄屋建築（12.2節）を参照しつつ、「弥生的」でモダンな木造の建築的表現を試みました（図7）。戦後になると、日本の古民家の諸形式を参照するものが多く見られるようになりますが、この潮流は、大正末以来の民藝運動を背景に、大和棟（10.1節）を用いた吉田の〈杵屋別邸〉（1936、図11）など、すでに昭和戦前期から存在していたものでもあります。

［註］
1 丹下健三「現在日本において近代建築をいかに理解するか—伝統の創造のために」『新建築』1955年1月号
2 丹下「現代建築の創造と日本建築の伝統」『新建築』1956年6月号、pp.31-33
3 白井「縄文的なるもの—江川氏旧韮山館について」『新建築』1956年8月号
4 太田博太郎「古代住居の系統について」『建築雑誌』1951年6月号、pp.13-17
5 丹下「現代建築の創造と日本建築の伝統」『新建築』1956年6月号、pp.36-37

1.5　1960年代以降の建築における伝統表現
——メタボリズムの更新可能性とポスト・モダニズムの大衆性

図1　中銀カプセルタワービル（黒川紀章、1972）

図2　出雲大社庁の舎（菊竹清訓、1963）

1960年代のメタボリズム・グループによる"新陳代謝"する都市や建築という発想の背景には日本の木造古建築も存在していた（図1）。菊竹清訓の〈出雲大社庁の舎〉（図2）はプレキャスト・コンクリートによる組立架構の提案で、日本建築の木組みがそのモチーフにされている。
また、1960年頃から日本建築と現代建築の親近性を論じていた黒川紀章は1980年代の〈国立文楽劇場〉（図4）において「竹矢来風の格子（回廊）」、「唐破風の玄関庇」、「桂離宮の月の字型の襖戸の把手」など、大衆的な江戸時代の意匠を直接的に引用している。建物の随所に断片的な歴史的モチーフを引用し、来館者にそれを「読み解く」楽しみを喚起するという遊興的な設計手法は〈名古屋市美術館〉（1989）などのこの時期の黒川の作品に共通している。

　1950年代後半から日本は高度成長期に入り、1964年の東京オリンピック、1970年の大阪万博は経済発展を象徴する国家的行事となりました。一方で60年代後半には急速な国土開発に伴う環境悪化などを背景に、近代主義建築の正当性にも翳りが見えはじめます[1]。60年代には都市膨張の問題から建築界の関心は「都市」へと移り、メタボリズム・グループの建築家が活躍します。70年代の石油危機による日本経済の停滞期を経て、80年代には再び"バブル景気"と呼ばれる好景気の時代に突入し、「経済大国」としての爛熟期は90年代初頭の"バブル崩壊"まで続きます。80年代の建築界は「ポスト・モダニズム」と呼ばれた百花繚乱の時代です[2]。1950年代を最後に、60年代以降の建築界には「日本的なもの」を求める機運は希薄でしたが、メタボリズム・グループとポスト・モダニズムの建築家たちの伝統表現には、何らかの現代的意義が含まれるものと思われます。

○メタボリズムの建築：日本建築の可変性への着目
　1960年に結成されたメタボリズム・グループは、同時代における都市の急拡大を背景に、建築や都市を生命体に擬え、不変のものと可変のものを分離しつつ、あたかも"新陳代謝"するように状況に合わせて変化する建築的イメージを提示しました（図1）。その中心人物の一人・菊竹清訓（2.9節）は、メタボリズムの「更新可能性」のアイデアを、増・改築が容易である日本の伝統的な木造建築から導いたと述懐し[3]、またその作品も造形的に「日本」が意識されたものになっています。さらに、菊竹清訓や大高正人（2.10節）らは〈出雲大社庁の舎〉（1963、図2）や〈千葉県立図書館〉（1968）などで、木造建築の木組をモデルに、プレキャスト・コンクリートで解体・組立を可能とするシステムの考案にも取り組みました。

○ポスト・モダニズムの建築：江戸時代の意匠の引用
　「ポスト・モダニズム」は、それまで絶対視されていたモダニズム建築の教義を相対化しようとする国際的な潮流であり、その試みの一つとして、モダニズムが排除した伝統的・装飾的モチーフを直接的に"引用"したものが出てきます。1980年代の日本の建築界でも、洋の東西を問わず、様々な歴史上の建築的モチーフが引用されました。とりわけ和風を意識した作品では、「大衆文化」をよく現す時代としての江戸時代の建築意匠が選択され、必ずしも「空間」との対応や「単純化・抽象化」を必要としない伝統表現の手法が提示されました。
　たとえば、石井和紘の〈直島町役場〉（1982、図3）は、

図3　直島町役場（石井和紘、1982）

図4　国立文楽劇場（黒川紀章、1983）

図5　伊豆の長八美術館（石山修武、1984）

図6　名護市庁舎（象設計集団＋アトリエ・モビル、1981）

図7　秋田市体育館（渡辺豊和、1994）

図8　盈進学園東野高等学校（C・アレグザンダー、1984）

モダニズム建築の正当性が揺らいだ後には、「伝統」を新たな形で取り出そうとする試みが見られた。たとえば、1970年代から直島で一連の文教施設を設計した石井和紘は〈直島町役場〉（図3）において、島の文化的な誇りを確立したいという要望に対して、初めて過去の和風意匠の直接的な引用という手法を選択した。〈伊豆の長八美術館〉（図5）は内外に左官仕上げを多用することで、伝統的建築の生産のあり方を継承している。〈名護市庁舎〉（図6）は事務室を囲む「アサギテラス」が開放性を生んでいるが、これは琉球王朝の時代から神を招いて祭祀を行う場所だった「神アサギ」をモチーフとしたものであり、また公的な伝統というより民間の伝承とされていた"シーサー"や"コンクリート花ブロック"などを採用することによって、公共建築と市民との距離を縮めた。〈秋田市体育館〉（図7）は東北の地における新たな「縄文」像の創出である。〈盈進学園東野高等学校〉（図8）の意匠は利用者を巻き込んで共通のイメージを抽出し、それをパターン化することによって構成されている。

西本願寺の飛雲閣、角屋、栄螺堂など、主に江戸時代の建築が直接的に引用された作品です。また、黒川紀章は、日本の伝統に西洋・近代の二元論の克服法が隠されているとし、それに「利休ねずみ」[4]、「共生」[5]、「花数寄」[6]といった親しみやすい造語を当てました。江戸時代の伝統意匠の断片を散りばめた〈国立文楽劇場〉（1983、図4）などには、大衆的な日本らしさが、そのまま世界の最先端となりうるという楽観的な無邪気さに溢れています。

○現代まで続く伝統木造技術の復権

石山修武の〈伊豆の長八美術館〉（1984、図5）は全国から集まった左官名人の手による作品であり、石井和紘の〈数寄屋邑〉（1989）は水澤工務店の伝統的木造技術によって近代の古典的数寄屋建築が遊興的に写されたものです。これらの作品は表層的な意匠だけではなく、江戸時代から現代まで連綿と続いてきた木造建築技術に光を当て、建築の「生産」のあり方を含めて「伝統」を継承しようとしたものです。西洋一辺倒であった近代の建築界が等閑視してきた"木造伝統技術"の復権が目論まれているのです。

○1980年代：一つの「日本」から複数の「日本」へ

そもそも一つの国のなかに諸外国と異なる共通性＝「伝統」を見るという認識は、近代国家を支えるものとして西洋諸国で生まれたものでした。「日本」を一つのものとして捉える「伝統」観は、明治維新による開国以来「追いつくべきものとしての西洋近代」というものと結び付いているのです。流行語にもなったE.ヴォーゲル『ジャパン・アズ・ナンバーワン』（1979）が象徴的に示すように、その認識が薄れた1980年代においては、「日本」を多様なものと捉える伝統認識が生まれ、それとともに地域性・土着性を重視する建築が出てきます。たとえば、「沖縄らしさ」から新たな形を考えた象設計集団＋アトリエ・モビルの〈名護市庁舎〉（1981、図6）、縄文の観念を東北で象徴化した渡辺豊和の〈秋田市体育館〉（1994、図7）、共有される"懐かしさ"を再構成したC.アレグザンダーの〈盈進学園東野高等学校〉（1984、図8）などがその例としてあげられます。

［註］
1　磯崎新『建築の解体』美術出版社、1975
2　布野修司『戦後建築の終焉―世紀末建築論ノート』れんが書房新社、1995
3　菊竹清訓「メタボリズム一九六〇、更新建築二〇〇五」『メタボリズムとメタボリストたち』美術出版社、2005、pp.108-109
4　黒川紀章『グレーの文化―日本的空間としての「縁」』創世記、1977
5　黒川紀章『共生の思想―未来を生きぬくライフスタイル』徳間書店、1987
6　黒川紀章『花数寄―伝統的建築美の再考』彰国社、1991

column 1 | 万国博覧会の日本館

1851年のロンドン万博に始まった「万国博覧会」は、参加各国が自国の工業力や文化レベルの高さを誇示する場でした[1]。明治維新が間近に迫った1862年、遣欧使節団の面々は、日本人として初めて万国博覧会を目の当たりにします。彼らは近代化が進むヨーロッパの有様に驚愕したことでしょう。それから約10年後、1873（明治6）年のウィーン万博に日本は初めて本格的な参加を果たします。

ウィーン万博では、多種雑多な「日本製」の品々の展示とともに、日本の伝統的な建築と庭園もつくられました。その建物と庭園は好評を博し、博覧会の後にイギリスの商社からの申し出により600ポンドで売却され、ロンドンに移築されました。この頃のヨーロッパは、ジャポニスムの波が席巻していた時代でもありました。東洋の異質な文化は、当時のヨーロッパの人々のエキゾチシズムを刺激するには十分なもので、このウィーン万博の成功は、それ以降の万博における日本の戦略を決定づけました。それは、伝統を守るエキゾチックな東洋の異国という日本的イメージの自己演出です。

○手法としての「折衷」

1893（明治26）年、コロンブスによる新大陸発見400周年を記念してシカゴで開催されたコロンビア万国博覧会において、明治政府は本格的な日本館を建設します。〈平等院鳳凰堂〉（京都府、1053）をモデルとしたことから、それは〈鳳凰殿〉（図1）と名付けられました。〈鳳凰殿〉を構成する3棟の建物の内部は、それぞれ「藤原（平安時代）」「足利（室町時代）」「徳川（江戸時代）」の各時代の舗設が施され、各時代の美術工芸品が展示されました。採用された複数の様式や異なる時代の建築要素を「折衷」するという手法は、万国博における日本館に共通して見られます[2]。

1900年に開催されたパリ万博で建設された日本館は、〈法隆寺金堂〉（奈良県、飛鳥時代）に範を求めつつも、禅宗様の「花頭窓」の意匠も組み合わされ、また、1904年のセントルイス万博では「藤原時代の寝殿風」の建物に千鳥破風を載せた日本館が建てられました。このような折衷的手法の採用は、明治以降日本が西洋建築を積極的に摂取したこととも無関係ではありません。19世紀のヨーロッパでは、過去の複数の様式や異国の様式を組み合わせる折衷主義の建築が数多くつくられていたのです。〈鳳凰殿〉の設計者である久留正道は、工部大学校（現東京大学工学部）の第3期生として西洋建築の手解きを受けた人物でした。

○拡張される「折衷」

こうした折衷的手法は、日本の建築様式や細部意匠に留まらず、対象を拡張していきます。実現には至りませんでしたが、セントルイス万博では〈名古屋城〉（戦災焼失）を模した城郭建築が西洋のバロック的配置によって計画されました。また、サンフランシスコ万博で建築家・武田五一（1872〜1938）は、〈鹿苑寺金閣〉（京都府、1950年焼失）をモデルとしつつ、装飾には鎌倉末期から豊臣初期にかけての様々な事例を参照した〈接待館〉（図2）を設計しました。この建物では、設定された用途に応えるべく、規模やプロポーションに変更が加えられ、拡張された縁は、その機能と形態において中米の建築に散見されるベランダにも重ねられているようにも思われます。

開国によって日本は、国際社会に対して国家のアイデンティティのありかを明確にすることを要請されました。建築の分野においてもまた、明治以降積極的に西洋建築の技術や意匠を摂取する過程において「日本的なもの」が議論の俎上に上がることは必然でもありました。万国博覧会は、日本という国家を背負い海外諸国と向き合うという意味において、まさにこの問題に対峙する場だったのです。彼らは、日本の伝統を継承しつつ、ある意味でそれらを歴史的な文脈から引き剥がし、再編することによって、さらには、西洋の様式や機能性といった異なる文脈に接続させることによって新しい日本建築を創造しようとしていたのかもしれません。

[註]
1 吉田光邦監修『万国博の日本館』（INAX booklet Vol.10）、1990
2 藤岡洋保・深谷康生「戦前に海外で開かれた国際博覧会の日本館の和風意匠について」『日本建築学会計画系論文報告集』1991年1月、pp.99-106

図1 シカゴ万博の鳳凰殿（久留正道、1893）

図2 サンフランシスコ万博の接待館（武田五一、1915）

column 2 | 「縄文的なるもの」が語るもの ―白井晟一の創作哲学―

白井晟一（3.4節）の記したエッセイ「縄文的なるもの 江川氏旧韮山館について」[1]は、1950年代中期において川添登らが中心となって『新建築』誌上で展開されていた論壇（いわゆる「伝統論争」）に対し、白井独自の価値を提示するとともに、論壇をリードしていた丹下健三（1.4節、2.2節）の論考を相対化するものでした。この点だけを見ると、「丹下＝弥生的」に対して「白井＝縄文的」と短絡的にイメージしがちですが、文章に目を通すとその真意は全く別のところにあることがわかります。ここではエッセイの要点を整理しておきましょう。

まずは冒頭で、当時の日本文化論の通説とも言える二元論について、次のように触れます。

「私は長い間、日本文化伝統の断面を縄文と弥生の葛藤において把えようとしてきた。(中略) 縄文・弥生の宿命的な反合が民族文化を展開させてきたという考え方は(中略)アポステリオリなものの偏重への反省であり抗議である。さて流行するジャポニカの源泉となり、日本の建築伝統の見本とされている遺構は多く都会貴族の書院建築であるか、農商人の民家である」

ここで言うアポステリオリとは「経験的」の意です。そして**書院 vs 民家**の対立項は、丹下健三が5カ月前に「現代建築の創造と日本建築の伝統」[2]で整理したところ、つまり①書院系＝弥生系高床住居－伊勢神宮－寝殿造と連なる**上層貴族的・開放的**な日本建築に対して、②民家系＝縄文系竪穴住居-農家・町家といった**下層民衆的・閉鎖的**な建築、この二つを日本建築の源流と捉える考え方です。こうした二元論に対して、白井は、伊豆韮山にある〈旧江川家住宅〉（静岡県、江戸前期）（図1、2）を取り上げて、次のように続けます。

「江川太郎左衛門という立派な武士の系譜をつないできた居館である。虚栄や頽廃がないのは当然だが、第一、民家のように油じみた守銭の気配や被圧迫のコンプレックスがないのは何よりわが意を得たものである」

このように、あえて第三軸として**中間層武士**の御館住宅を取り上げ、貴族でも農商人にも属さない**野武士の体臭**というイメージを提示したうえで、そこにある「生活の原始性の勁さ」を賛美します。そして最後の締めくくりですが、

「われわれ創るものにとって、伝統を創造のモメントとするということは結終した現象としてのTypeあるいはModelから表徴の被を截りとって、その断面からそれぞれの歴史や人間の内包するアプリオリとしてのポテンシャルをわれわれの現実において感得し、同時にその中に創造の主体となる自己を投入することだといわねばなるまい。(中略) 民族の文化精神をつらぬいてきた無音の縄文のポテンシャルをいかに継承してゆけるかということのうちに、これからの日本的創造のだいじな契機がひそんでいるのではないかと思う」

と締めくくります。ここで出てくるアプリオリとは、「先験的」の意で、上述のアポステリオリとは対となる哲学用語です。この文脈では「先験的ポテンシャル＝先祖から日本人の**遺伝子**に脈々と受け継がれている何か」を指していると解釈できます。

エッセイ全体を通して、白井が主張したかった核心は、すでにできあがった文化論から出発してはいけないという認識、加えて、経験したものよりもわれわれの血の中に流れているもの（＝縄文的ポテンシャル）と各人が向き合うことなしには、新しい伝統たる建築はつくりえない、という創作哲学でした。学者・批評家とは違う**建築家**としての構えの表明です。縄文ではなく、縄文「的」というタイトル表現にあるように、従来の民家礼賛の気運とも距離を置きつつ、伊勢神宮や桂離宮を取り上げた丹下健三とは違うアイデンティティを巧妙に表明したのでした。

［註］
1　白井晟一「縄文的なるもの　江川氏旧韮山館について」『新建築』1956年8月号
2　丹下健三「現代建築の創造と日本建築の伝統」『新建築』1956年3月号

図1　旧江川家住宅・土間

図2　旧江川家住宅・小屋組

●図版出典
＊特記なき場合は筆者撮影
1.1
図1 （上）日本建築学会蔵（建築学会編『明治大正建築写真聚覧』1936）
（下左）『日本の建築［明治大正昭和］4』三省堂、1981
（下右）『日本の建築［明治大正昭和］4』三省堂、1981
図2 日本建築学会蔵（建築学会編『明治大正建築写真聚覧』1936）
図5 （左）『建築雑誌』1910.1
（中）同上
（右）同上
図6 『ジョサイア・コンドル建築図面集1』中央公論美術出版、1980
図7 『日本の建築［明治大正昭和］4』三省堂、1981
1.2
図2 『建築雑誌』1915.10
図3 同上
図4 同上
図5 （左）日本建築学会蔵（建築学会編『明治大正建築写真聚覧』1936）
（右）『建築雑誌』1916.5
図7 大泉博一郎ほか編『建築百年史』有明書房、1957
図8 『建築雑誌』1932.5
1.3
図2 『建築雑誌』1931.6
図3 『日本の建築［明治大正昭和］4』三省堂、1981
図6 『建築世界』1944.2/3
図7 分離派建築会編『紫烟荘図集』洪洋社、1927
図9 『建築雑誌』1942.12
図10 『建築世界』1944.2/3
図11 『国際建築』1937.12
図12 前川建築設計事務所協力（『生誕100年・前川國男建築展　図録』生誕100年・前川國男建築展実行委員会、2006より）
column 1
図1 吉田光邦編『図説 万国博覧会史 1851-1942』思文閣出版、1985
図2 吉田光邦編『図説 万国博覧会史 1851-1942』思文閣出版、1985

第2章　近代的テクノロジーという前提
「空間」の伝統表現から「象徴」の伝統表現へ

　第2章では、戦後日本の建築家たちが近代的テクノロジー（鉄筋コンクリート造・鉄骨造）を応用してどのように「伝統」を表現してきたかについて、彼らの表現手法に焦点を当てながら解説する。

　1950年代に提示された「弥生的／縄文的」という枠組みに従えば、戦後の伝統表現は「弥生的なもの」から「縄文的なもの」へと次第に重点が移っていく傾向がある。軽快な外観、開放的な空間の「弥生的なもの」は主にモダニズム建築思想や美学にもとづく「空間」概念によって「伝統」が表現されたものであった。むろん建築家によって表現の幅は異なるが、あえて大局的に俯瞰すれば、戦前から戦後にかけての前川國男、丹下健三、戦後の吉田五十八、谷口吉郎らの公共的作品がこの系譜に連なるものといえよう。

　一方、「縄文的なもの」はマッシブな閉鎖的空間を基調とし、急勾配の大屋根などで象徴的に「日本」を表現したものであり、主に脱・モダニズム建築の観点から土着的なもの・民藝的なものが志向された。1950年代半ばにおける丹下健三の作風の変化は「弥生的なもの」から「縄文的なもの」へという当時の建築界の流れを端的に示し、それに続けて浦辺鎮太郎、大高正人らの象徴的な大屋根の造形、あるいはポスト・モダニズムの一部の作品群がこの系譜に連なる。

2.1 柱と梁と庇の、明るい空間
—— 丹下健三の「弥生的なもの」にみる軸組の表現

図1 広島平和会館 原爆記念陳列館（1955）

図2 香川県庁舎（1958）

　丹下健三（1913～2005）は、戦後日本の建築界を牽引した英雄的な建築家です。戦時中の著名な設計競技案を発表した頃から、ル・コルビュジエら欧米の新建築の強い影響下にあったといえますが、1950年代から60年代にかけて独自の解釈による日本の伝統を踏まえつつ、オリジナリティ溢れる傑作を次々と日本に生み出しました。丹下は「伝統」をあくまで創造の「触媒」と考え、歴史的モチーフの直接的な引用を避け、「伝統と破壊の弁証法的な統一」こそが建築の創造であり、伝統の正しい継承なのだと主張しています[1]。彼は日本の風土を建築に反映させつつ、国際様式を地域固有の文化の中で「発展」させようとしたのです[2]。日本史上の上層階級文化に通底する「弥生的なもの」の中に〈もののあわれ〉から〈わび・さび〉にいたる「消極的姿勢」を見て、その「はかない、弱い表現を克服して、より健康な表現を獲得」[3]すべきという主張には、日本文化を賛美するだけではなく、その弱点を「克服」しようとする丹下の強い造形意欲がうかがえます。

○軸組構造による伝統表現とガラスの多用

　1950年代前半、丹下は伊勢神宮（8.4節）に見られる「柱-梁というもっとも素朴な形式」が日本建築史を通じて見られるとし[4]、柱と梁の軸組構造に「日本建築」の本質的なものがあると考えました。それゆえ鉄筋コンクリート造でも軸組構造を採用し、外壁にはガラスをふんだんに用いて明るい内部空間を創造しています。〈広島平和会館〉（図1）もそうした構造で、上階はピロティにより力強く持ち上げられていますが、丹下はこれを校倉造りや伊勢神宮から着想しつつも、そのイメージを「壊そう」としながら設計したと述べています[5]。ピロティは日本建築の「高床」を連想させますが、〈東京都庁舎〉（図4）でも丹下はピロティと鉄材のファサードについて「京都御所の形態均衡」に言及しつつ、京都御所の高床（縁）と都庁舎のピロティを対照させながら説明しています[6]。

　外壁にはガラスが多用されていますが、丹下は日本建築に見られる「庇と縁と障子」という日照調整装置を「日本の伝統がもっている方法的成果」[7]と捉え、一連の庁舎建築でその応用と洗練を試みています。〈東京都庁舎〉以来、各階に付けられた庇とバルコニーは、日照調整装置であるとともに休憩空間や避難経路でもあるとされ、また〈香川県庁舎〉（図2、3、6）の庇を支える小梁も日射遮蔽という実用性をもつと丹下は述べています[8]。〈津田塾大学図書館〉（図7、8）は、柱・梁を外観に現しつつ庇

第1部　近代日本の建築における「日本的なもの」と建築家の伝統表現

図3　香川県庁舎

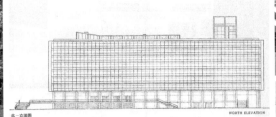
図4　東京都庁舎（1957）

図5　倉吉市庁舎（1957）　市民ホール（上）・外観（下）

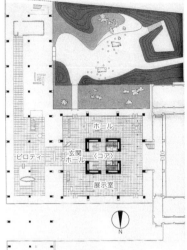
図6　香川県庁舎　1階平面図

図7　津田塾大学図書館（1954）

図8　津田塾大学図書館　内観

〈広島平和会館〉（図1）や〈東京都庁舎〉（図3）などでは、側柱よりも外壁を張り出すことで構造柱を外観に現さず、スレンダーな柱が外観に現れるようになっているが、こうした外壁の扱いは寺院建築の"裳階"の用法と同じである。同時併行して進められたコア・システムの検討を背景に、〈倉吉市庁舎〉（図5）や〈津田塾大学図書館〉（図7,8）などでは柱・梁を外観にそのまま現している。しかし〈倉吉市庁舎〉では、丹下自身「好み」が変化したため、あえてそれまでより太い柱としたという。また「群衆の尺度」による「市民ホール」の天井は小梁を現して"根太天井"のように見せ、下層の外壁には海鼠壁を思わせるルーバーを設けるなど、古民家を連想させる要素が各所に見られ、そこに「縄文的なもの」がすでに顔を見せている。

を大きく張り出し、壁面を全面的にガラス張りとしたこの時期の丹下の典型的作品といえます。

○木細い木割、庇や縁による水平線の強調

当時の丹下は、構造などの技術的な面から決定できない部材寸法をどのように決定すべきかについて深く思案しています。耐震壁を合理的に配置することで、柱の太さは伝統的木割に近くなるのではないか、とも述べています[9]。丹下の建築を見ると、鉄筋コンクリート造なのに「木造」を連想させるように工夫していることがわかります。たとえば、伝統的な「木割」を意識したという〈広島平和会館〉では、柱を異形の断面にして立面上の柱を細く見せ、上階は日本建築の"裳階（4.2節）"のように構造柱より外に張り出して太い柱を外部に露出していません。また、〈香川県庁舎〉では、柱の断面を凹状にして太い柱を2本の細い柱に見せつつ（吹き寄せ柱）、その凹部に竪樋を仕込んでいます。

立面意匠を見ると、各階の庇あるいは縁、高欄（手摺）などによって水平線が強調されています。〈津田塾大学図書館〉では1階床を少し浮かせているのが効果的で、〈広島平和会館〉の本館や〈香川県庁舎〉低層棟（図3）などでは、あえて高欄の架木を柱面より前面に出し、水平線を垂直線よりも勝たせるようにしています。

○「空間の無限定性」とコア・システム

丹下は「日本建築」に、同時代のミースの建築作品に示される「ユニヴァーサル・スペース」に通ずるような、広い空間に可動の間仕切りを用いて自由に使える「空間の無限定性」という特徴を見ていました。そして、それを実現するために「コア・システム」を考案しました。それは"構造コア"と"サービス・コア"を統合させることで、コア以外の部分で「フレキシビリティと自由を獲得」するものであり[10]、庁舎建築を中心に様々なコア・システムを試行しています。〈香川県庁舎〉では、正方形プランの中央に正方形のコアを配し、コアの外殻を二重壁にして内部にダクトを配することで、ダクトによるコアの断面欠損を最小限に抑える工夫がされています。

[註]
1　丹下「日本の伝統の変革」『朝日新聞』1959年4月21日7面
2　丹下ほか「国際性・風土性・国民性」『国際建築』1953年5月号、p.3
3　丹下「現代建築の創造と日本建築の伝統」『新建築』1956年6月号、p.37
4　前掲註3に同じ（p.31）
5　丹下「建築のプロトタイプについて　または伝統」『新建築』1954年1月号
6　丹下「都庁舎の経験」『新建築』1958年6月号
7　前掲註3に同じ（p.37）
8　丹下『現実と創造　丹下健三 1946-1958』美術出版社、1966、p.246
9　丹下ほか「国際性・風土性・国民性」『国際建築』1953年5月号、p.11
10　前掲註8に同じ（p.241）

2.2 コンクリートの壁的表現
——丹下健三の「縄文的なもの」にみる"日本建築"の象徴化

図1　代々木体育館（1964）

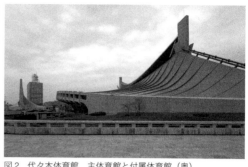

図2　代々木体育館　主体育館と付属体育館（奥）

図3　香川県立体育館（1964）

　1950年代後半、丹下健三の作風は「弥生的なもの」から「縄文的なもの」へと変化しました。その背景には、1956年のアジア視察でル・コルビュジエの新作に触れたことや[1]、「縄文」の美的価値を発見した芸術家・岡本太郎との親交があったといわれます。丹下は1959年に「（50年代初期には）私はなにか強く弥生的な伝統に心ひかれていた。（中略）それが、いま、盛りあがろうとしている民衆のエネルギーに応えていない」と、「弥生的なもの」の限界について指摘しています[2]。丹下は「民衆の力」を建築に取り込む可能性を「縄文的なもの」に見出したのです。他面において、それは鉄筋コンクリート造にふさわしい伝統表現手法を生み出すための理念的な転換であったともいえます。たとえば、柱の太さに注目すると、細い柱の軽快な表現から太い柱が立ち上がる力感のある表現に変化します。〈東京都庁舎〉（1957）の隅柱を「もっと太く」すべきだったと反省し[3]、〈倉吉市庁舎〉（1957）でも彼自身「好みの変化」からそれまでよりも木割を「ひと回り」太くしたと述べています[4]。

○コンクリートの「壁的表現」

　1950年代始めの丹下は極力細い柱の軸組構造で構成していましたが（2.1節）、50年代後半には開口部の少ない、コンクリートの「壁的表現」のものが多くなります。〈草月会館〉（図6）の、太い柱のピロティで上部の「壁」の量塊を支える建物の姿はそれまでの作風とは明らかに異なり、〈墨会館〉（図7）は敷地外部に対して「コンクリートの自由な彫塑性」[5]を表現したという閉鎖的な壁で建物を囲っています（中世古民家の閉鎖的な大壁を連想させます）。〈倉敷市庁舎〉（図4）は「校倉を思わせるもの」[6]を意図したと丹下自身がいうように、壁がちな校倉造りのイメージが外観に表現されています。

　コンクリートは「いかにも風雪に耐えるような表現を具えているし、その材料やその施工に、日本の現実に脚をつけた発展が期待できるように思われる」[7]と、丹下は表現・施工の観点からこの素材を好む理由を説明しています。「より重々しいもの」、「より逞しいもの」を好むようになったという丹下の建築は、細い柱による軽快な表現から、コンクリートの肌を大きく露出した「壁的表現」へと変化したのです。

○内部空間の豊穣さと象徴的空間

　「壁的表現」を用いた丹下の建築は、その閉鎖性ゆえに内部空間が豊穣になっていきます。「群衆の尺度」を用いたという〈倉敷市庁舎〉ホール（図5）の巨大なスケール

図4 倉敷市庁舎（1960）　　図5 倉敷市庁舎 内観

〈倉敷市庁舎〉（図4,5）が典型的に示すように、1950年代の丹下の公共建築は明るく軽快な表現から、バルコニーの手摺りをコンクリート製の大きな見付けのものとしたり、腰壁や小壁により外観上の壁面を目立たせる「壁的表現」へと変化した。外壁のプレキャスト・ブロック構法は「校倉造り」を意識したという立面意匠の設計意図にもよく合致している。

図6 草月会館（1958）　図7 墨会館（1957）　図8 WHO本部計画（1960）

〈香川県立体育館〉（図3）は巨大な「和船」を表現した象徴的な造形の作品で、内部の競技場はHP曲面の吊り屋根と閉鎖的な壁（側梁・妻梁）に囲まれた空間となっている。
〈WHO本部計画〉（図8）は、合掌型の巨大架構により中央部にメインホールの象徴的大空間を創出している。同様の架構は〈東京計画1960〉の住居棟にも見られ、合掌下の大空間は公共広場となる。巨大な切妻屋根が建ち並ぶ様子は、白川郷の合掌造り民家集落を思わせる。

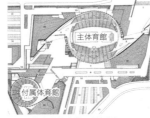

図9 代々木体育館 平面図　　図10 倉敷市庁舎 詳細図

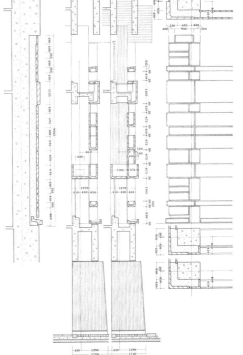

感は、この大空間に古代的な迫力を与えています。

丹下は「近代建築」が建築の抽象化の過程で空間の意味を喪失したと指摘しつつ、「現代建築は再び空間に、意味を獲得しなければならない」、すなわち「空間を象徴化」しなければならないといいます[8]。頂部でラテン十字型となるHPシェルの〈東京カテドラル〉や、巴型の平面形の〈代々木体育館〉（図1,2,9）などでは、大空間の中央に近づくにつれて天井高が急上昇し、頂部から自然光が降り注ぐダイナミックな空間になっています。こうした空間は〈WHO本部計画〉（図8）の合掌型の架構のメイン・ホールなどにも見られます。

○"日本建築"の象徴化と「国民建築様式」

丹下は『伊勢―日本建築の原形』（1962）の中で、千木や堅魚木などは伊勢神宮（神明造り）の本質的要素であるが、それらは本来は機能的だったものが後世の技術的発展により合理性を失ったものであると述べつつも、それらが「象徴性」を帯びているからこそ、国民を感動させるのだと主張しています。

この時期の丹下は"日本建築"を象徴的に表現しながら、鉄筋コンクリート造の新様式の創造を試行していたと思われます。たとえば〈倉敷市庁舎〉の外壁（図10）や〈草月会館〉のピロティは、古建築の「木組」を思わせる形態になっていますが、そこには構造的な意味はありません[9]。それは"日本建築"らしさの象徴的表現の一つなのでしょう。同様に〈代々木体育館〉の屋垂みは、吊り構造の素直なカテナリー曲線ではなく、屋根内部の鉄骨を用いて造形した曲線になっていますし[10]、メイン・ケーブルを固定する突起物が付く2本のメイン・ポールの先端も、古建築の大棟飾りを想起させます。〈香川県庁舎〉の庇を支える小梁は日射遮蔽の役目をもつと丹下はいいますが（2.1節）、その効果には疑問が残り、見方によっては軒先の垂木（4.3節）のように見えます。合理的には説明しにくいこうした細部をあえて建築形態に取り込みながら、丹下は現代の日本建築様式、「国民建築様式」を生み出そうとしていたと思われます。

［註］
1　藤森照信『丹下健三』新建築社、2002、p.251
2　丹下「日本の伝統の変革」『朝日新聞』1959年4月21日7面
3　丹下「都庁舎の経験」『新建築』1958年6月号、p.4
4　丹下「麓のなかの現代建築」『新建築』1957年7月号
5　丹下「S会館」『建築文化』1958年2月号
6　丹下『技術と人間　丹下健三 1955-1964』美術出版社、1968、p.113
7　丹下「無限の可能性―鉄とコンクリート」『建築文化』1958年2月号、p.24
8　丹下「空間と象徴」『建築文化』1965年6月号
9　坪井善勝「ラーメン構造」『建築』1961年9月号
10　川口衞「主体育館の構造設計と施工」『建築文化』1965年1月号

2.3 内・外を流動する空間の造形
―― 前川國男による「行為」の空間と「日本的」な佇まい

図1 埼玉県立博物館（1971）

図2 埼玉県立博物館（1971）　内観

後期前川の代表作の一つである〈埼玉県立博物館〉（図1・2）は、1960年代から用いられる前川自身の考案した「打ち込みタイル」の壁面が、外側への方向性を有する内部空間と、雁行する外部の動線を同時に定めている。しばしば言及される前川一流の「一筆書き」プランである。〈東京都美術館〉（図5）などこれ以降の多くの公共建築も同様の手法によるものであり、前川はこうした骨太で良質な美術館・博物館建築を日本全国に数多く生み出した。戦前の〈在盤谷日本文化会館〉（図6）にも、異なる機能をもつ建物同士を繋ぐ空間を基本に、軒下空間や中庭を配して建物の内・外を結ぶという手法が見られるが、1960年代以降、前川の配置計画の手法は発展・展開されたことが見て取れる。

前川國男（1905〜86）は日本の「近代建築」のあるべき姿を追い求めた建築家です。1928年の東京帝国大学（現東京大学）卒業直後に渡仏してル・コルビュジエのアトリエで学び、1935年に独立します。自らの信念に根ざした言動を通じて、戦前から建築界に影響を与え、戦後は公共建築を中心に多くの作品を手がけました。「形」から建築を考えることを否定し、機能にもとづき、技術に保障された「近代建築」を生み出し続けようとしました。同世代の多くの建築家とは異なり、前川のキャリアは西洋追従から日本回帰という順序をとりませんでしたが、それは普遍的な「建築」に繋がるものが日本の過去にも存在し、それを真似るのではなく、近代という時代に立脚して対峙・並立すべきと考えたからでしょう。

○近代的技術にもとづく伝統の創造

戦前の前川国男による〈東京帝室博物館〉（1931、図3、4）の設計競技案は、日本におけるモダニズム建築運動の輝かしい一幕としてよく知られています。その応募規定に「日本趣味ヲ基調トスル東洋式トスルコト」とあるにもかかわらず、落選覚悟でそれに相反する箱型のモダニズム建築を提案し、「負ければ賊軍」という有名な一文を残しました。前川はその設計主旨の中で「似而非日本建築」――いわゆる「帝冠様式（1.3節）」のこと――を批判しつつ、「最も素直な謙虚な正直な偽りなき博物館」をつくることこそ、「真正な日本的な途」であると主張しています[1]。サン・ピエトロ大聖堂とその近くに立つバチカン放送局の無線塔との関係を例に「古き調和は常に新しき調和と並立し得る」とも述べています。

昭和10年代に前川は「伝統とは不断に変容するものである」と述べています[2]。すなわち「構造技術と様式とが不可分の関係にある」としたうえで、現代の技術に対応した伝統表現を創造すべきというわけで、その点から鉄筋コンクリート造で日本建築史の様式を模した「日本趣味建築」を「構造技術を歪曲した不自然な建築」だと批判しています[3]。一方で、前川は当時の日本の建設技術は「近代的技術の域」に達していないということを繰り返し述べ[4]、そのことが近代的技術にもとづく伝統の創造を困難にしていると指摘しています。こうした技術重視の考え方は、戦後の前川の、いわゆる「テクニカル・アプローチ」に繋がっていきます[5]。

○行為によって連続する内部・外部の空間

〈在盤谷日本文化会館〉（1943、図6）の設計競技案は、矩折りに配した2つのヴォリュームを渡廊下的な空間で

図3　東京帝室博物館・設計競技案（1931）

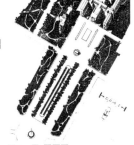

図4　同・配置図

図5　東京都美術館（1975）

〈東京帝室博物館〉の設計競技案（図3、4）において前川は、上野公園という敷地環境への応答を、外観の建築意匠というよりも、新たな交通計画の提案を含む、"行為"を介した建物の内・外の緊結によって行った。既存の黒門はモニュメントとして残され、新たな建築と対峙している。

図6　在盤谷日本文化会館（1943）

図7　東京文化会館（1961）

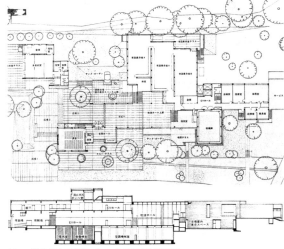

図8　熊本県立美術館（1977）平面図・断面図

1966年、32階建て・高さ130mの〈東京海上ビルディング〉の計画に対して皇居周辺の景観の観点から批判が寄せられた際、前川は「現存の濠端のビル群に果たして破られるような調和があるのか」と問いながら、それらに皇居の石垣のような「永遠性」は無いと反論した。いわゆる「美観論争」により、最終的には高さ100mで1974年に竣工した。ちなみに、「石垣」というモチーフは、前川作品において具体的な伝統形態と類似する数少ないものの一つだが（図7）、その理由の一つは、技術にもとづいた空間造形が永続し、内部と外部の人々に機能と感動を与えるという、自身の目指した建築と近いからではないだろうか。

繋ぐという配置計画になっています。人の行為を包み込む建物の形状が外部空間の性格を規定しつつ、軒下や中庭といった領域が内・外の行為を繋いでいます。このように、適切な機能を提供しつつ、内・外で行為する人々に静かな感動を与える空間の造形は、戦後の前川の実作にも一貫して見られます（図1、2、5、8）。

この設計競技案について前川は「建築が本来空間構成の芸術」だという根源を捉えつつ、建築空間の「日本的」と「西欧的」の相違を徹底することによってしか、日本の伝統は真に継承できないと主張しています[6]。つまり、装飾的要素などではなく、「空間」によって「伝統」を表現すべきというわけです。建築評論家・浜口隆一は、西洋と日本の建築の相違は、西洋が「物質的・構築的」なものとして把握されてきたのに対し、日本では行為の側面から空間的に建築を捉えてきたとし、その点から「行為的・空間的」な前川の計画は「日本の建築様式の伝統」に根ざすものであるとして前川案を擁護しました[7]。

○雁行型の配置計画と、奥へと向かうアプローチ

戦後になって前川は全国に美術館・博物館建築を数多く設計しますが、とりわけ〈埼玉県立美術館〉（1971、図1、2）以降は、2つのヴォリュームを渡廊下的な空間で繋ぐというそれまでの配置計画とは異なり、建物のヴォリュームを細分化したうえで雁行型（8.3節）に配し、エントランスをその奥のほうに設けてアプローチを導くようにします。こうした配置によって「日本的感性」が現れた佇まいがつくられていることが指摘されています[8]。また、サンクン・ガーデンを用いてエントランスを地下階に設ける例もよく見られ、それにより建物のたちを低く抑えるとともにホールの天井を高くしています（図8）。たとえば〈東京都美術館〉（1975、図5）の設計主旨の中で「外部環境を疎外せず、しかも公園とのつながり」[9]を意識したと述べられているように、周辺の環境との連続性を意図した雁行配置は、前川の捉えた日本的な「空間」を現していると言ってもよいでしょう。

［註］

1　前川「東京帝室博物館計画説明書抜粋」『国際建築』1931年6月号、pp.1-3
2　前川「建築の前夜」『新建築』1942年5月号、pp.41-43
3　前川「建国記念館設計競技応募所感」『国際建築』1937年12月号、p.25-26
4　前掲註2に同じ
5　松隈洋『近代建築を記憶する』建築資料研究社、2005、p.261
6　前川「日泰文化会館競技設計総説及び計画説明要旨」『新建築』1944年1月号、p.20
7　浜口隆一「日本国民建築様式の問題」『新建築』1944年1・4・7・8・10月号
8　平良敬一「前川國男における日本的感性」『前川國男作品集―建築の方法』美術出版社、1990、pp.48-55
9　「東京都美術館設計主旨」『新建築』1977年1月号、p.202

2.4　柱と梁の「自抑的な意匠」
——吉田鉄郎、および「郵政スタイル」の軸組・各階庇の伝統表現

図1　大阪中央郵便局（吉田鉄郎、1939）

図2　東京中央郵便局（吉田鉄郎、1931）

図3　馬場氏牛込邸（吉田鉄郎、1928）

〈東京中央郵便局〉（図2）では立面に柱型を現して陰影を付けながら、4階と5階の間に浅い軒（胴蛇腹）を突出させつつ、その蛇腹の下で水平方向に柱同士を繋いで立面を2層に分割することで立面全体を引き締めている。柱間では袖壁の垂直線・腰壁・垂壁の水平線よりも勝たせ、さらに階高を上階ほど低くしているために、堂々とした柱型の列柱が一層聳（そび）えて見える。しかし、〈大阪中央郵便局〉（図1）ではそのような技巧的な立面の操作は極力廃され、柱と梁と柱間一杯の開口部などによって軸組構造がより純粋に立面に表現されている。

吉田鉄郎の主著としてドイツのエルンスト・ヴァスムート社から出版された『日本の住宅』（原題：*Das Japanische Wohnhaus*, 1935）、『日本の建築』（原題：*Japanische Architektur*, 1952）、『日本の庭園』（原題：*Der Japanische Garten*, 1957）がある。〈馬場氏牛込邸〉（図3）において「伝統」に直接触れたことや、学生の頃より傾倒していた欧州の「近代建築」との対峙が、彼を日本の建築・庭園の洞察へと向かわしめたのだろう。『日本の建築』の中で吉田は、日本建築における二元論的あり様、つまり伝統的なものと異国的なものが併存している状況は、1950年代の建築界におけるモダニズム建築の隆盛期においても変わりないと述べている。

　1885（明治18）年に郵便や通信を所管する官庁として発足した逓信省（ていしんしょう）の官吏たちによって設計・建設された建物——いわゆる「逓信建築」——は、欧米の新建築の影響を受けながら、日本近代の建築の重要な一側面を担いました。同省の俊才たちのなかで吉田鉄郎（1894〜1956）は中核的な役割を果たし、日本の建築的伝統を踏まえた鉄筋コンクリート造の新様式を創案しました。日本の"伝統"を鉄筋コンクリート造の柱・梁の軸組構造で、はじめて表現しようとした点に吉田鉄郎の独創性があったと考えられます。それは、戦後の郵政省による「郵政スタイル」に引き継がれて全国的な広がりを見せました[1]。

○「必然的な建築要素」のみによる構成の美

　吉田鉄郎の〈東京中央郵便局〉（1931、図2）は、ブルーノ・タウトをして「実に明朗で純日本的に簡素な現代的建築」[2]と言わしめた吉田の代表作の一つとされます。吉田にとって〈東京中央郵便局〉の設計に至るまでは、模索の時代であったといえます。豪奢な木造和風住宅である〈馬場氏牛込邸〉（1928、図3）の設計は吉田が伝統的なものへと向かう契機の一つとなったとされます[3]。つまり、そこでは彫刻的な欄間（らんま）や技巧的な床の間といった装飾的要素は極力排除されているように見え、その過程において吉田は日本建築の本質的なものに迫ろうとしていたと考えられるのです。

　〈東京中央郵便局〉の計画案（第二案）では、最上階とその下階にアーチ型の開口部が配されており、その姿は、それまでの逓信建築（図5）に見られるような表現主義的傾向を帯びていました。これに対して実施案は、立面の全体的構成は計画案とほぼ同じでありながら、壁面に穿（うが）たれた開口部にかわり、鉄骨鉄筋コンクリート造の軸組構造によって生み出される柱の間（ま）がそのまま大きな開口部となり、さらに立面上の垂直線・水平線の構成は窓のサッシにも及んでいます。「現代建築の様式は、個々の建築の機能、材料、構造等から必然的に生じる建築形態を最も簡明に表現することによりて定まる」[4]というように、吉田はこの作品において「必然的」な要素だけの現代的な構成美を目指したといえるでしょう。

○柱梁架構による立面構成システム

　〈東京中央郵便局〉で試みられた"必然による虚飾なき建築"をさらに展開させた姿を〈大阪中央郵便局〉（1939、図1）に見ることができます。建物の構造から導かれた架構の構成美は、柱と梁がより細くされ、〈東京中央郵便局〉の開口部廻りの額縁のような壁がなくなることによ

第1部　近代日本の建築における「日本的なもの」と建築家の伝統表現

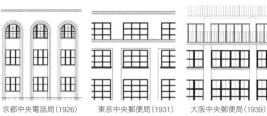

図4　逓信建築における構造表現の変化
京都中央電話局（1926）　東京中央郵便局（1931）　大阪中央郵便局（1939）

図5　京都中央電話局（吉田鉄郎、1926）

図6　外務省庁舎（1960）　　図7　京都地方簡易保険局（1966）

図8　京都中央郵便局（1962）

図9　大阪中央郵便局梅田分室（1935）

図10　東京逓信病院高等看護学院（1951）

山田守の〈宮崎郵便局〉(1932) や吉田鉄郎の〈大阪中央郵便局梅田分室〉(1935、図9) は、満州事変以降、鉄やセメントといった建設資材が不足する中で建設された木造建築である。戦時下において吉田は、建築の質を維持すべく、徹底的に無駄を排除し、さらには木造の規格を活用することによって、簡素でありながらも洗練された造形美を目指した。それは、連窓、小割にされたガラス、浅い軒の出、螻羽（けらば）の出の省略といった特徴を備えた木造逓信建築として結実した。このような直截な意匠は、戦後小坂秀雄らによって逓信建築の規範として標準化される。小坂は〈東京逓信病院高等看護学院〉(図10) によって1950年度日本建築学会賞を受賞するが、その推薦理由では、一見平凡ではあるが清純な建築が、戦後全国に建設された郵政建築独自のスタイルと軌を一にするものであると指摘されている。小坂自身も、この作品がそれまでの仕事の積み重ねの結果生まれた「平凡な建築」であり、一般の人々のための「普通の建築」の一つのあり方を示しているに過ぎないと述べている。この建築もまた、吉田が提示した「型」の建築、すなわち「自抑的な意匠」の建築の一つの可能性と帰結を示しているといえる。

って、より純度を高めています。さらに、〈東京中央郵便局〉では蛇腹の下で柱が同一面で水平に連結されて櫛形となっていましたが、〈大阪中央郵便局〉では柱が上部の庇にまで達し、その柱の独立性が架構を明快なものとしています（図4）。また〈大阪中央郵便局〉では、〈東京中央郵便局〉に見られた作為的な分節や構成による古典主義的な様式の残滓は消し去られ、柱と梁の規則的な配列の格子によって立面全体に均質性をもたらしています。

後年吉田は、日本建築の特質は「自抑性」にあると述べています[5]。すなわち、柱の配置が決まると「きわめて必然的な、きわめて普遍的な、だが、きわめて洗練された家の姿がほとんど自動的にできあがる仕組みになっている」とし、それは鉄筋コンクリート造でも同様であるといいます[6]。〈大阪中央郵便局〉は、こうした「自抑的な意匠」を目指したものと見てもよいでしょう。

○「郵政スタイル」：真壁・連窓・各階庇

戦後の郵政省は、大量の局舎の建設という急務に"雛形"をつくることで対処しました。奇しくもそれは、郵政省の建築ではなく、1952年の〈外務省庁舎〉(1960、図6) の指名設計競技により具現化されました。郵政省建築部設計課長の小坂秀雄（1912～2000）の案が当選しましたが、小坂の申し出により、基本設計に吉田鉄郎が加わりました。〈外務省庁舎〉の外観は、現しの柱梁架構と各階全周に巡らされた庇によって特徴づけられますが、それは小坂がいうように「故吉田先生のご指導を仰ぎ」[7]ながら作成されたものでした。こうして創出された"雛形"は、吉田の遺志を継ぐものであり、1950年代半ば以降に全国に建設された郵政建築の外観を決定づけるものとなりました（図7、8）。

吉田は、日本建築の落ち着いて、控えめな、そして倫理的な美しさは、「型」という制限の中で慎ましく個性が発揮されることで生じると述べています[8]。真壁、柱間いっぱいの連窓、各階庇などによる「郵政スタイル」は、吉田鉄郎の建築の発展的な継承に留まらず、こうした「型」としても機能したのです。

[註]
1　観音克平「郵政建築の軌跡」『郵政建築 逓信からの軌跡』建築画報社、2008、p.30
2　B. タウト「日本の現代建築」『続 建築とは何か』鹿島出版会、1976、p.39
3　薬師寺厚「解説」『吉田鉄郎建築作品集』東海大学出版会、1968、p.9
4　吉田鉄郎「東京中央郵便局新庁舎」『通信協会雑誌』1933年11月号、p.116
5　吉田鉄郎「建築意匠と自抑性」『建築雑誌』1977年11月号、p.61
6　吉田鉄郎「北陸銀行新潟支店」『新建築』1952年7月号、p.17
7　小坂秀雄「外務省庁舎」『新建築』1960年8月号、p.42
8　吉田鉄郎『日本の建築』鹿島出版会、2003、p.214

2.5 細部(ディテール)よりも比例(プロポーション)で
——吉田五十八の鉄筋コンクリート造による平安王朝美の再現

図1　五島美術館（1960）

図2　日本芸術院会館（1958）

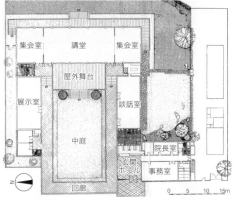

図3　日本芸術院会館　平面図

　吉田五十八（いそや）（1894〜1974）は、建築界の主流から離れたところで独自の伝統表現法を確立した建築家です。戦前に吉田は、よく知られる「新興数寄屋」を生み出しましたが（3.1節）、戦後は公共建築を中心に近代的構法、それも特に鉄筋コンクリート造の伝統意匠を創造しました。吉田は日本橋花柳界近くの数寄屋建築が建ち並ぶ土地で育ち、普請道楽だった父親の影響もあって建築家を志し、1923年の東京美術学校（現東京芸大）卒業後に洋行し、かねてから憧れであった欧米の新建築を視察します。しかしその「粗雑さ」や「安っぽさ」に幻滅した反面、初期ルネサンス建築などに深い感銘をうけ、それら歴史的建築は「そこに生まれた人で、そこの血をうけた人でなければ建てられない」[1]ことを痛感しました。そこで彼は「日本建築の世界進出」までも目論みつつ、「日本建築」の近代化に取り組む決意をしたのです。

○鉄筋コンクリート造による「平安朝」意匠の再現

　戦後の吉田は「いつか不燃の構造としてしっかり結びついて、日本らしいコンクリートの形態が出来れば」[2]という念願のもと、鉄筋コンクリート造を用いながら伝統的建築を不燃化する試みを始めます。〈日本芸術院会館〉（1958、図2、3、6、7）や〈五島美術館〉（1960、図1）では、平安時代の"寝殿造り（しんでん）"が参照されており、こうした「平安朝」の意匠はこの後の吉田作品の基調となります。鉄筋コンクリート造は木造よりも部材寸法が大きくなるので、数寄屋よりも木太い古代建築のほうが相性がよく、さらに吉田自身の好みも、おおらかな古代建築とよく合ったのでしょう。寝殿造りは畳を敷き詰めずに板張りのままで、内法（うちのり）が高く、天井を張らない点など「おおらか」で、かつ「近代的」であると吉田はいいます[3]。

○比例（プロポーション）による伝統表現

　鉄筋コンクリート造の伝統表現において、吉田は「ちょっと見たときに、なんか日本的だなという程度」にしておくのが良いとして、その「なんか日本的」は、細部(ディテール)ではなくて「プロポーション、間の取り方」によって生まれると述べています[4]。

　〈日本芸術院会館〉や〈五島美術館〉の外観を見ると、陸屋根は深い軒（大庇）を張り出し、その隅では軒の上端が微妙に反り上がっています。外観意匠のうえで目障りな竪樋（たてどい）は柱の内部に仕込み、どっしりとした太い丸柱は古代建築風で、表面を斫って工具が未発達だった古代建築の荒々しさを出しています。広い縁（えん）を張り出して、外観上の軒線とともに水平線を強調しつつ、建物を庭と

図4　大和文華館（1960）

図5　大阪ロイヤルホテル新館

〈大阪ロイヤルホテル新館〉のラウンジは大和絵をモチーフとした平安時代の庭園を再現したものである。漆の蒔絵調の独立柱、曲水のせせらぎ、紫雲がたなびく様を現したシャンデリアなどが見られる。

〈日本芸術院会館〉（1958、図2、3、6）は天皇陛下による典礼が行われる建築ということもあり、〈京都御所紫宸殿〉（京都府、1855）のプランが参照された。「平安朝時代の優雅・典麗の雰囲気を主調として（中略）これを近代の時代感覚によって、現代の姿に移行せしめしめることを意図した」と吉田は述べている。建物各部の寸法も平安時代の建築を実測し、比較研究して決定したという。建物の各所に平安時代の有職文様をアレンジして用いている。続く〈五島美術館〉（1960、図1）では、廻り縁を介して中庭を取り囲む建物のたちを高くし、堂々とした列柱の表現が見られ、吉田の「平安朝」意匠がより洗練されたものとなった。

図6　日本芸術院会館　回廊

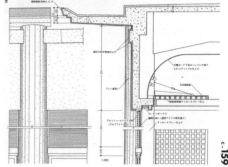
図7　日本芸術院会館　詳細図

図8　新勝寺大本堂　組物

図9　中宮寺本堂（1968）

図10　満願寺本堂（1969）

〈満願寺〉（図10）では軒裏の垂木を省略し、軒裏に目地を切って伝統的な「板軒」のように見せている。吉田は、境内の雰囲気について、木造ではないために「しっとりとした幽玄な静けさ」は出なかったが、そのかわり西洋中世僧院の「静けさ」にも似た、「何か別のある特殊の雰囲気がにじみ出た」と述べている。

連続させています。とりわけ〈日本芸術院会館〉の平面は京都御所を参照したとされ、中庭を列柱の回廊が取り囲んでいますが、そこにこそ「平安朝を単的にしかも強力に表現」[5]したと吉田はいいます。庭園は〈大阪ロイヤルホテル新館〉（図5）など、平安時代の大和絵に描かれた曲水を再現したものがよく見られます。また、アルミパイプ製の「御簾」やコンクリート製の「蔀戸」風の格子窓はいずれも寝殿造りに見られるモチーフで、なおかつ日照を制御する実用的意味もあります。

〇江戸建築的な壁面の表現

　博物館やホールなど外観に窓があまり必要ではなく、壁がちになる建物の場合は「平安朝」の意匠ではなく江戸時代の建築モチーフを用いるものがよく見られます。寝殿造りのような開放的な立面が成立しないためでしょう。たとえば〈大和文華館〉（図4）や〈文楽座〉などでは、外壁に軽量鉄骨とモルタルで土蔵造りの海鼠壁（11.5節）の目地のような透かしのスクリーンをつくり、その奥に事務室の小窓などを設け、上部の白壁には城郭風の武者窓を開けています。〈大和文華館〉などに見られる、内部に太い小梁を現しにした"根太天井"は、豪放な近世城郭建築のインテリアに通ずるものがあります。

〇寺院建築のさらなる「和様化」をめざして

　吉田による鉄筋コンクリート造の寺院建築で注目されるのは、古代の寺院建築の「和様化」の流れを、時を隔てて現代でさらに推し進めようとした点です。たとえば〈新勝寺大本堂〉では軒を支える"組物"を中国的なものと捉え、斗を省略して肘木だけで構成する単純化した組物を考案し（図8）、〈中宮寺本堂〉（図9）や〈満願寺本堂〉（図10）では組物を全く用いていません。蟇股や懸魚などの伝統的な寺院建築に見られる装飾的要素を排除しつつ、正面の向拝を片持ち梁で張り出して向拝柱を省略している点など、立面意匠上の「線」を消したいという吉田の意図がうかがえます。寺院建築のさらなる「和様化」は「私一代ではなし得るものではなく、私のあとを受けついで、誰かにやってもらわなくては、とうてい成就するものではない」[6]と述べる吉田は、現代の構造に相応しい寺院建築の様式を生み出そうと、次世代の建築家たちにも呼びかけていました。

[註]
1　吉田「数寄屋十話」（第三話「民族の血の建築」）『饒舌抄』新建築社、1976年
2　吉田ほか「国際性・風土性・国民性」『国際建築』1953年5月号、p.13
3　吉田・磯崎新『建築の一九三〇年代―系譜と脈絡』鹿島出版会、1978、p.19
4　『現代日本建築家全集3 吉田五十八』三一書房、1974、pp.130-131
5　吉田「日本芸術院会館」『新建築』1958年7月号
6　吉田「枡組建築からの脱却」『新建築』1968年5月号

2.6 建築に"上絵付け"をする
——谷口吉郎の「意匠心」と鉄筋コンクリート造の日本建築様式

図1 東京国立博物館東洋館（1968）

図2 帝国劇場（1966）

図3 東京會館（1971）

図4 淡交ビル（1968）

図5 乗泉寺（1965）

　谷口吉郎（1904〜79）は、金沢の九谷焼の窯元に生まれました。若手建築家であった昭和初期には、日本におけるモダニズム建築の導入期において「国際様式（インターナショナルスタイル）」の傑作を生み出しましたが、戦時下においてそれを相対化する視点を得ます。それは、1938〜39年の欧州視察で19世紀ドイツを代表する建築家K.F.シンケルの古典主義建築に触れ、「時代を超越」した「形」の強い表現力を感じつつも、古代ギリシア建築の単なる「模倣」ではないシンケルの造形意欲——谷口のいう「意匠心」——に深く共感したことです[1]。一方でドイツと日本の、「風土」に根ざした文化の違いを肌で感じた彼は「『合目的主義の革新性』から『古典主義の伝統性』に道を開いた」[2]というシンケルに学びつつ、自らも日本の「伝統」に目を向けるようになります。この思想は戦後になって実作に大きく展開していきました。

○「出桁造り」を応用した繊細・優雅な立面意匠

　窯元という家業について谷口は、建築も陶器も「入れ物」をつくっているのだからその意匠は本質的に同じと述べています[3]。あたかも陶器に上絵を付けるように、谷口は繊細で優雅な意匠で建築を包み込みました。谷口のその性向がよく表れているのが、〈帝国劇場〉や〈乗泉寺〉など、谷口作品によく見られる2階以上をオーバーハングした形式の建物です（図2〜5）。その形式は1階の側柱を通し柱として2階以上の外壁に構造柱が現れないので（帳壁（カーテンウォール））、そこに自由な立面意匠が可能となり（図13）、直線的で精緻な意匠文様がリズミカルに割り付けられます（谷口が愛用した竪格子や、仕上材目地へのこだわりも同じ性向から出たものといえます）。

　その嚆矢（こうし）である〈慶応義塾大学学生ホール〉（1947）の設計主旨の中で、谷口はこの形式を「出桁（だしげた）造り」と称し、信州の古民家に言及しています[4]。また、〈石川県繊維会館〉（1953）ではこの形式を日本の気候・風土から説明しています。すなわち、柱が風雨に曝されないように外壁を突出させ、1階は冬の積雪に触れないように、また夏の日差しを防ぐためにセットバックしたというのです[5]。鉄筋コンクリート造でも雨の多い日本では屋根に勾配を付ける必要があるとも述べられています。

○壁式構造による「日本建築」の単純形態

　〈飛鳥資料館〉や〈八王子乗泉寺回向堂〉など比較的小規模である一連の公共的建築において谷口は、様式化されたほぼ同一の意匠を用いています（図6、7、12）。それは、緩勾配の単純な切妻屋根の平屋建てで、軒を深く出して

図6 国立飛鳥資料館（1974）　　図7 東大寺図書館（1967）　図8 法隆寺妻室（1121頃）　図9 京都御所清涼殿　図10 百万塔

鉄筋コンクリート造を用いて"数寄屋"が表現されているものとして〈迎賓館和風別館〉（図11）や〈河文〉がある。いずれも床の間をもつ広間から、ガラス戸付きの広縁を介して外部（池）に繋がるという空間の構成をとる。外観はたちが低く、屋根を複雑に重ね、軒裏には数寄屋らしく疎垂木を表現する。軸組構造が採用されているが、鉄筋コンクリート造の柱は太くなるので広間には構造柱を見せず広縁に独立柱を並べ、長方形断面の柱の長手を木板で挟んで、柱のマッシブさを和らげる工夫がされている。

図11 迎賓館和風別館（1974）

谷口作品のうち「出桁造り」の形式のものは、1階の壁をセットバックして構造柱が外観に表現される（図2～5）。2階以上の壁面には見付けを細くしたマリオン（方立）を付けて垂直線を強調し、その間に柱間一杯の開口や横長タイルを張った腰壁を割り付ける。内部が広いホールのときは細長い意匠文様を屏風のようにジグザグに割り付ける。建物の上部は、たちの低い建物の場合は深い庇を出して陰影を付け、高層建築では最上層の外壁をセットバックさせつつ方立を庇まで延ばす。最上層は軒の出の深い木造古建築を連想させるが、これは昭和戦前期の「帝冠様式」の立面構成法にも類似する（1.3節）。

図12 八王子乗泉寺回向堂・宝塔（1971）

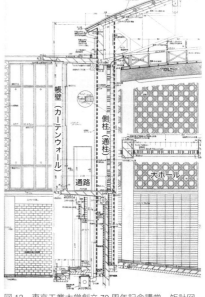

図13 東京工業大学創立70周年記念講堂　矩計図

廻り縁を付けるというものです。屋根・軒・縁という──日本の「風土」から導かれた──「日本建築」としての必要最小限の要素を用いて、形態を極度に単純化したものであり、これにより建築の形に強い象徴性が生まれています。屋根に反りはなく、軒裏に垂木の表現もありません。軸部は縦長の開口部と壁面が反復されるだけの素っ気ないもので、その壁がそのまま屋根を支える構造となります（内部は基本的には舟底天井の一室空間です）。その清貧な意匠は、〈法隆寺妻室〉（図8）など古代寺院の僧坊の外観を想起させますが、決して木造を模倣したものではなく、鉄筋コンクリート造の構造壁が外観に直接表現されながら、様式化されているのです。

○伝統的な建築形態の巨大化による記念性の付与

一方、記念性が求められる比較的規模の大きい建築の場合、伝統的な建築の形態を巨大化するという手法が用いられています。たとえば〈東京国立博物館東洋館〉（図1）は、正面の独立柱の列柱と廻り縁を併用している点で、〈京都御所清涼殿〉（図9）の外観を思わせますが、それを単純化しつつ巨大化することで記念性が生み出されています。堂々とした列柱は記念性の表現によく用いられますが、ここでは柱の断面を楕円に近い変形10角形として、

斜めのアプローチから正面を望むと柱がより太く、堂々と見えます。また、軒（鼻隠し）・桁は両端において先細りして古建築の軒反りが表現され、軒裏では軒を支える"力垂木"を表現するなど、伝統的建築の用法を用いてフォーマリティを出しています。〈東宮御所〉（1960）も同じモチーフと同様の手法によるもので、谷口はその設計主旨のなかで、「御所」（京都御所）の古典的な美しさは「風土」によって「洗練」されたものであり、「その美を今ここに（中略）よみがえらせてみたい」という造形意欲を吐露しています[6]。

伝統的モチーフを拡大する手法は〈八王子乗泉寺〉の宝塔（図12）にも見られます。そこでは、奈良時代作製の高さ20cm程度の木製三重小塔〈百万塔〉（図10）の単純で古拙な形を巨大化しつつ[7]、全体の比例や細部意匠に谷口のアレンジが加えられています。

［註］
1　谷口吉郎・村田潔『ギリシヤの文化』大沢築地商店、1942、p.177
2　谷口『雪あかり日記』東京出版、1947、p.180
3　谷口・川添「谷口吉郎氏にきく」『建築』1965年8月号、p.93
4　谷口「青春の館」『谷口吉郎著作集　第3巻』淡交社、1981、p.392
5　谷口「雨と糸」『建築文化』1953年5月号、p.5
6　谷口「設計メモ」『新建築』1960年6月号、p.13
7　太田茂比佐「作品解説」『谷口吉郎著作集　第五巻』淡交社、1981、p.206

2.7 柱の「間(ま)」が併存させる"近代"と"伝統"
——大江宏の「混在併存」による伝統表現

図1　法政大学55年館（1955、右）・法政大学58年館会議室棟（1958、左）

図2　乃木神社社殿（1962）

図3　九十八叟院（1969）

大江宏は1954年の約半年間にわたる南北アメリカとヨーロッパへの旅行がインターナショナル・スタイル一辺倒の風潮に対して疑問を抱くきっかけになったと述べている。法政大学の一連の建物（図1）の設計期間における変化はその始まりである。〈55年館〉と〈58年館〉の会議室棟を比較すると、シェル構造の屋根やブロック積みの壁体など、柱による構造体からは決定されない様々な要素が混じっている。
〈乃木神社社殿〉（図2）に巡らせた吹き放しの回廊は、スペインやイスラムの中庭の例を引いて説明されている。「回廊」は彫刻家・平櫛田中のアトリエ兼住宅〈九十八叟院〉（図3）でも異なる機能をもつ空間を繋ぐ役目を果たしており、〈角館伝承館〉（図7）では、さらに大胆に日本の民家風の外観や西洋の教会のようなインテリアなどを接合させている。また、〈九十八叟院〉（書院棟）の設計主旨の中で、〈勧学院客殿〉（滋賀県、1600）や〈二条城二の丸御殿白書院〉（京都府、江戸初期）の平面図・断面図が空間構成の「規範」としてあげられている点は大江の古典主義的傾向を示している。

大江宏（1913〜1989）は、親子二代にわたって日本の「伝統」を考え続けた建築家です。父の新太郎（1876〜1935）は日光東照宮の修復や明治神宮の造営事業において技師を務める傍ら、〈明治神宮宝物殿〉や〈神田神社〉などを設計し、日本に普及したばかりの鉄筋コンクリート造に相応(ふさわ)しい"伝統"の表現法を探求した建築家でした（1.2節）。大江宏は〈法政大学大学院〉（1953）で全面ガラスのカーテンウォール（帳壁）を早い時期に実現させた[1]モダニズム建築家の一人でしたが、1960年代以降は独自の伝統表現手法を打ち出し、さらには日本だけでなく、西洋中世や中近東の意匠なども組み合わせた折衷主義的な作品をつくりました。

○空間を規律づける柱の構成

〈法政大学55年館〉（1955、図1）と〈法政大学58年館〉（1958、図1）は、いずれも端正な柱が印象的な作品です。〈55年館〉の北側ファサードは、黒い格子状のスチール・サッシの間に白い外装材と透明なガラスを配しています。端正な比例(プロポーション)で、ありのままの素材の表情を生かし、"簡素さ"を美徳とするとされる日本の美学と、装飾性を排除したモダニズム建築の共通点を突いた表現をしています。ここで大江はガラスの帳壁(カーテンウォール)の伝統表現における一つの解法を示したと言えますが、大江は柱を隠していません。コンクリート打ち放しの丸柱は下階で露出され、3階以上でもガラスの間に覗(のぞ)いて、全体を秩序立てています。〈58年館〉の会議室棟でも造形的に梁と区別された角柱が空間を律し、高床の外観は、屋根を支える梁による深い軒やバルコニーの高欄(こうらん)（手摺り）などから"日本建築"を思わせるものになっています。

大江は設計において生涯、柱を大事にした建築家と言えるでしょう。それは単なる構造体の一部でも、単独のモニュメントでもありません。大江が重視したのは、空間を規律づける柱の連なり方だったと思われます。

○「混在併存」：「野物」と「化粧」による伝統表現

1960年代になると大江は、一つの建築の中に異質な要素——"伝統"と"近代（洋風）"——を、異質なままで併存させるという「混在併存」という思想を打ち出します[2]。その最初の作品は〈香川県文化会館〉（1965、図4、5）で、そこではコンクリート打ち放しの柱と御影石の壁体を用い、その中に木造の架構を組み込んでいます[3]。構造体の柱（鉄筋コンクリート造）と非構造体の柱（木造）を併用して空間が構成され、柱による「間(ま)」が「混在併存」の鍵となっています。

図4　香川県文化会館（1965）

図5　香川県文化会館　内観

図6　国立能楽堂（1988）

図7　角館町伝承館（1978）

図8　国立能楽堂　内観

〈香川県文化会館〉（図4, 5）以降、大江は「混在併存」の伝統表現手法を洗練させていった。〈国立能楽堂〉（図6）の設計過程で追求された「野物」と「化粧」の間に関係をつくる手法は、〈大壕公園能楽堂〉（1986）など同時期以降の作品にも見られる。〈国立能楽堂〉において大江は「野物」（鉄筋コンクリート造の躯体）が、あからさまに見えないように木造の「化粧」を配することに苦心したという（図8, 9）。つまり、「野物」と「化粧」を完全に分離させずに「見え隠れの躯体と造作の木部とが極めて規則的に相関連していかなければならない」というわけである。また、屋根の表面の素材は、檜皮葺きのようにも見える金属メッシュ（アルミ押出し型材化粧ルーバー）になっており、雨水はその下に見える屋根面で受けるようになっているので、屋根の外形の繊細な曲線を自由に決めることができる。ここにも「野物」と「化粧」の相互関係を見て取れる。なお、〈国立能楽堂〉では、周辺の住宅地のスケールとの調和を図るために分棟配置を行い、敷地の対角線上に各棟の屋根を繋いでいるが、大江は日本古来の「指図」を引きつつ、この建物を屋根伏から設計したと述べている。

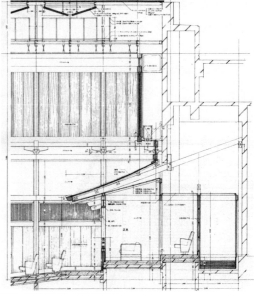
図9　国立能楽堂　断面詳細図

　ここでは"近代"としての鉄筋コンクリート造の躯体と、"伝統"としての木造の化粧材とが並立されています。そして、そこには「野物と化粧」[4]（4.3節）という日本の伝統から導かれた大江の建築観も投影されています。すなわち、構造材＝「野物」と非構造材＝「化粧」を一度分離したうえで、木造の「化粧」において日本の伝統が集中的に表現されているのです。50年代のモダニズム建築家は鉄筋コンクリート造の柱・梁を木造の比例（プロポーション）に近づけることに腐心しましたが、上記の手法は「混在併存」という大江の折衷主義的な建築思想が生み出した独自の伝統表現手法といえるものです。〈国立能楽堂〉（1988、図6, 8, 9）においてこの手法はさらに追求され、大江は「野物」と「化粧」を分けつつも、伝統建築のように両者の相互関係を失わせないように意を注いだといいます[5]。

○時間と空間の構成法としての和風

　その後、大江は洋風と和風、公共と私的な建築、構造体と非構造体、内部と外部の分け隔（へだ）てをより無くしていきます。〈角館町伝承館〉（1978、図7）では、農家の茅葺屋根のような屋根やイギリスのハンマービーム構法を原型とした架構などの様々な要素をもつ建物を、回廊のある中庭空間で繋いでいます。

　大江にとっての柱は、構造体か非構造体かに縛られません。また、江戸時代の「木割」（9.2節）が一般に考えられているような絶対の比例関係で空間を規制するようなものでなく、設計者による微妙なアレンジを許容する「規範」であることにも注意を促しました[6]。

　大江はモダニズム建築の最大の遺産は「空間というものを意識してとらえるという見方」を与えたことであると述べています[7]。その折衷主義的な作品は、一見いわゆる"ポスト・モダニズム"（1.5節）の先駆けのようです。しかし、彼は"和風"を単に表面上の「意匠」ではなく、柱を中心とした規律づけによって、多様な行為を折衷する「空間」の構成法として捉えたのです。柱による「間（ま）」が、内・外を通じて人が様々に行動する空間と時間を準備する。大江が見た日本の「伝統」は、そうした多文化併存の手法であり、その可能性を自らの設計を通じて拡張したのです。

［註］
1　大江「法政大学大学院」『新建築』1953年3月号
2　大江「混在併存」『新建築』1966年7月号、p.138
3　藤岡洋保「混在併存の原点」『再読／日本のモダンアーキテクチャー』彰国社、1997、pp.212-224
4　大江「野物と化粧―苦楽園の家」『建築作法』思潮社、1989、pp.157-159
5　大江「混在併存から渾然一体へ」『新建築』1984年1月号、p.161
6　大江「書院造りと工匠の系譜」『建築作法』前掲、pp.34-35
7　前掲註5に同じ（pp.160-161）

2.8 壁を「屋根」とする
──浦辺鎮太郎の「ウラチン庇」にみる"日本建築"の生物学的進化

図1 倉敷国際ホテル（1963）　　図2 倉敷国際ホテル　内観

　浦辺鎮太郎（1909〜91）は、生まれ故郷の倉敷を中心に活躍した建築家です。京都大学の学生時代に、オランダのヒルヴァーサムで活躍したW. H. デュドックに憧れて「地方建築家」になることを志し、デュドックが設計した草葺き屋根の小学校（1926、図8）は彼の建築の原風景となったと言います[1]。1934年、大学卒業とともに倉敷絹織（現クラレ）に営繕技師として入社して以来、1964年に「倉敷建築事務所」を設立してからも、浦辺の仕事は一貫して倉敷のまちづくりとともにありました。また、倉敷絹織の社長であり六高の同窓生でもあった大原總一郎の仲介で、戦前から柳宗悦を中心とする民藝運動に深く関わるようになりますが[2]、それは「風土」に根ざした建築をつくるという浦辺の建築思想の形成に大きく寄与しました。

○「ウラチン庇」で「屋根」をつくる

　浦辺による日本建築の意匠表現の試みは、鉄筋コンクリート造の建物に、日本の古建築を連想させるような"屋根"をつくり出すことでした。そもそもフラット・ルーフが可能な鉄筋コンクリート造に、勾配のある屋根は必要ではなく、勾配の屋根を載せたとしても構造的・経済的にあまり合理的とは言えません。そこで浦辺は各階の腰壁を傾けることで、外観上はあたかも"屋根"のように見せるという意匠法を考案しました。

　その最初の作品である〈日本工藝館〉（1960、図3、9）では3階の壁面を傾け、屋上のパラペットを高く立ち上げて、外観上は急勾配の、日本の古民家のような"屋根"に見せています。3階は"屋根"の途中にスリットを入れ、その内側の「廻廊」を半外部の展示空間にしています。〈石井記念愛染園〉（1961）は5階建ての建物ですが、浦辺は敷地付近にある四天王寺五重塔のような印象のものをつくりたかったと述べつつ[3]、ここでも各階の腰壁を傾斜させて下階の庇と一体化して"屋根"に見立てています。彼は「この庇とも屋根ともつかない部分は壁梁が日本の風土に適応するように一種の生物学的進化を行ったもの」と説明しています──伊東忠太の建築進化論（1.2節）を想起させます。「ウラチン庇」とも呼ばれるこの意匠法は〈倉敷国際ホテル〉（1963、図1、2）に結実し、各方面で高い評価を受けました。

○壁面の立面構成法

　浦辺作品の壁面のデザインを見ると、平滑な白壁の帯に小さめの開口部を穿つという塗壁風の意匠になっています。腰には正方形タイルを帯状に貼って軒の線とともに

第1部　近代日本の建築における「日本的なもの」と建築家の伝統表現

図3　日本工芸館（1960）

図4　大原美術館分館（1961）

図5　倉敷考古館増築（1957）

図6　旅館くらしき改造（1957）

〈日本工芸館〉（図3、9）など初期の作品では各階の腰壁を傾けて下階の庇と一体化していたが、〈倉敷国際ホテル〉（図1）の庇は構造梁とも一体化し、建物の構造を表現する一要素になっている。庇は軒裏をフラットとせず、斜めに軒を突き出して、室内側では窓から庇の裏面を見えるようにしている。こうした庇のつくり方によって外観上は軒裏に深い陰影ができて屋根が建物に覆いかぶさるように見える。仕上げは、〈日本工芸館〉ではコンクリートの上に防水モルタルを塗り、それをスクラッチ（櫛掻き）で仕上げて、草葺きのようなテクスチャーを外観に与えている。

近くの五重塔を参照したという〈石井記念愛染園〉では、瓦棒にも見えるリブを打ち放しコンクリートでつくるが、これには高度な職人技術が必要であったと浦辺は述懐している。近代的工法によるものであっても、日本の伝統に培われた高い職人技術が重要になってくるわけである。

図7　倉敷アイビースクエア（1974）

図8　ヒルヴァーサムの小学校

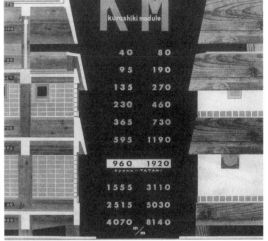
図9　日本工芸館（1960）とK. M.

に水平性が強調され、倉敷の土蔵造りや塗屋造りの町家を連想させます。〈大原美術館分館〉（図4）の街路に面した外壁の意匠では"城壁"のイメージが参照されています。曲線を描いて立ち上がる"石垣"はプレキャスト・コンクリートに地元高梁川の玉石を埋め込んだもので、シェル構造を用いた波打つ屋根の〈絵画室〉は、現代的な表現により城郭の"櫓"を再現したものでしょう。

○K. M.（クラシキ・モデュール）

浦辺は、ル・コルビュジエの「モデュロール」に倣い、独自のモデュールを設計に適用しました。京間畳の寸法（6尺3寸＝1920mm）に基準を求め[4]、「モデュロール」と同じくフィボナチ数列を用いて8段階の寸法を算出し、それを平面だけではなく立・断面各部の設計寸法にも用いています（図9）。浦辺自身「倉敷なスケール」を現代に再生させたかったというように[5]、伝統的町家の比例感覚を設計の拠りどころにしていたのです。

○「不易流行」の思想──歴史的建築の保存と再生

晩年の浦辺は、松尾芭蕉の「不易流行」の研究に没頭していたといわれます[6]。浦辺によれば、この言葉は、変わらない本質（不易）に時代性（流行）を合わせたものであり、同時代的前提に従いながらも決して時代に消費されない、「腰のすわった建築」[7]を目指した浦辺の建築思想をよくあらわす言葉であったといえます。

浦辺が倉敷の歴史的建築の保存・再生にも積極的に取り組んでいたことは、その思想を示す一つの側面です。なぜなら、それは歴史的建築（不易）に現代性（流行）を加える行為といえるからです。最初期の〈倉敷考古館増築〉（1957、図5）や〈旅館くらしき改造〉（1957、図6）は、いずれも歴史的町家を保存しつつ転用・再生した建築です。〈倉敷考古館〉は既存の町家の背後に増築したもので、シェル構造によるヴォールト屋根の上に"置き屋根"を載せて伝統的な町並みと調和させていますが、開口部や手摺りはモダンな感覚で処理されています。〈旅館くらしき〉客室の床の間も、伝統的なものに現代的な再解釈を加えたものとなっています。〈倉敷アイビースクエア〉（図7）は明治の工場建築を"減築"の手法により公共的広場として再生させた先駆的な事例です。

［註］
1　浦辺「私の建築印象　ヒルベルスムの小学校」『新建築』1983年11月号、p.23
2　浦辺「寄宿舎建築様式の変遷──倉敷絹織の場合」『民藝』1941年3月号、p.37
3　浦辺「石井記念愛染園の一建築」『新建築』1961年11月号
4　浦辺「KM（Kurashiki-module）」『新建築』1960年12月号
5　「大原美術館分館案内記」（村松慶三）『新建築』1961年6月号
6　長谷川堯「浦辺鎮太郎と建築」『浦辺鎮太郎作品集』新建築社、2003、p.160
7　浦辺「座談会　日本建築の将来」『新建築』1968年8月号、p.550

2.9 「床(ゆか)」を宙に浮かす
―――菊竹清訓によるコンクリートの組立建築と架構の象徴表現

図1 ホテル東光園（1964）

図2 出雲大社庁の舎（1963）

図3 スカイハウス（1958）

〈ホテル東光園〉（図1）は、上部の二層の床を宙吊りにすることで、「床は空間を限定する」という日本建築から導かれた命題を明瞭化しつつ、ラウンジの空間などに貫と柱による迫力ある「組柱」を象徴的に現し、「柱は空間に場を与える」という命題にも答えている。柱の頂部には日本建築の"舟肘木"のようなものが見える。

菊竹の弟子の一人・伊東豊雄が「菊竹氏の建築の最大の魅力は、モダニズム全盛の時代にありながら、日本の伝統的建築のモチーフを実に見事に取り入れていた点にある」というように、菊竹は建築的発想の源としてだけではなく、造形的にも「日本的なもの」を建築に表現している。

　菊竹清訓(きよのり)（1928～2011）は、1980年に自らの活動を振り返って、1950年代を「とりかえ論」、1960年代を「方法論の時代」、1970年代を「かたの展開」と位置づけています[1]。その中の「とりかえ論」の時代は、1950年前後にブリヂストンの創業者・石橋正二郎の支援のもと、伝統的木造建築の調査と建て替えの仕事をした経験から、木造建築の部材が取り替え可能であることを強く意識して創作を行った時期とされています。

○「とりかえ論」の建築：コンクリートの組立建築
　菊竹は1960年に結成された「メタボリズム・グループ」（1.5節）の主要メンバーの一人として知られます。1950～60年代の菊竹の作品を見ると、"建築・都市は生命体のように新陳代謝すべき"というメタボリズムの建築思想との密接な繋がりが見られます。後年菊竹が語るように[2]、「メタボリズム」は増築・解体・組立が容易な、日本の建築的伝統から発想されたものでした。

　たとえば、〈出雲大社庁(ちょう)の舎(や)〉（1963、図2）は、出雲大社本殿の傍らにたつ初期の代表作です。桁行スパン40mにおよぶ象徴的なプレストレスト・コンクリートの棟木2本が棟持柱に緊結され、壁パネルなど他のすべての部材は、取り替えの可能なプレキャスト・コンクリートの組立式の架構になっています。この建物の外観意匠は、高床式住居が稲作とともに日本に伝播したという通説から、巨大な高床式の出雲大社本殿が米を収納する倉であれば、それをサポートする〈庁の舎〉は、収納される米を十分に乾燥させるところ、つまり「いなかけ」（稲架）であるとし、それに見立てて設計されたものです[3]。また、〈島根県立博物館〉（1958、図6）の立面に現れる大梁と小梁の規則正しい配列は、伝統的な日本建築の軒を支える腕(うで)木(ぎ)や垂木のようにも見えます。これらの部材もプレキャスト・コンクリートを組み立てたものになっています。

　〈スカイハウス〉（1958、図3）は、建物の主体構造に移動・交換の可能な台所・浴室・子供室などの「ムーブネット」が取り付けられた「代謝更新をつづける住居の提案」[4]ですが、その外観は、高床で、水平に張り出した軒や廻り縁（「回廊」）などによって日本の伝統的な住宅建築を連想させるものになっています。

○「床は空間を限定する」という日本建築からの命題
　菊竹は1950年代中頃に清水寺本堂の舞台を見た際に「床の設定」がその意匠の決定的条件であると考え、これを自らの創作の主題としたと述べています[5]。また、出雲大社の「高床」や厳島神社の「浮床」などにも言及し

第1部　近代日本の建築における「日本的なもの」と建築家の伝統表現

図4　東光園の柱貫構造方式と厳島神社大鳥居

図5　京都国際会議場競技設計案（1963）断面図

〈京都国際会議場競技設計案〉（図5）は、菊竹によれば、架構・設備とも組み立ての方法を徹底したものであり、それは「日本の木造の伝統的な技術の上に、これをさらに発展させ」ようとしたものであった。また、「技術を忠実にしかもシンボリックに表現」する造形として「巨大な柱の上にホッパー型の空間を載せる、という斗栱状の形態」となったとも述べている。古都における国際会議場ということで、設計においては日本的なものが明確に意識されていたのである。

図6　島根県立博物館（1958）

図7　京都信用金庫・修学院支店（1971）銀行ホールの4機能

〈島根県立博物館〉（1958、図6）の外観は「日本建築の伝統である、くすんだ木材と白壁の対比」が意図されたものであり、「地味なコンクリートの骨格に豊かな表情を与えるもの」として「白壁」によって上層が仕上げられている。また、菊竹は日本の古民家の空間的特性を、開放的な「座敷（ざしき）」と閉鎖的な「蔵（くら）」という対照的なスペースの結合に見て、それを展示のための閉鎖的空間と会合などのための開放的空間に対応させつつ、両者を上下に組み合わせるという全体的構成としている。折板構造の屋根をもつ展示室は妻面の可動式「ルーバー・ウォール」により採光・通風が行われ、小柱、棚、窓台などは現場製プレキャストによってつくられた。

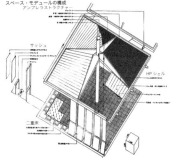
図8　京都信用金庫・構造図

〈京都信用金庫・修学院支店〉（1971、図7）は、銀行の4機能を4つの傘形の構造（「アンブレラ・ストラクチャー」、図8）がそれぞれ担うという構成である。HPシェルの屋根は「京都の町並みを考慮」したもので、中央の「大黒柱」は大空間における象徴的な存在となっている。ここでもメタボリズムの思想にもとづき、増築・解体・組立が可能な解決法が模索された。

つつ、その「水平性」「限定性」に注目し、「床は空間を限定する」という命題を立てました。菊竹作品を通底して「床」を宙に浮かせたような建物が目立つのは、こうした彼の発想によると考えられます。

〈京都国際会議場競技設計案〉（1963、図5）は、これを主なテーマとした作品の一つです。この案は、同一機能を同一レベルの「床」で解決するという原則で、代表団階・報道員階などの機能ごとに5つの床で構成されています。「空間の限定」が明瞭に現れる「床」の端部には特に注意が払われ、壁の使用を極力避けています。これは床の端部に立ち上がる壁が「床」の境界を隠してしまうからでしょう。プレストレスト・コンクリート梁を組み合わせた片持ち梁は上階ほど外に張り出して、外観にも各階の床の層構成が明瞭に表現されています。

○「柱は空間に場を与える」という日本建築からの命題

菊竹は「柱」を、構造的ではなく空間的な建築的要素と捉え、「柱は空間に場を与える」という命題を立てました。菊竹によれば、日本の寺院の柱や神社の鳥居はその原型的なものとされており[6]、こうした見方には彼の始原的なものへの志向性が示されています。

〈ホテル東光園〉（1964、図1）では、高さ6層に達する柱と貫の組柱が使われています。その象徴的な構造表現のモチーフは「貫で組み合わせる方法」[7]による厳島神社大鳥居にあったと言います（図4）。柱貫構造の組柱の上部には、ブリッジの架かるボイド層を挟んで、上層階が巨大な梁とテンション柱によって吊り下げられます。ここでも「床」は宙吊りにされ、両端部を張り出して、外観の水平線が強調されています。

〈京都信用金庫〉（図7）の一連の作品は「か・かた・かたち」という菊竹独自の設計論[8]をもとに、「かた」の展開をテーマとした作品です。「アンブレラ・ストラクチャー」（図8）と呼ばれるユニットが採用され、中心にある象徴的な「大黒柱」の周囲に空間（場）をつくることが意図されています[9]。

［註］
1　『SD（特集＝菊竹清訓）』1980年10月号
2　菊竹「メタボリズム一九六〇、更新建築二〇〇五」『メタボリズムとメタボリストたち』美術出版社、2005、pp.108-109
3　菊竹『代謝建築論　か・かた・かたち』彰国社、1969、p.90
4　菊竹・川添登『菊竹清訓　作品と方法 1956-1970』美術出版社、1973、p.34
5　菊竹「床は空間を限定する」『建築文化』1964年10月号、p.122
6　前掲註3に同じ（pp.114-115）
7　『SD（特集＝菊竹清訓）』1980年10月号、p.55
8　前掲註3に同じ（pp.1-61）
9　菊竹「コミュニティ・バンクの機能と空間」『新建築』1972年4月号、p.221

第 2 章　近代的テクノロジーという前提：「空間」の伝統表現から「象徴」の伝統表現へ

2.10 まちづくりの手がかりとしての「民家」
——大高正人のプレファブリケーション工法と傾斜屋根の造形

図 1　群馬県立歴史博物館（1979）

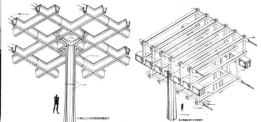

図 2　千葉県立中央図書館（1968）

図 3　千葉県立中央図書館（1968、左）・栃木県議会議事堂（1969、右）

〈群馬県立歴史博物館〉（図1）は地元・藤岡の黒瓦を外壁に採用し、アルミ型材による瓦棒葺の傾斜屋根をかける。展示室棟の急勾配屋根の群が木立の中にたち並ぶ姿は日本の民家集落を思わせる。また、〈千葉県立中央図書館〉（図2、3）や〈栃木県議会議事堂〉（図3）は、部材の工業化によってコンクリートの伝統表現を推し進めたものとも解釈できる。

　大高正人（1923〜2010）は、1949年以来13年間勤めていた前川國男建築事務所から独立した際に「PAU」という理想を掲げました[1]。「P」はプレファブリケーションの頭文字です。広く社会に良質の建築を提供するには、生産の近代化・工業化が欠かせないと考えたのです。「A」はアートあるいはアーキテクチャーの頭文字で、「広い芸術の領域と建築の問題をひとつの視野にとらえる必要」があると述べています。最後の「U」はアーバニズム。建築を単体ではなく群として捉え、都市や農村といった環境の中でのあり方を重視する思想です。この3つの目標を統合させるという初心を1962年の事務所設立以降、約半世紀を通して追求しました。

　この3つはすべて日本の伝統の再評価と結び付くものと考えられます。とりわけ日本の古民家との関係が、都市的な前川と農村的な大高という生まれ育ちの違い、戦前スタートと戦後スタートという世代の隔たり、師・前川からの自立の方策などを説明してくれます。

○民衆的な技術体系としての工業化

　同じ大地に根ざしたような重厚な存在感であっても、大高の建築は組積造を思わせる前川の建築とは異なり、部材を組み立てたような造形です。たとえば〈千葉県立中央図書館〉（1968、図2、3）や〈栃木県議会議事堂〉（1969、図3）は工場で部材を製作するプレファブリケーション工法を本格的に採用したものです。いずれもプレキャスト・コンクリート（PC）を躯体に用いた先駆的な例です。PCを現場生産の部材と併用し、二つの素材の表情の差を強調しています。規則性と不規則性の相乗効果を意図しています。工業化を通して、部材を組み立てた建築という実感は、いっそう強まっています。

　大高は近代以前の木造建築が達成した材の規格化と構法のシステム、そしてそれを可能にする手の技術を再評価しました[2]。彼が見出した日本の伝統は、このような民衆的な技術体系であり、その現代版を「P」（プレファブリケーション）と呼んだと解釈してもよいでしょう。

○地域を象徴する傾斜屋根

　大高は〈群馬県立歴史博物館〉（図1）の設計時に「独断の理由」[3]という文章を発表していますが、そこでは「私は、数年前から斜めの屋根にとりつかれた。見てください。われわれの伝統の中にある、屋根の見事さ、街の見事さ、フラットルーフになってからの、われわれの建築の堕落」と述べつつ、「フラットルーフを追放せよ（中略）野良猫が歩く屋根をとりもどそうではないか」と

図4 片岡農業協同組合計画案

図5 三春町民体育館（1978）

図6 三春歴史民俗資料館（1982）

図7 三春交流館まほら（2003）

図8 筑波新都市記念館（1976）　外観（左）、内観（右）

大高は1960年代に農協建築を継続して設計した。最初の〈片岡農業協同組合〉（1962、図4）では、「都会風のビルディング風」のA案と、「民家の形態」を参照したB案が提案され、最終的にはB案が採用された。これ以降の農協建築では傾斜屋根が採用されることになった。

〈筑波新都市記念館〉（図8、9）に見られるように、大高作品の傾斜屋根はそのまま内部空間に現れる。〈三春町民体育館〉（図5）は傾斜屋根が内部の伸びやかさと親密感を両立させ、屋根の組み合わせによる空間の変化は〈三春歴史民俗資料館・自由民権記念館〉（図6）でも追求されている。同町のまちづくりに関する地道な取り組みが成果を上げた後に設計を手がけた〈三春交流館まほら〉（図7）の大屋根も、大高が大事な存在として何度も言及してきた日本の民家を思わせる。

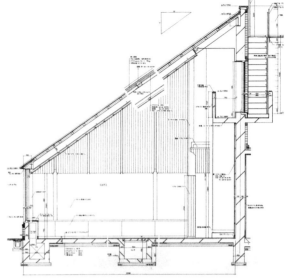
図9 筑波新都市記念館　矩計図

檄を飛ばしています。これ以後の作品には必ずと言ってよいほど、傾斜屋根が載せられています（図5〜9）。

上記の引用文より傾斜屋根と日本の伝統の繋がりは明確でしょう。そのうえで、単なる復古ではありません。内部に平天井を張っていないので、屋根の傾斜は空間の形状を規定します。方向性を持たせたり、光を取り入れたり、一体感を増したり、逆に一人になれる領域をつくったり、傾斜屋根はフラットルーフ以上に、人間的な空間性を探求する幅を広げているといえます。また、素材の取り扱いも近代的です。瓦ではなくアルミ型材による瓦棒葺を用い、地元の素材を生かした壁面と組み合わせて、地域の伝統を新たに表現しています。

このように大高が再評価した日本の伝統は、第二に地域のシンボルとなる「傾斜屋根」でした。大高にとっての「屋根」は、造形が長い時間にわたって建物の内部と外部に働きかける「A」（アートあるいはアーキテクチャー）の力を象徴するものでした。

○まちづくりの主役としての建築

1977年から大高は故郷・福島県三春町の都市計画に関わります。建築も設計しますが（図5、6）、それ以上に町民と行政に働きかけるまちづくりに貢献しました。最後に〈三春交流館まほら〉（2003、図7）を設計しました。「建築はそのすべてが街づくりの主役である」[4]と大高はいいます。彼は「U」（アーバニズム）を都市と農村の両方にまたがり、市民・町民の理解に根ざしたものと捉えました——メタボリズムの時代に槇文彦とともに「群造形」を提案した大高の面目躍如たるものがあります[5]。地域的な目をもつ一方で、群を構成する単体の建築がもつ価値も信頼し続けました。だから、大高は日本の古民家にヒントを見出したのでしょう。それは民衆的な技術体系にもとづき、傾斜屋根によって、風景と時間を受け止めてそびえる存在だからです。

大高は、西洋由来の近代工業、建築・芸術思想、都市意識をいかに日本に定着させるかという課題を前川から受け継ぎました。そして民家の再解釈を通じて前川とは異なる解答を出しました。このことは日本の伝統を地べたの生活者の側から捉える可能性を示唆しています。

［註］
1　大高「〈序文〉」『建築（特集 大高正人 1961-1967）』1967年5月号
2　大高「メタボリストたちと学んではじめた日本の街づくりと建築」『メタボリズムとメタボリストたち』美術出版社、2005、p.56
3　大高「独断の理由」『新建築』1976年10月号、pp.183-184
4　前掲註2に同じ（p.92）
5　大高・槇文彦「群造形へ」『メタボリズム／1960』美術出版社、1960、pp.52-69

2.11「日本的なもの」を解体し、再構築する
──磯崎新による日本建築からの引用手法と「闇」の空間

図1 大分図書館（1966）

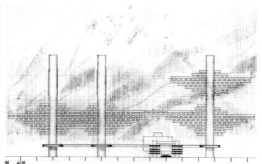

図2 空中都市（1961）

磯崎は学生時代に大分へ帰省する度に関西で途中下車して古建築を見て歩いたという。とりわけ「強くひかれた」のは奈良の東大寺南大門であったと回想し、「南大門と同じものができたら、建築なんてやめていい」と周囲に吹聴して嘲笑されたらしい。磯崎の初期の作品群、とりわけ〈大分医師会館〉、〈大分図書館〉（図1）、〈空中都市〉（図2）などに見られる鉄筋コンクリート造の柱・梁の荒々しい構造表現は、天井を張らずに通柱・貫の架構をそのまま現した大仏様・東大寺南大門の姿に相通ずるものがある。大仏様という日本建築史の異端から学んだという磯崎の思考には、建築史の通念に囚われない自由さがある。

磯崎新（1931～）はこれまで「日本的なもの」について多く語ってきましたが[1]、その作品は「日本的なもの」からは遠いと考えられています。師・丹下健三は1950年代の伝統表現の主導的な存在であり、同世代のメタボリズム・グループ（1.5節）は、日本の伝統と建築部位の更新可能性を関連付けながら"メタボリズム（新陳代謝）"というコンセプトを発想しました。しかし、磯崎は「伝統」に対して一定の距離を置いているように見られます。たとえば〈N邸〉（1964、図7）において彼は谷崎潤一郎『陰翳礼賛』（1933）に言及しつつも「光線を新しい方式によってとらえ直す」ことで、あえて「非日本的なもの」をつくることを意図し[2]、〈ハラ・ミュージアム・アーク〉（1989）では「木造が醸し出す日本的なものへの連想を可能な限り断とう」としたと述べています[3]。磯崎の作品には、このように見え隠れにおいて逆像としての「日本」が投影されているように思えます。

○直接的な引用と「日本的なもの」の拡張

他面においては、磯崎の作品にも日本の伝統的な形態を直接的に引用したものもあります。たとえば、既存の都市の上空に住宅群を組織する計画案・〈空中都市〉（1961、図2）は、垂直のコア、水平の動線、そこに取り付く住居ユニットというメタボリズム的な構成になっていますが、この形は〈東大寺南大門〉（奈良県、1199）の、挿肘木で前へ前へと迫り出す"大仏様"独特の斗栱を参照したものであることを磯崎自身が後年述べています[4]。同時期の〈大分図書館〉（図1）のブルータルな構造表現にも同じく東大寺南大門のイメージがあったといいます。

また、〈北九州市立図書館〉（1974、図8）では、空間を構成しているヴォールトの切断面に、江戸時代中期の哲学者・三浦梅園が彼の宇宙観を説明する際に用いた図式をモチーフにしたステンドグラスを配置しています。さらに〈なら100年会館〉（1999、図3、4）では、瓦タイルで覆われた外壁により「東大寺などに見取られる大屋根のイメージを喚起させ、都市的スケールでの象徴力の強化が図られている」[5]と説明されています。

上記で参照された「日本」はどれも日本の過去の中にありながら、孤立した存在と言えそうなものです。「大仏様」は鎌倉時代の初めに重源が当時の中国の建築様式を独自に取り入れることで生まれ、彼の死とともにほとんど姿を消した様式です。また、三浦梅園は生涯、大分県国東半島をほぼ離れずに東洋と西洋の知識を総合した思索を続け、明治以降に再評価された人物です。さらに、

第1部　近代日本の建築における「日本的なもの」と建築家の伝統表現

図3　なら100年会館（1999）

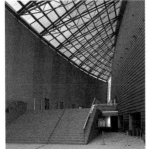

図4　なら100年会館　内観

図5　有時庵（1992）

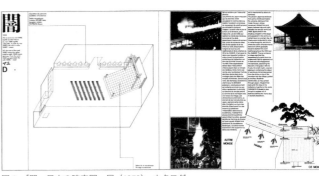

図6　「間―日本の時空間」展（1978）　カタログ

磯崎は「間―日本の時空間」展（図6）で、日本建築の「空間」の伝統が西洋建築の構築性とは違うとした。モダニズム建築にも色濃い西洋の絶対的な「空間」と「時間」の概念に揺さぶりをかけたのある。
〈有時庵〉（図5）は数寄屋大工・中村外二によって施工されたものだが、ライムストーンなど茶室として異質な素材や、チタンなどの現代素材が取り合わせられ、茶室という小宇宙に統合されている。この茶室は〈草庵フォリィ〉（1983）を原型としたものであり、そこでは日本・西欧の「田園的なもの」を寄せ集めた「ラディカルな折衷の世界」が意図されていた。

図7　N邸（1964）

図8　北九州市立図書館（1974）　外観（左）、ステンドグラス（右）

図9　S. P. America Hotel（2005）

奈良時代の仏教建築は、仏教建築が大陸から導入された際に日本の文化や風土に合うように適宜改変した部分があったにせよ、次の平安時代に「日本化」が進行する以前の、むしろ"中国的なもの"と考えられているものです。

磯崎は"引用"という手法を通じて、それらに光を当て、「日本的なもの」が一貫しているという通念を揺さぶります。引用の源は多彩で、その手法は直接的です。磯崎の作品からは、ありふれた通史に捉われず、自らの知性と感性をもとに歴史的建築の中から創造の糧を探し出そうという彼の創作姿勢を見て取れます。

○「間」の時空間と「闇の空間」

1978年にパリで開催された「間―日本の時空間」展（図6）において磯崎は、「可能なかぎり、日本の文化を、西欧人の視点で、彼らが用いるであろうロジックにあわせて解読」し、「そのようにして解体するロジックによって『日本』を再構築」するという「日本」への視点を定めたと述べています[6]。つまり、「日本的なもの」を一度解体したうえで、再構築するというわけです。この展覧会では「『間』は日本人が伝統的に所有してきた、時間と空間の両方にたいする感知方式である。古来、日本には、時間も空間も、それぞれに相当する言葉も概念もなかっ

た」[7]として、それを神籬、橋、闇、数寄、移、現身、寂、遊、道行の9パートで紹介しました。

その一つ「闇」について、若き日に磯崎は、谷崎の『陰翳礼賛』を引きつつ「日本の建築空間を『闇の一元論』と呼ぶことは可能だろう」と主張しています[8]。西洋的な「空間」に対して日本的な「闇」を対置したのです[9]。〈富山県立立山博物館 遙望館〉（1991）や〈Silken Puerta America Hotel〉（2005、図9）では、空間の形態が重要なのではなく、目が慣れると素材の違いによる黒の濃淡が感受される「闇の空間」となります。そうした「闇」の空間表現は、とりわけ劇場建築において実践されてきました。〈なら100年会館〉（1999、図4）では、「30年前に萌芽的でしかなかった『闇』と『虚』の空間の様態」を実現したものであると述べられています[10]。

［註］
1　磯崎『建築における「日本的なもの」』新潮社、2003
2　磯崎『現代の建築家　磯崎新』鹿島出版会、1977、pp.172-173
3　磯崎『現代の建築家　磯崎新3』鹿島出版会、1993、p.76
4　磯崎『建物が残った―近代建築の保存と転生』岩波書店、1998、p.62
5　磯崎「Nara Convention Hall 奈良市民ホール」『ja』1993年4月号、p.198
6　磯崎『見立ての手法』鹿島出版会、1990、p.3
7　前掲註6に同じ（p.48）
8　磯崎「闇の空間」『建築文化』1964年5月号、p.66
9　磯崎『反回想Ⅰ』A. D. A EDITA Tokyo Co. 、2001、pp.75-91
10　磯崎「身体的　リアルとハイパー」『新建築』1999年2月号、p.116

column 3 | 折衷の日本の構築 ―伊東忠太の「法隆寺建築論」と進化主義―

伊東忠太（1867〜1954）は日本で最初の建築史研究者です。東京帝国大学（現・東京大学）教授として長く建築史を教え、日本建築の通史を初めて著しました[1]。日本建築と東洋建築に関わる貢献が認められて、1943年に建築界で初となる文化勲章を受けています。

○法隆寺建築論：日本近代の伝統の関係の創出

こうした業績の出発点に「法隆寺建築論」（1893、図1）があります[2]。西洋建築に対するのと同様の捉え方で日本の建築を扱った最初の論文です。これが有名なのは、伊東が法隆寺の柱の膨らみ（中門などの柱は下から1/3あたりが最も太く、上方に向けて細くなっています）はパルテノン神殿にあるようなエンタシスに由来するという説を唱えたとされることからです。この説は現在、実証不可能なテーマとして、学術的には扱われていません。逆にそのことで近年は専ら、西洋建築の原点とされる古代ギリシアと接続して「日本建築」の存在を正統化したいという黎明期の時代精神の代表のように見られています[3]。

しかし、原文に当たると、そのようには読めません。法隆寺に対する伊東の見解は1898年の最終稿まで一貫して、中国的な規模、インド的な細部、ギリシアのエンタシスの影響を同じ重みで並置しています[4]。そこに両端のギリシアと日本だけしか読み取らないことのほうが、我々の時代精神の産物ではないでしょうか。法隆寺とギリシアを接続しようという意思が多少強引にでも働いているのが同論で、同じような強引さはインドと中国に関しても発揮されています。

このように「法隆寺建築論」は、そもそも考証的な建築史を目指したものではなく、すでに日本を代表する寺院として大工にも有名だった法隆寺を、海外に通じる要素をもつ折衷の建築と再解釈しようとした論でした。このことに内包されているのは、①伊東の折衷嗜好、②理論志向、③伝統の再解釈が可能なのは近代の学術的な建築教育を受けた自分たちであるという建築家の優位性の主張、④日本建築史というジャンルの切り開きの4要素です。その後の歴史の展開のなかで、冒頭の要素はほぼ個人的なものに留まり、大勢に影響を与えませんでした。しかし、残りの3要素は、近代建築教育を受けた後進の中に、建築の理論、日本の伝統、日本建築史も自分たちが取り扱うべき領域だという意識を一般化させました。伊東は同論や学会改名論[5]、建築保存論[6]などの論文と活動を通じて、西洋建築の意匠を構成できるのが建築家の存在理由であるとする国内の見方を転換したのです。

○進化主義の実作

伊東に内在していた折衷嗜好は、世界一周の留学を経て、実作の形をとります。この1902〜05年の留学で、伊東はそれまで知られていなかった中国の遺跡を発見し、アジアが多様であることを理解し、イスラム建築の豊かさに感銘を受け、西洋中心主義的な建築思想に反発し、アール・ヌーヴォー後のデザインやアメリカ建築の隆盛といった新たな動向が生まれつつあることを知りました。

建築進化論（1.2節）[7]は、留学の成果を整理し、建築創造の理論としたものです。日本の将来の建築は、西洋の単なるコピーでも、江戸時代までの日本建築の墨守でも、機械的な折衷でもあってはならず、日本を本位とした「進化主義」にもとづくべきだと主張しています。建築進化論では、接ぎ木したような「折衷主義」を否定しています。確かに伊東の実作における手法はそうではありません（図2）。歴史の中から様々な要素を選択し、それを変形させ、あるいは様式間を繋ぐような細部意匠を用いることで、一つの折衷された全体をつくり出そうとするものです。

「進化」という言葉は、継承と変質をあわせもつこうしたイメージを容れる言葉として選ばれました。自らの実作も、そんな過渡期の挑戦の一つに位置づけています。過去の日本でも、近代の西洋でもない、「近代日本」の建築の象徴を、伊東忠太は折衷の建築という伝統の再解釈によってつくり上げようとしたのです。

［註］
1 帝国博物館編『橋本日本帝国美術略史』農商務省、1901
2 伊東「法隆寺建築論」『建築雑誌』1893年11月号
3 井上章一『法隆寺への精神史』弘文堂、1994
4 伊東『法隆寺建築論』東京帝国大学、1898
5 伊東「『アーキテクチュール』の本義を論じて其譯字を撰定し我か造家学会の改名を望む」『建築雑誌』1894年6月号
6 伊東「国家は古建築物を保存すべし」『建築雑誌』1895年1月号
7 伊東「建築進化の原則より見たる我邦建築の前途」『建築雑誌』1909年1月号

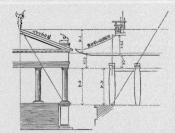
図1 「法隆寺建築論」（1893）の挿図

図2 震災記念堂（現・東京都慰霊堂、1930）外観・内観

column 4 | 山田守の伝統表現 —和風意匠の抽象化による個人的なイメージの共有—

　山田守（1894〜1966）は日本初の近代建築運動とされる分離派建築会の創設メンバーとして知られます。卒業後は逓信省に勤めて、表現主義的な〈東京中央電信局〉（1925）や合理主義的な〈東京逓信病院〉（1937）などを設計し、戦後は独立して〈日本武道館〉（1964）や〈京都タワービル〉（1964）をはじめ数多くの作品を世に送り出します。

○おおらかな大衆性：日本武道館

　東京・北の丸公園の〈日本武道館〉（図1）は和風の屋根が印象的なスタジアムとして広く親しまれています。しかし、完成当時、建築界の反応は冷淡でした。当選した山田の案が造形偏重で、戦後の近代建築らしくないと受け止められたのが大きな原因です。八角形平面に反り屋根を載せた姿は、〈法隆寺東院夢殿〉（奈良県、739）を安直に模倣したとして批判されました。山田自身は「富士山の長く裾野をひく流動の曲線であり、また、奈良の森林の中に聳える東大寺大仏殿の曲線から得たイメージ」と説明しています。ただ、頂上の銅板張金メッキ仕上げの換気口は明らかに宝珠がモチーフですから、夢殿という解釈も織り込み済みでしょう。

　建築の印象は、この屋根と宝珠によっておおむね決まっています。共に曲面の構成に抽象化され、軽やかなシンボルとして自己を主張しています。形は単なる見え掛かりでなく、内部空間に反映されているので、外観からスタジアムでの特別な体験が思い出せます。機能主義や形態の抽象化といった近代建築の原理を手放していません。武道館という目的も旧城郭内という敷地も、ともすれば国家的な重苦しさを生みかねません。山田はそうした与条件に向き合い、具体的な和風意匠も自分の設計で加工できるものとして対象化しています。インターナショナルなデザインの力を信じた近代建築家によって、遠目からも一人ひとりが意味づけできるシンボルが誕生したのです。おおらかな大衆性という点で、設計者の説明通り、夢殿よりも富士山に近いと言えます。

○平易なシンボル：京都タワービル

　京都駅前に建つ〈京都タワービル〉（図2）も山田の設計です。京都のシンボルとして認知されているこの建物も竣工当時、建築界を中心に挙がった非難の声に包まれました。総高131mもの塔が建つことによる景観上の問題が主な論点でしたが、これもまた直接に復古調に見える形態だったことが火に油を注ぎました。塔身は上部にいくほど細くなって、寺院の多い京都をロウソクの形で象徴しているようです。同時に白く、平滑で、既成の重力や規制を克服して見えます。清浄で親しみやすい形態を通じて、伝統と未来を共に感じさせます。それは敷地が同年に東海道新幹線が開通した古都＝観光都市の玄関口であるという与条件にも合っています。

　塔はホテルなどを収めた9階建ての複合施設の屋上に電波塔工作物として付属しています。しかし、一般にはビルの付加物ではなく、独立したタワーのように認識されています。ビルを基壇のように、タワー下部のレストラン部分を受け皿のように形態を操作しているからです。軽やかに抽象化を図るデザインによって、遠くから眺められた時に真価を発揮する平易で独創的なシンボルを生み出したのです。

○心の中のイメージを共有する和風意匠

　様式のような決まりごとには束縛されないデザインで社会に貢献したいという山田の思いは、1920年の分離派結成時から一貫しています。〈日本武道館〉や〈京都タワービル〉は近代建築がもつべき機能的合理性や抽象性を保ち、敷地や変化する与条件への対応は一般以上です。それにもかかわらず山田が受けた批判の強さは、伝統的形態の直接的な連想を否定した1960年代の空気を示しています。

　山田は戦前から、建築にキャラクターを与える大きな構想力を備えています。彼が好んだ曲面は、異なるスケールを横断できる形態です。心の中に抱くイメージには大きさがありませんから、彼の建築はそれと共鳴して、公共建築であっても自分のものと思えるようになります。山田という建築家は、社会的な設計を行ううえで和風意匠には人々がイメージを有しているという強みがあることを、曲面的な抽象化という手法で初めて示しました。

図1　日本武道館（1964）外観

図2　京都タワービル（1964）全景（左）と展望台より（右）

第2章　近代的テクノロジーという前提：「空間」の伝統表現から「象徴」の伝統表現へ

●図版出典
＊特記なき場合は筆者撮影

2.1
図1　撮影：石元泰博 ©高知県、石元泰博フォトセンター
図4　『新建築』1958.6
図5　『現実と創造 丹下健三 1946-1958』美術出版社、1966
図6　『現実と創造　丹下健三 1946-1958』美術出版社、1966　より作成

2.2
図6　撮影：村沢文雄
図8　『技術と人間　丹下健三 1955-1964』美術出版社、1968
図9　『技術と人間　丹下健三 1955-1964』美術出版社、1968　より作成
図10　『技術と人間　丹下健三 1955-1964』美術出版社、1968

2.3
図3　『国際建築』1931.6
図4　『国際建築』1931.6
図6　『新建築』1944.1
図8　『新建築』1978.1

2.4
図1　吉田鉄郎建築作品集刊行会編『吉田鉄郎建築作品集』東海大学出版会、1968
図3　吉田鉄郎建築作品集刊行会編『吉田鉄郎建築作品集』東海大学出版会、1968
図4　日本郵政監修『郵政建築 通信からの軌跡』建築画報社、2008、p.101、p.107　より作成（作成：大阪工業大学本田研究室 山本博史）
図9　吉田鉄郎建築作品集刊行会編『吉田鉄郎建築作品集』東海大学出版会、1968
図10　日本郵政監修『郵政建築 通信からの軌跡』建築画報社、2008、p.130　より作成（作成：大阪工業大学本田研究室 前岡光一）

2.5
図3　『新建築』1958.7　より作成
図7　『建築のディテール　コンクリート造2』彰国社、1960

2.6
図10　パブリックドメイン（日本）
図13　『建築』1965.8　より作成

2.7
図9　『世界建築設計図集7　国立能楽堂／大江宏』同朋舎、1984

2.8
図8　『新建築』1983.11
図9　『浦辺鎮太郎作品集』新建築社、2003

2.9
図3　菊竹清訓『代謝建築論　か・かた・かたち』彰国社、1969
図4　（左）『SD（特集＝菊竹清訓）』1980.10
図5　『現代日本建築家全集19　菊竹清訓・槇文彦』三一書房、1971　より作成
図7　（右）『新建築』1972.4
図8　『新建築』1972.4　より作成

2.10
図3　『新建築』1968.10
図4　蓑原敬ほか『建築家 大高正人の仕事』エクスナレッジ、2014
図9　『新建築』1976.10

2.11
図2　提供：磯崎新アトリエ
図6　提供：磯崎新アトリエ

column 3
図1　伊東忠太「法隆寺建築論」『建築雑誌』1893.11

第 3 章　伝統技術の継承と変容
"数寄の美学"から"民家の造形"へ

　第 3 章では、比較的小規模な建物に採用された木造の建築に焦点を当て、主に戦後の建築家たちの伝統表現の手法を見る。前章で見たように近代的テクノロジーを用いた戦後の伝統表現が「空間」から「象徴」へとシフトしたのに併行し、木造の伝統表現による建築意匠は"数寄の美学"から"民家の造形"へと参照対象や解釈法・再現法が変化していく傾向が見られる。おそらく前者の思想的背景にはモダニズム建築の抽象美学があり、後者の背景にはモダニズム建築が目指した普遍性・国際性の限界に対する認識と地域主義にもとづく日本の古民家の再評価があるのだろう。

　木造在来構法の場合は、「伝統」の技術的基盤をそのままに、それをいかに現代に合わせて刷新するかが問われる。それゆえ、その表現のベクトルは、近代的テクノロジーを用いて木造の「伝統」と共鳴(シンクロ)させようとする志向性とは逆向きとなる。吉田五十八、堀口捨己、村野藤吾らはモダニズム建築の美学と自らの好みを融合させつつ、桂離宮などの数寄屋を参照し、伝統的数寄屋よりも明るく軽快で開放的な近代的建築表現を試みた。一方戦後になると、清家清や白井晟一らの多くの建築家が日本の古民家の形式を参照するようになるが、この潮流は、大正末以来の民藝運動を背景にすでに戦前から存在したものであった。

第3章 伝統技術の継承と変容："数寄の美学"から"民家の造形"へ

3.1 数寄屋を「明朗化」する
——吉田五十八の"新興数寄屋"にみる「大壁真壁」と「明朗な平面」

図1 川合玉堂邸 画室（1936） 東京藝術大学所蔵

図2 近代数寄屋住宅と明朗性（線の消去）
※凡例：①畳 ②内法下の壁 ③小壁 ④天井

〈川合玉堂邸〉（1936、図1）の施工中、上棟前日に現場を訪れた施主の日本画家・川合玉堂は、現場に置いてある丸太柱が少し太いのではないかと、若き吉田に問いかけたという。じつは以前から「少し太いなあ」と思っていた吉田はギクリとして「丸太というものは寝かして見ると太く見えるものなのです（中略）もし太かったら、あしたから建築家をやめます」とたんかを切ったらしい。吉田はその日の夜「面むき屋」に丸太の皮を数枚剥かせて事なきを得たというが、この挿話は吉田にとって、数寄屋普請にとって、柱の微妙なプロポーションがいかに大切なのかをよく示している。

　第二次世界大戦後における吉田五十八の近代的構法を用いた伝統表現についてはすでに説明しましたが（2.5節）、戦前において彼は、専ら「数寄屋建築の近代化」に取り組みました。「新興数寄屋」と呼ばれ、戦後全国に多くの亜流を生み出した吉田流和風建築は、「日本建築」を一度「破壊」して現代に蘇らせたいという若き日の吉田の創造意欲のもとに生み出されました[1]。それゆえ、因習を重んずる建設現場の職人としばしば衝突したといわれますが、そのことが示すように、それは現場での激しい葛藤の中から醸成されたものであったのです[2]。近代的テクノロジーによる伝統表現とは異なり、伝統技術の刷新にはこうした困難が伴うものなのです。

○「線」を消し、のびやかな室内意匠に

　吉田のいう「数寄屋建築の近代化」の手法は、1935年の論考「近代数寄屋住宅と明朗性」[3]に示されており、そこでは室内意匠に見える構成材の複雑さ、部材の「線」の多さからくる「うるささ」をなくすため、室内意匠から「線」を消す手法が提案されています。吉田が例えて言うように、伝統的な数寄屋が、紐の多い和服と同じく「線」が多く複雑なので、数寄屋も「ワンピースの明朗さ」に近づけるべきという発想でした[4]。真壁ではなく大壁とすることで柱や束を室内に見えないようにして、回り縁や長押を打たず、さらに鴨居も刀刃の納まりにして部材の見付けをなくす手法がそこに示されています（図2）。吉田が好んだ大間の障子（荒組みの障子）も、組子を少なくして室内の「線」を消していく手法の一つです。

　もちろん数寄屋は本来は真壁ですが、吉田の考案した「大壁真壁」とも呼ばれる手法は、真壁を大壁に変更したうえで、意匠的に必要なところのみに柱を付けるというものです。これにより「いろいろの昔ながらの約束から解放された、自由奔放な、完全な室内構成としての日本建築」[5]が確立され、吉田一流の、のびやかで耽美的な意匠が可能となります（図1）。見えない柱は安価な材でよいので経済的であり、なおかつ筋交いを入れやすいので耐震的でもあると吉田は自説を補強しています[6]。しかし、当時の先端的な建築思想であった近代合理主義（モダニズム）の立場からそれは「偽構造」と批判されることになりました[7]。数寄屋の「明朗化」とは、伝統的建築を美学的な面において近代化する試みの一つであり、その拠りどころは簡素さ（シンプリシティ）を重視するモダニズム建築の美学にあったといえますが、他面においてそのドグマに囚われない自由さも持っていたのです。

52

図3 新喜楽（1962）

図4 吉住邸（1955）

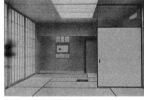

図5 北村邸（1963）

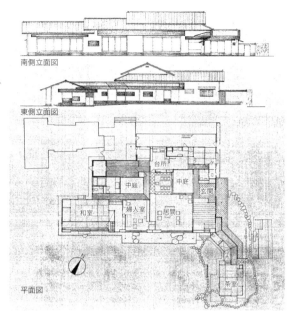

図6 猪俣邸（1967）平面図・立面図

図7 猪俣邸　外観（左）、玄関廻り（右）

〈新喜楽〉（図3）の大広間のように、部屋の短手方向ではなく、あえて部屋の長手方向に床の間を配することで、のびやかな室内意匠を創り出している作品は多い。また、一般に日本座敷の空調について吹出口よりも吸込口が「案外少ないので、困るのが普通」と吉田はいうが、ここでは床脇棚の下をグリル状にして、そこに吸込口を仕込んでいる。

〈猪俣邸〉（図6）の設計では、庭側（南立面）の屋根を「三段」に見せたかったが、そうすると一番高い屋根が玄関側（東立面）に現れるので、その高さの調整に苦心したという。この問題は、茶室棟と主屋を繋ぐ渡り廊下の屋根を土庇として延長することで解決されている。この渡り廊下は東面は「堅い感じ」、庭のある西面は「柔かい感じ」でまとめるのにも苦心したというが、吉田はこうした立面意匠の操作こそが「日本建築の真正の醍醐味」であると述べている。

○伝統の木割から独自の木割へ

こうして「日本建築」の構造意匠的な制約から解放されたとはいえ、「自由」であるだけでは何も創造できないことはいうまでもありません。吉田は、自分自身の「木割」を確立するためには「古来からの木割によらなければでき得ない」と述べています[8]。「木割」（9.2節）とは建物の各部寸法を規定する比例（プロポーション）の体系ですが、吉田の建築は伝統的木割を一度解体したうえで再構築したものであり、それは"伝統的"に見えても、過去に存在しなかった吉田独自の比例感覚に裏付けられているのです。

○明朗な平面、室内採光法と平面の融通性

吉田は前掲論考の中で「明朗な平面」を得るために、「陰鬱な」伝統的数寄屋の内部に自然光を多く取り入れることを提案しています。その一つの手法は「中庭」を用いることであり、2つの中庭を効果的に用いた〈猪俣邸〉（図6, 7）などはその典型例です。また「押込戸」と呼ばれる、壁に引き込まれて全面的に開放できる建具は1936年の〈川合玉堂邸〉（図1）において考案されたものですが、これはそもそも画室への採光から発想されたものですし[9]、欄間（7.2節）を吹抜けとする吉田特有の手法も、室内に自然光を取り入れる工夫の一つでしょう（図4）。

なお、近代的な照明器具を、室内意匠の品格を崩さないように仕込む手法もきわめて技巧的です。〈新喜楽〉（図3）では、格天井の格縁に蛍光灯を仕込み、間接的に天井を照らしつつ、吹き寄せにした格縁の隙間からも光を落として室内の光量を均質にしています。

平面の融通性、すなわち用途に応じて隣り合う2室を広い一室としても使えるようにするという手法も吉田の作品によく見られます。たとえば〈北村邸〉（図5）では偽柱を回転させて、欄間と一体化した襖（9.4節）を壁に引き込めるように細工して、上の間と下の間が一体化できるようになっています（天井の化粧目地を鴨居の溝としているので2室の境に鴨居もありません）。また、〈岡崎つる家〉などの料亭建築でも襖と欄間を壁や天井に引き込みつつ、照明や舞台が電気仕掛けで出現し、室内が広い遊興空間に一変するというカラクリになっています。

［註］
1 吉田「続々饒舌抄」『建築世界』1936年1月号
2 岡村仁三「京の数寄屋、東京の数寄屋」『数寄屋の職人』平凡社、1985、p.87
3 吉田「近代数寄屋住宅と明朗性」『建築と社会』1935年10月号、pp.64-70
4 吉田「和装の七話」『新装［きもの随筆］』双雅房編、1938
5 吉田「数寄屋十話」（第七話「新しい数寄屋とは」）『饒舌抄』新建築社、1976
6 吉田「柱ばかりの家」東京朝日新聞」1938年5月19日（夕刊）4面
7 浜口隆一「吉田五十八」『木工界』1960年3月号、p.93
8 吉田「伝統の木割から独自の木割へ」『国際建築』1955年11月号、p.30
9 吉田「数寄屋十話」（第五話「恩人の川合玉堂先生」）『饒舌抄』新建築社、1976

第3章 伝統技術の継承と変容："数寄の美学"から"民家の造形"へ

3.2 数寄屋の古典を再生する（リバイバル）
——堀口捨己による「本歌取り」の手法

図1 清恵庵・広間（1973）

図2 清恵庵・広間

図3 小出邸（1925）　外観・内観

〈清恵庵〉（図1,2）は堀口の最晩年の作品である。広間は床（とこ）を部屋の長手に配して、ゆったりとした構えをとり、広縁を介して外に広がる外壕の景色を取り入れつつ、壕からの"舟入り"もできるようにしている。掛け込み天井と平天井の段差に照明を仕込み、障子や格子状ルーバーを設けて器具が見えないようにしている点は、数寄屋を近代化する堀口の手法の一つである。また、四畳半では躙り口に障子を立てて、躙り口をあけて採光しながら茶事を行えるようにしているが、これも伝統的な茶室にはない設えで、伝統意匠を崩さずに室内の採光に配慮したことがわかる。

〈小出邸〉（図3）は堀口の処女作であり、堀口は翌年竣工の〈紫烟荘〉と同じ手法を各所に用いたという。アムステルダム派の影響から急勾配の方形屋根（瓦葺き）と水平軒の白い箱を組み合わせた造形となり、そこに日本の"伝統"の融合も意図されている。玄関や客間の抽象的な造形の室内意匠や個性的な色使いには、不本意であったという処女作からも堀口の造形感覚が垣間見れる。

日本における近代建築運動の主導的建築家として知られる堀口捨己（すてみ）（1895〜1984）は、建築史研究の分野でも大きな業績を残した碩学（せきがく）です。1923〜24年に洋行した際にパルテノン神殿の傍らに横たわる柱頭飾りを見て、「これはギリシャの地に生まれて、豊かな世界に育ちあがったもので、アジヤの東のはしの育ちには、歯のたつものでない」[1]と悟り、日本の「古典」としての「数寄屋造り」を発見したとされます。そして、戦時中は数寄屋の研究に没頭し、戦後になって〈八勝館御幸の間〉（1950）を皮切りに、自らの研究を通して学んだ茶室の「意匠理念」を実作に展開していきます。「創作の世界は誰も行かなかった道に踏み入れることである。そこには道先の暗さを照らしてくれるものが古典であろう」[2]というように、彼はたえず「古典」を参照しながら"現代建築"を創造した再生者（リバイバリスト）であったといえます[3]。

○「本歌取り（ほんかどり）」という手法

堀口は「古典」としての数寄屋建築から様々なモチーフを引用して現代建築を創造しています[4]。たとえば、堀口作品によく見られる鴨居上の小壁をフルハイトで（天井まで）切った明かり障子や（図2）、庭と建物を繋ぐ月見台は、〈桂離宮古書院〉（京都府、江戸初期）に由来するものです。また、棹縁（さおぶち）を風車状に配する天井意匠も多用しましたが（図5）、これは〈三溪園臨春閣（住の江の間）〉（神奈川県、江戸前期）に見られるものであり、さらに、〈紫烟荘〉や〈八勝館御幸の間〉の連続する円窓は〈桂離宮笑意軒〉を、〈八勝館さくらの間〉の三角形平面の戸棚は〈修学院離宮〉の霞棚を想起させます。

○古典の「再現」と現代的要請としての照明と空調

堀口の〈サンパウロ万博日本館〉（1955）について、池辺陽との間で論争がありました。池辺は「障子」（9.4節）の使用などをあげつつ、それを「古典建築へのよりかかり」と断じ、現代的な技術的基盤によらない古典の直接的な再現を、創造性がないと批判しました[5]。これに対し堀口は、「障子」の有無にかかわらず、現代人の美学にもとづく空間構成上それが採用されたのであれば、"現代建築"であるという主旨の反論をしています[6]。「再生」的建築は一見過去のイミテーションのようですが、時代背景などの前提条件が異なれば完全な複製など不可能なので、逆に現代にそれを再現するための工夫に着目すれば、作者の思想や美学がより鮮明に見えてきます。

現代の数寄屋は近世のそれと違い、室内の「照明」や「空調」が必要になります。堀口は伝統的な室内意匠を壊

図4 常滑陶芸研究所（1961）

図5 同・展示室

図6 同・茶室

図7 登呂遺跡復元住居（1948）

図8 有楽苑（1972）

図9 有楽苑・元庵

図10 有楽苑・有楽好みの庭

〈常滑陶芸研究所〉（図4）は、建物のたちを抑えた外観で、大きな庇とバルコニーの帯やトップライトの造形が特徴的である。グラデーションを付けた紫色のタイルの外装材には堀口の独特な色の好みがよく出ている。この建物の姿について堀口は、常滑焼「秋草文壺」（平安時代、国宝）のように「強い母体、優しい線の流れといった姿」を意識したという。展示室の天井は、〈三溪園臨春閣〉のような風車状の意匠である（図5）。茶室の突き上げ窓や欄間障子に照明を仕込み、伝統的な形式を維持したまま採光している（図6）。

〈有楽苑〉（図8、9、10、名鉄犬山ホテル敷地内）は、建仁寺正伝院とその茶室〈如庵〉を移築しつつ、その庭園も含めて再現したものである（〈如庵〉の元になった天満屋敷の〈元庵〉も復元された）。既存の枯山水を改造しながら正伝院にあったという「有楽好みの庭」も復元された。書院の南と北にそれぞれ幾何学的庭園と自然らしさを表現した庭園を配し、対比的な空間構成としている。

〈明治大学和泉大教室〉（図12）は、建物外部をめぐる斜路で各教室にアクセスでき、その斜路は非常階段としての役割もある。

図11 岩波邸（1957）

図12 明治大学和泉大教室（1960）

すことなく、照明器具や空調設備を組み込むことに意を注ぎました。そこには、継承すべきと考えた堀口の意匠理念が投影されています。具体的には、掛け込み天井と平天井の境に照明器具や空調設備の吸気口を配しつつ、吹き出しを床脇の棚や地袋に仕込み、さらに器具が見えないように奥行きの深い格子状ルーバーや障子を付けるという手法は多くの堀口作品に見られます（図1）。

また、室内の断熱性を高める工夫も見られます。たとえば〈大森の小住宅〉の四畳半に「風抜窓」[7]を設け、そこに板ガラスを太鼓張りに組み込んだ障子をたてて（組子は外側に見える）、室内の採光に配慮するとともに断熱性を高めています。〈碉居〉では広間と竹縁の境に二間幅の大きな強化ガラスの引き戸を入れています。

○失われた歴史的建築の再現

堀口は歴史的建築の「復元」にも数多く取り組んでいます（図8、9、10）。彼は再生者（リバイバリスト）であったがゆえに、現代建築の設計と復元設計に本質的な違いを感じなかったのでしょう。一般に復元設計では資料の限界から完全に正確な再現などあり得ず、またそれを建設する技術も現代のものなので、実際は作者の感性や同時代的特徴が様々なかたちで現れてきます。〈尖石遺跡復元住居〉（1949）は、もともと建築史家・関野克の登呂遺跡の復元住居に、堀口が技術的妥当性からの批判を加え、縄文式土器をつくった人々の「造形観」を参照しつつ代替案を提示したものです（図7）。設計条件は同じなのに関野案と大分異なるのは、堀口の造形感覚がそこに出ているためでしょう。

○水平の帯のモダニズム建築

堀口による鉄筋コンクリート造の建物には、白い箱型で、庇やバルコニーの白い帯で水平線が強調されたものが多く見られます。そこには堀口の日本的な造形感覚が現れているように思われます[8]。〈常滑陶芸研究所〉（図4）や〈岩波邸〉（図11）では半地下空間を利用したり、逆梁にして階高を抑えて、建物のたちを低くしています。堀口は明治大学などの学校建築を多く設計しましたが、それらは外部階段や斜路を用いて教室にアクセスする動線計画になるもので、外観はそれら吹き放ちの通路による水平の帯で特徴づけられています（図12）。

［註］
1 『堀口捨己作品・家と庭の空間構成』鹿島研究所出版会、1978、p.21
2 堀口「現代建築と数寄屋について」『建築文化』1956年1月号、p.31
3 稲垣栄三・磯崎新『建築の一九三〇年代―系譜と脈略』鹿島出版会、1978、p.131
4 藤岡洋保『表現者・堀口捨己―総合芸術の探求』中央公論美術出版、2009、p.181
5 池辺陽「和風建築と現代のデザイン」『新建築』1955年6月号、pp.66-69
6 前掲註2に同じ（p.32）
7 前掲註1に同じ（p.116）
8 磯崎新「様式の併立」『見立ての手法』鹿島出版会、1990、p.256

第3章 伝統技術の継承と変容:"数寄の美学"から"民家の造形"へ

3.3 関西風の薄味で自在なデザイン
―― 村野藤吾の"数寄の美学"の創作精神

図1 都ホテル和風別館・佳水園（1959）

図2 佳水園 平面図・立面図（部分）

村野は『村野藤吾和風建築図集』（あとがき）の中で、私淑した泉岡宗助の語録として以下の8つをあげ、それを「関西風な薄味」の考え方と述べている。「一、玄関を大きくするな。門戸を張るな。一、外からは小さく低く、中に這入るほど広く、高くすること。一、天井の高さは七尺五寸を限度と思え、それ以上は料理屋か功成り名とげた人の表現となるので普通でない。一、柱の太さは三寸角、それ以上になると面取りで加減したり、ごひら（長方形）にする。一、窓の高さは二尺四寸、風炉先屏風の高さが基準。一、縁側の柱は一間まに建て、桁に無理させぬこと、これで充分日本風になる筈である。一、人の目につかぬところ、人の気付かれぬところ程仕事を大切にして金をかけること。一、腕の良さを見せようとするな、技を殺せ。」

　関西を拠点として建築界に大きな足跡を残した村野藤吾（1891〜1984）は、若き日に大阪の船場や島之内の暮らしの「奥深い生活の仕方といいますか、外に向かって門戸を張らないで、奥に行くほど豊富な生活をする」[1]姿に感銘を受けたと述べています。村野は日本建築を体系的に学んだ経験はありませんでしたが、風流人であった大阪の木材商・泉岡宗助から多くを学びました。泉岡の言葉を村野は「伝統的で関西風な薄味のする控えめな考え方である（中略）日本建築の真髄にふれた言葉ではないかと思う」[2]と言い、泉岡の語録を日本建築の極意として、しばしば紹介しています。

○緩い勾配屋根の、極限まで薄い庇

　木造の和風建築において村野は、勾配の緩い屋根と極限まで薄くした軒先を好みました。〈都ホテル和風別館佳水園〉（1959、図1）は、それがよくわかる最初期の作品であり、折り重なる屋根（銅板葺）の螻羽（けらば）には蓑甲（みのこう）を付けて屋根の端部を折り曲げ、全体の姿を軽快に、柔らかく見せています。また、軒の見付けを薄くして、屋根をシャープに見せるために軒裏に鉄材（I形鋼）を用いて補強しています（図2）[3]。軒高、床高を低く抑え、建物全体を低くまとめ、空間を広く見せる効果も生んでいます。

こうした屋根の造形は〈高知県知事公館〉（1963）など他の多くの村野の和風作品に共通します。

○「奥」へと誘う、あやめの手法

　〈佳水園〉の中庭を取り巻く、上の部屋へと続くコの字型の廊下は、雁行（8.3節）して先が見通せないようなっています（図2）。これは「あやめ」の手法[4]とも呼ばれる村野がよく用いた配置法で、玄関から奥へと続く空間にひねりを加える手法です。〈指月邸〉の玄関から奥に至る廊下や、〈村野自邸〉（1940、図3）玄関の取次の間から廊下に続く部分など、横向きの視線が自然に奥へと導かれるようになっています。

○伝統的意匠を自由自在にアレンジする

　村野の和風建築は、規範に囚われない"自在さ"を特徴とします。たとえば〈松寿荘〉（1979、図4）の自由曲線を用いた鉄筋コンクリート造の屋根は「伝統的」というよりも、表現主義的と言えるほど自由な形です。

　繰り返し参照された表千家の〈残月亭〉の床構えをはじめ[5]、村野作品には歴史的建築からの「写し」が多く見られますが、いずれも本歌の歴史的正確さには拘泥せず、自由自在に村野流アレンジが加えられています[6]。たとえば、〈如庵〉の写しがある〈惠庵〉（1985）では如

第1部　近代日本の建築における「日本的なもの」と建築家の伝統表現

図3　村野自邸（1940）玄関

図4　松寿荘（1979）立面図

図5　千代田生命本社ビル（1966）和室（左）、茶室（中）、座敷（右）

図6　橿原神宮駅（1939）

図7　箱根樹木園休息所

図8　大阪新歌舞伎座（1958）

〈千代田生命本社ビル〉の座敷（図5）は、平格天井・竈破床（がんわりどこ）・床脇の襖などから〈成巽閣群青の間〉（石川県、1863）を参照したとわかる。しかし天井には〈成巽閣〉のような穹窿状の折上げがなく、また格天井の交差部には照明が仕込まれている。

大和棟が参照された〈橿原神宮駅〉（図6）は、上屋を天然スレート葺（現在は銅板葺）、下屋を瓦葺とするが、計画当初の上屋は大和棟同様の茅葺きであった。

御堂筋の〈大阪新歌舞伎座〉（図8）は「桃山風のものをやってもらいたい」という施主の要望に応え、大きな千鳥破風の下に唐破風が波のように連続する大胆で自由な意匠である。建設当初は賛否両論であったが、大阪難波の顔として半世紀にわたって親しまれた。

庵特有の三角形の鱗板を台形に変えて、壁の角度を本歌よりも鋭角にしています。〈なだ万山茶花荘〉の桐の間は、〈掬月亭初筵観〉の井桁菱格子を「写し」たとされるものですが[7]、床・棚を左右に配する書院造りの定石を破り、座敷の正面中央に4本の柱で床の間を設け、その周囲の明かり障子から採光するという大胆で独創的な構成になっています。

村野の自在さがよく現れるのは障子組子の割り付けで、縦横の格子を崩し、斜材や曲線材を用いて大胆な図案を用いています（図5）。また、「光天井」と呼ばれる、光源を天井裏に仕込み、天井全体を発光させるという照明法も彼の自由な発想から出たものでしょう（図5）。

○「民家」のイメージ：大和棟の参照、大地との連続性

村野の和風建築は、定型を自在に崩すという設計手法において"数寄の美学"を基調としているといえますが、一方で、日本の古民家の造形を様々なかたちで混在させています。たとえば〈村野自邸〉は、戦時中に河内の民家を移築して改修したもので、内部は大きく変更されていますが、居間や玄関には古民家の大梁や差鴨居を現し、暖炉前には兵庫県龍野にあった醤油屋の古材（化粧柱）を再利用してアクセントとしています。

また、急勾配の屋根と緩勾配の屋根を組み合わせた民家形式である大和棟（10.1節）は、彼のキャリアを通して数多く参照されています。戦前の〈武智邸〉（1934）に始まり、〈橿原神宮駅〉（1939、図6）など、その多くは急勾配の屋根に機能的な意味は見あたりません。

村野は、戦時中に疎開先の崩れかけた農家を見て、「くずれて大地に落ちた土壁は無抵抗で、たとえば安んじて天命を終えた人間の一生にもたとえられそうに思った。大地から生えたものが大地に還ってゆくようで、この姿は戦後の私の作風に影響を与えた」[8]と述べています。村野は「民家」を大地と連続するものとして捉えていたのでしょう。こうした村野の民家観は〈箱根樹木園休息所〉（1971、図7）などに見られる足下のディテール、すなわち大地から生え出たようにカーブを描いて立ち上がるという意匠によく現れているように思えます。

[註]
1　村野ほか「松寿荘の語るもの」『新建築』1982年3月号、p.170
2　村野「あとがき」『村野藤吾和風建築図集』新建築社、1978、p.212
3　照井春郎「写しの手法」『村野藤吾建築案内』TOTO出版、2009、pp.72-73
4　長谷川堯「村野住宅の隠れた手法」『村野藤吾の住宅建築撰集　和風建築秀粋』和風建築社、1994、p.11
5　中村昌生「村野藤吾の作風について—古典と創作をめぐって」『村野藤吾の造形意匠①伝統のかたち』和風建築社、1994、pp.5-9
6　吉田龍彦『村野藤吾のデザイン・エッセンス Vol.1』建築資料研究社、2000
7　西沢文隆「数寄屋考」『新建築』1976年12月号、p.172
8　村野「あとがき」『村野藤吾和風建築図集』前掲、p.215

第3章　伝統技術の継承と変容："数寄の美学"から"民家の造形"へ

3.4 緩勾配・切妻の屋根と象徴的な柱
——白井晟一が秋田の風土から導いたもの

図2　嶋中山荘（1942）　　図3　試作小住宅（1953）

図4　K邸書屋（1954）　　図5　半僧坊計画（1955）

建築評論家・川添登（岩田和夫）は白井の50年代の作品群に、①大きくかぶさる屋根、②逞しく立つ柱、③思い切り開いた開口と遮断する壁、④黒い軸組と白壁、という4つの特徴を挙げながら「対立するものを闘わせて築き上げるデザインの力強さ」を指摘している。〈松井田町役場〉（1956）の緩勾配屋根は、秋田県の〈秋ノ宮村役場〉（図1）で採用された妻入・緩勾配屋根のモチーフを継承するものであり、白井自身は、地域の「景観を受けとめるもの」としてこれを構想したことを述べている。

図1　秋ノ宮村役場（1951）と秋田民家の屋根

　白井晟一（1905〜83）は京都に生まれ、現京都工芸繊維大学を卒業後、ベルリンで哲学を学び、1930年代後半に活動を始めました。現在ではその独特の作風と理論から「異端の建築家」と評されます[1]。60年代末以降に〈親和銀行〉や〈ノア・ビル〉など形象性・物質性の高い作品を残しましたが、日本の伝統との関わりでは50年代の作品と言説、とりわけ「伝統論争」における論考「縄文的なるもの」[2]が広く知られます。

○論考「華道と建築」に見るもう一つの伝統観
　論考「縄文的なるもの」は、丹下健三の「弥生的なもの」と対比的に位置づけられてきました。そのため、白井の意匠表現も縄文系（民家系）に分類されることが多く、マッシブなヴォリューム、荒々しい素地、太い柱・梁、閉鎖性などの特徴がこれまでに指摘されています。ただし「縄文的なるもの」は作家的立場表明の側面もあるため、早計に白井の伝統観を固定化することは危険です。そこで1952年の講演録「華道と建築」[3]の中で語られた内容について確認しておきましょう。

　　「建築の仕事は構成そのものに美的効果を内在させること（中略）我が国の伝統建築における屋根の美しさはほかにくらべるものがない（中略）京都の勾配の緩い切妻屋根は長い年月の工夫と洗練が重ねられたもの（中略）日本の伝統的建築の構成は木材架構につきる」

　このように、日本建築の伝統として、構成の美的効果、屋根の美しさ、平面計画と構造、木材架構、寸法規準、比例と釣合などが列記されています。また、日本建築通史を概観しつつ、伊勢神宮に「永遠の象徴」や日本人の「本能・信仰・生活の直観」を、飛鳥・天平期の建築様式の中に「日本的浄化の豊穣な香り」を、桃山〜江戸期の書院造・数寄屋造に「簡素という創造形式」を指摘しています。50年代初期において白井が書院造の伝統を肯定的に述べていることは、近年注目されるところです[4]。

　さらに、日本建築史を「需要と過誤と浮化の歴史」と捉え、伝統に対しては「純粋な形式をもった遺構から不断に学び」つつも、「『表面的』な様式でなく『根茎』の如き民族文化精神」に根ざしたものにすべきと説いています。つまり日本建築史から学ぶことの意義深さを認識しつつ、特定の時代や様式に依拠するのではなく、その根底に流れる民族性・文化性・精神性を「日本的特質」として感応するスタンスが必要というわけです。

○秋田の民家への眼差しから：緩勾配・切妻の屋根
　では、白井の50年代の意匠表現を概観しましょう。

図6 善照寺本堂（1958）

図7 善照寺本堂 内部

図8 呉羽の舎・書屋（1965）の八角柱

〈善照寺本堂〉や〈呉羽の舎〉に見られる八角柱（図7、8）は、丸柱と比較して粗野な印象を与えるものであり、それは東北の雪国の古民家に散見される古式のモチーフでもある。白井の「われわれは、プリミティブなものに立ちかえってイマジネーションをたたかないと、だんだん駄目になる」という意識は、こうした原始性をもった計画案に表現されていると言えるだろう。〈善照寺本堂〉（図6）の竣工後まもなく、白井は論考「仏教と建築」の中で「折板構造の壁で囲み、ハイパーボリック・シェルの屋根をのせる伝統克服の勇気はよい。だがテクノロジーの選択も、民族感性の質に昇華された自覚的な創造知性の体験をくぐってくるのでなければ、すくなくとも主体性の確かさが求められるこうした表象の造形には奉仕できない」と、当時の近代的テクノロジーを安易に応用した伝統表現を揶揄しつつ、伝統の表現は「民族感性」にもとづく主体的なものでなければならないと主張している。

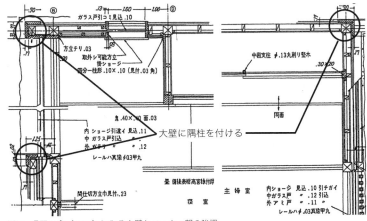
図9 呉羽の舎（1966）にみる大壁とコーナー部の強調

まず〈嶋中山荘〉（1942、図2）における北ヨーロッパ民家への憧憬[5]から出発した後、〈秋ノ宮村役場〉（1951、図1）では「村の民家にモチイフを得」つつ、「その風土自然に導かれるように民衆のためにほのぼのとした多くの建物があらはれねばならぬ」と述べています[6]。つまり、東北の一般的民家と比較して極端に緩い屋根勾配の切妻屋根の古民家がたち並ぶ、この地域の風景（図1）に触発されて、これ以降に続く緩勾配屋根・切妻の表現を始めたわけです。同じ特徴をもつ〈試作小住宅〉（1953、図3）では「白い漆喰壁とくすんだ木部との階調」、すなわち真壁の線と面による構成美や、約2寸半勾配の緩やかな屋根に「近代建築のはげしい淘汰の対象となり得る」可能性を見ています[7]。

それとともに壁体の断熱性能にも意識的となり、〈K邸書屋〉（1954、図4）、〈半僧坊計画〉（1955、図5）では真壁ではなく大壁が採用され、さらに外壁の隅にあしらわれた太い付柱（"隅太柱"）、骨太な部材による構成、"木柄"へのこだわりなどにより、〈稲住温泉（浮雲）〉（1952）や〈知宵亭〉（1954）などに見られた伝統的な数寄屋建築を思わせる作品とは異なる白井独自の趣向を打ち出すようになります。

○黒い柱と八角形へ

白井の代表作の一つである〈善照寺本堂〉（図6）では、建築史の通例に反し、切妻（9.1節）・妻入りの強い正面性をもつ仏教本堂をつくり（＝反様式的な企図）、全体としては装飾を廃した「爽明な堂」を目指したと述べています[8]。また、緩勾配の切妻屋根、外壁隅の黒い付柱に加えて、内部の象徴的な柱を丸柱から**八角柱**（11.4節）に変えています（図7）。角柱の隅を粗野に切り落とすだけの八角柱は、たとえば秋田・奈良家（p.164、図2）に見られるように、日本の古民家を連想させます。隅太柱と八角柱の表現は、これ以降〈呉羽の舎・書屋〉（1966、図8、9）などにも見られるように、部分を強調して象徴性をもたせた「アッセンブリーな表現」の事例といえるでしょう。

[註]
1 布野修司「虚白庵の暗闇―白井晟一と日本の近代建築」『白井晟一 精神と空間』青幻舎、2010、pp.146-153
2 白井「縄文的なるもの―江川氏旧韮山館について」『新建築』1956年8月号、p.4
3 白井「華道と建築―日本建築の伝統」『白井晟一全集 別巻1』所収、同朋社、1988、pp.2-12
4 羽藤広輔「建築家・白井晟一の著作にみる伝統論」日本建築学会計画系論文集第80巻第712号、2015年6月、pp.1411-1417
5 栗田勇監修『現代の建築家9 白井晟一』鹿島出版会、1978、p.177
6 白井「秋ノ宮村役場」『新建築』1952年12月号
7 白井「試作小住宅」『新建築』1953年8月号
8 白井「天極をさす」『高村光太郎賞記念作品集』1961

3.5 「箱の解体」により流動する空間
―― F. L. ライトと弟子たちのプレーリー・スタイルと"日本建築"

図2　帝国ホテル（1923）

図1　自由学園明日館（1922）

〈自由学園明日館〉（図1）は日本の建築から想を得たとされるライトのプレーリー・スタイルの特徴をよく示している。また、〈帝国ホテル〉（図2）はライトの「日本建築」解釈を示すとともに、エントランスホール廻りに古代の神殿のような迫力のある豊穣な空間が見られる。

ライトの初来日からの帰国後まもなく設計されたシカゴの〈ユニティ・テンプル〉（図3）のプランは、彼が日本で訪れた日光の〈大猷院〉（1653）のそれと類似することがよく指摘され、そのホールの天井も日本建築の格天井を想起させる。しかし、両者の類似性の指摘だけではライトの創意を見逃すことになる。それは単なる「模倣」に留まるものではなく、権現造りの「相の間」は礼拝のためのホールと集会室を繋ぐエントランスに姿を変え、ホール天井の格間はトップライトとなって自然光を降り注いでいる。

20世紀を代表するアメリカの建築家、フランク・ロイド・ライト（1867～1959）は、彼のキャリアにおける「失われた時代」と呼ばれる不遇の時代に、日本の〈帝国ホテル〉（1923、図2）の仕事を得ました。この仕事で来日した1916～22年に〈帝国ホテル〉のほかにもいくつかの建物を設計しています。ライトが建築の修行を始めた19世紀後半は、アメリカで日本美術への関心が高まっていた時期です。1887年ライトはシカゴのJ. L. シルスビーのもとで働き始めますが、シルスビーは東洋美術の蒐集家でもあり、彼の従弟には著名な日本美術史家のE. フェノロサがいました。また、1893年にシカゴで開催されたコロンビア万国博覧会の日本館・〈鳳凰殿〉は、同年L. サリヴァンの事務所から独立したばかりのライトに大きな影響を与えたと言われています[1]。

○箱の解体：プレーリー・スタイルと"日本建築"

1886年、E. S. モースにより国際的な評価の高い『日本人の住まい』（原題：*Japanese Homes and Their Surroundings*）が出版されます。ライトの初期の活動を特徴づける、木造を主体とする"草原住宅（プレーリー・ハウス）"の様式「プレーリー・スタイル」の確立には、同書が大きな役割を果たしたことが指摘されています[2]。

たとえば、モースは日本の住宅について「窓のかわりとして、外側に配されたスクリーン、つまり障子は、白い紙に覆われている」[3]と述べています。これは、ライトの「空間を開放する手段としてのスクリーンの機能を達成するために、私は壁としての壁の排除に取り組んでいた」[4]という"草原住宅（プレーリー・ハウス）"に関する記述と重なります。また、モースは、建具の開閉によって複数の部屋が一つの空間となる日本の住宅に感銘を受けたとされます。これは、ライトが"草原住宅（プレーリー・ハウス）"において、因習的な「箱」としての部屋を解体し、空間に流動性と開放性を与えたこととも符合しています。

また、〈ロビー邸〉（1909、図4）のように、ライトの作品には単純な矩形を雁行させるプランがよく見られますが、その源泉の一つに、モースの著作に記された日本の建築や庭園があった可能性も考えられます。完結した一つの矩形ではなく、複数の矩形を重ねてずらす手法は「箱の解体」とも関連します。さらには、ライトの住宅によく見られる空間を特徴づける水平材も、同書に掲載された和室の長押（なげし）から発想を得ているのかもしれません。

○日本におけるプレーリー・スタイル

プレーリー・スタイルの特徴は、日本でライトが設計

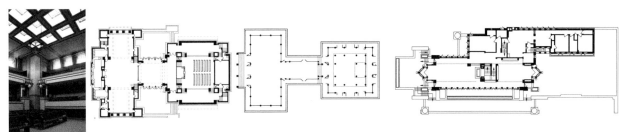

図3 ユニティ・テンプルの内観（左）、同・平面図（中）、大獣院・平面図（右）　　図4 ロビー邸（1909）平面図

図5 葛飾北斎『略画早指南』　図6 ブーマー邸（1953）平面図　図7 山邑邸（1924）外観（左）、内観（右）

図8 甲子園ホテル（遠藤新、1930）　図9 目白ヶ丘教会（遠藤新、1950）

ライトは日本の建築からの影響を否定しているが、日本の美術からの影響は認めている。ライトは、葛飾北斎『略画早指南』（図5）を教本として、日本の浮世絵の美学が、部分と全体の有機的関係性に依拠していることを見出した。この木版の絵手本では、複雑な自然の造形が単純な幾何学形態の組み合わせによって表現されている。いくつものライト作品の平面計画（図6）が単純な幾何学形態のシスティマティックな構成によって創り出されているが、そこには浮世絵の影響があったとも考えられる。ライトの作品に見られる形態の単純化と解体、そしてその有機的な再構築というデザイン手法は、浮世絵から学んだものと言えないだろうか。

した〈自由学園明日館〉（1922、図1）や〈林愛作邸〉（1917）にも見られます。流動する空間は内部の天井から続く軒天井を介して外部へと連続し、建物のたちの低さと深い軒によって水平性が強調されています。一方で、アメリカの大地を這うように提案されたスタイルであるがゆえに、日本の伝統的住宅とは異なり、床の高さを地面とほぼ同じにしています。

○幾何学的文様が紡ぐ豊饒なる空間

〈帝国ホテル〉（図2）も、空間の流動性や水平性の強調という点からプレーリー・スタイルの延長線上に位置づけられます。ライト特有の幾何学的文様が刻まれた大谷石やスクラッチ・タイルの装飾的意匠は、空間の流動的な構成と相まって、豊饒な空間を形成しています。この頃のライトは〈ミッドウェイ・ガーデンズ〉（1915）に見られる"マヤ遺跡"のような装飾的意匠を好んで用いていた時期で[5]、それは〈帝国ホテル〉にもよく現れています。ライト自身が「単に日本の建築という意味では設計していない（中略）何所ぞ古代の建築らしい所がある」[6]というように、〈帝国ホテル〉の意匠は、"日本的なもの"とともに"古代的なもの"の特徴をあわせもつと言えるでしょう。同様な意匠上の傾向をもつ日本の作品に〈山邑邸〉（1924、図7）があります。

○日本における「ライト式」建築の広がり

ライトの建築が放つ強烈な個性は、世界中に多くの信奉者を生み出しました。日本人の弟子として筆頭にあげられる遠藤新（1889～1951）は、日本に「ライト式」の建築を数多く設計しました。遠藤の代表作の一つ〈甲子園ホテル〉（図8）には、〈帝国ホテル〉によく似た豊かな幾何学的装飾が見られ、戦後の〈目白ヶ丘教会〉（1950、図9）などにもライト風の意匠が見られます。また、田上義也（1889～1991）も〈網走博物館〉（1935）などをはじめ、戦後になっても精力的に「ライト式」の建築を北海道に広めました。また、その影響はライトから直接薫陶を受けた弟子たちの作品に限られたわけではありませんでした。大正末期から昭和初期にかけて、〈新橋演舞場〉（菅原栄蔵、1925）のような「ライト式」の建築が流行したことが知られています[7]。

[註]
1 谷川正己『フランク・ロイド・ライト』鹿島出版会、2013、p.44
2 K. ニュート『フランク・ロイド・ライトと日本文化』鹿島出版会、1997、pp.37-49
3 E. S. Morse, *Japanese Homes and Their Surroundings*, Dover, 2015, p.7.
4 F. L. Wright, *An Autobiography*, Longmans, Green and Co., 1938, p.139.
5 三沢浩『フランク・ロイド・ライトのモダニズム』彰国社、2001、pp.130-131
6 谷川正己『日本の建築［明治大正昭和］9 ライトの遺産』三省堂、1980、p.125
7 前掲註6に同じ（pp.164-173）

3.6 丸太架構のモダニズム
── A. レーモンドとその弟子たちによる"民家的"空間の抽象化

図1 夏の家（1933）

図2 夏の家（1933）

図3 エラズリス邸（ル・コルビュジエ、1930）　図4 夏の家（1933）

〈夏の家〉（図1、2、4）は、ル・コルビュジエ〈エラズリス邸計画案〉（図3）を日本の技術・風土のもとに翻訳したものであり、ル・コルビュジエ本人からも「私のアイデアの翻案に（中略）成功しておられる」と賛辞が送られた。この挿話からも、近代的な"オリジナリティ"の概念に囚われず、すでにあるものを新たな解釈にもとづき変形させつつ再生するというレーモンドの創作姿勢がうかがえる。なお、レーモンドは〈夏の家〉を「原始的なアフリカの酋長の家」のようだったと回想している。屋根はトタン葺きの上に、防暑と雨音の緩和を目的とした唐松の小枝が敷かれて草葺きの様相を呈し、内部に露出した曲がりの丸太柱も"原始的なもの"を感じさせる。

　チェコで生まれてアメリカで活動していたアントニン・レーモンド（1888〜1976）は、1919（大正8）年、〈帝国ホテル〉の仕事に従事するためにF.L.ライトに伴われて来日したまま定住し、生涯の大半を日本で過ごしました。来日したその日、横浜から東京までの道程において、彼は早くも「日本の建築の最初の研究を始めた」と後年回顧しています[1]。その後、レーモンドは生涯をかけて、日本の伝統的建築から抽出された「原理（プリンシプル）」[2]をもとに、近代的な建築を日本の伝統と融合させることを目指して数多くの作品を手がけました。

○西欧モダニズム建築の、木造"民家"への変換

　1933年にレーモンドがアトリエを兼ねて軽井沢に建てた〈夏の家〉（図1、2、4）は、"近代"と"日本の伝統"の統合に向けた試みの基点と位置づけられます[3]。〈夏の家〉は、ル・コルビュジエの〈エラズリス邸計画案〉（1930、図3）に「ヒントを得た」とされる作品ですが[4]、〈エラズリス邸〉がコンクリートの壁に木造の屋根をかけたものであるのに対し[5]、〈夏の家〉は純木造で、地元の材料と大工の技術を応用してつくられています。つまり、ル・コルビュジエの計画案に見られるモダニズム建築の流動的な空間が、日本の伝統技術によって具現化されたのです。荒々しい栗の丸太柱と杉の剥き丸太を用いた架構が空間を律し、その露出した丸太の架構は「民家的」と言ってもよいものです[6]。

　〈夏の家〉の居間の開口部では、柱芯と建具の敷居をずらす「芯外し」という手法が用いられています。この手法は、引き戸をすべて戸袋に引き込み、全面を開放できるようにするというレーモンドの伝統解釈による手法です（図4）。また、床がそのまま外に張り出して"縁側"のような半屋外空間となって内・外の連続性を高め、日本の風土に合うように工夫されています。

○"民家的なもの"としての「レーモンド・スタイル」

　〈夏の家〉で試みられたものは、戦後「レーモンド・スタイル」として確立されます。その例として〈笄町の自邸・事務所〉（1951、図7）や〈井上房一郎邸〉（1952、図8、9）があげられます。丸太による現しの架構が空間の骨格を決定している点で、〈夏の家〉の"民家的なもの"が継承されています。節のある杉の足場丸太の柱が登り梁を支え、二つ割りにした丸太がこの柱と梁を挟み（「シザーズ・トラス」とも呼ばれる）、先にみた「芯外し」や未加工に近い粗野な仕上げも見られます。それらの手法を用いつつ、平屋・深い軒・緩勾配の切妻屋根という水平性の強

図5　前川國男自邸（1942）外観（左）、内観（右）

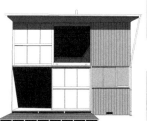 

図6　増沢洵自邸（1952）外観（左）、内観（右）

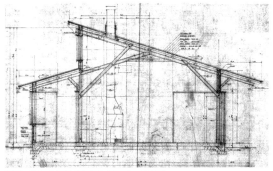 

図7　笄町の自邸・事務所（1951）矩計図
図8　井上房一郎邸（1952）

「レーモンド・スタイル」とは、50年代の所員たちに共有されていた住宅設計の手法を意味するとされる。それは〈笄町の自邸・事務所〉（図7）や、施主の要望によってそれを"写し"たものとされる〈井上房一郎邸〉（図8、9）に典型的に見られる。すなわち、杉丸太による挟み梁の現しの架構、「芯外し」による開放的な内部空間、鉄板立はぜ葺きの緩勾配屋根、深い軒の出、杉の竪板張りの外壁、合板仕上げの内壁、低い床高による地面との連続性などである。この「スタイル」は、〈夏の家〉に代表される戦前の「軽井沢式」が基底をなしている。

図9　井上房一郎邸（1952）

い"日本的"なフォルムを形成しています。

　レーモンドは、日本の古建築の中にある「理念」について「最も簡潔にして直截、機能的にして経済的、かつ自然なるもののみが真に完き美を有する」[7]と表現しています。そして、そうした"あるべき建築"としての「日本建築」から原理（プリンシプル）を抽出し、それを同時代に隆盛していたモダニズム建築の原理に重ね合わせたのです。

○抽象化され、漂白される"民家的"空間

　レーモンドの"近代"と"伝統"の統合の試みは、彼の弟子たちに引き継がれますが、レーモンドの"民家的"な粗野で荒々しい空間は、抽象化され、漂白されます。

　前川國男はル・コルビュジエの下で学んだ後、レーモンドの事務所を経て、1930年に独立後〈前川國男自邸〉（1942、図5）を建てます。大きな切妻屋根の外観は"民家的"と言えますが、居間の吹抜けの大空間は、師ル・コルビュジエの空間と同質のものといえるでしょう。また、妻側の両面に独立して立つ、棟持柱ともピロティの柱とも取れる[8]丸太柱（かいま）には構造表現の意図が垣間見られるものの、空間の骨格としての架構の表現は確認できません。すなわち、屋根の小屋組は白い平天井（ひら）によって隠蔽され、材質感が消し去られた白い壁と相まって、空間は高い抽象性を獲得しています。また、前川は敗戦直後の住宅不足解消のための量産化住宅〈プレモス〉（1946～51）を提案しますが、木造ハニカム構造パネルの大壁工法のその空間にも架構の表現は見あたりません。

　戦後にレーモンドの事務所に加わった増沢洵（まこと）の作品でも、民家的な骨太さは影を潜めています。〈増沢洵自邸〉（1952、図6）では、大開口の障子の組子やブレースの鋼棒といった線的要素が空間に緊張感を与え、正方形の格子の組子からなる大障子の淡く光る白い"壁"は、空間に均質性と抽象性をもたらしています。続く〈コアのあるＨ氏の住まい〉（1953）は、〈自邸〉の3本の独立柱が暮らしのなかで「邪魔」に感じられたことから、長さ4間の水平トラスの大梁によって「柱が1本もない家」を試みたものです[9]。

［註］
1　レーモンド「日本建築の原則」『私と日本建築』鹿島出版会、1967、pp.49-50
2　前掲註1に同じ（p.50）
3　三沢浩『アントニン・レーモンドの建築』鹿島出版会、1998、p.65
4　レーモンド『自伝アントニン・レーモンド［新装版］』鹿島出版会、2007、p.117
5　『ル・コルビュジエ全作品集　第2巻』A. D. A. EDITA Tokyo、1978、pp.38-42
6　田中禎彦「ミッシング・リンクとしての近代―近世と現代をつなぐもの」『新建築臨時増刊　日本の建築空間』2005年11月、p.29
7　レーモンド「美と自然」『現代日本建築家全集1』三一書房、1971、p.155
8　『前川國男邸復元工事報告書』東京都江戸東京博物館、1999、p.66
9　増沢洵「"H氏の住い"をつくるとき、柱の一本もない家にしようと思った」『建築知識』1989年1月号、p.122

3.7 ワン・ルームのなかの「鋪設(しつらい)」
——清家清の「新日本調」の小住宅と本棟造り風棟持柱の家

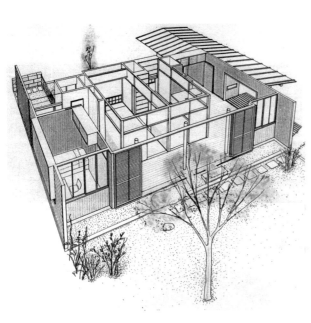

図1　森博士の家（1951）

図2　斎藤助教授の家（1952）

図3　斎藤助教授の家　内観

　1950年代の初頭に清家清（1918～2005）は、郊外の狭小住宅に伝統的要素を取り入れたデザイン——「新日本調」[1]と呼ばれる——によって一躍時代の流行作家となりました。50年代前半は住宅金融公庫法公布（1950）を背景に小住宅が盛んに建設された時代ですが、1950年前後の時代背景を考えると、清家の住宅がいかに反動的であったかがわかります。浜口ミホの『日本住宅の封建性』（1949）に見られるように、当時は住宅から畳や障子など伝統的な要素を排除すべきとされ、西洋文化の影響のもと椅子座の生活が一般的になろうとしていた時代で、平面計画的には部屋を機能分化した公私室型住宅が良いとされていました。障子や畳を用いた一室空間（ワンルーム）である清家の住宅は同時代の理念に反していましたが、50年代初頭の「日本的なもの」を希求する社会的背景を追い風に、広く時代に受け入れられたのです[2]。

○一室空間の「鋪設」と空間の抽象表現

　センセーショナルなデビュー作と言える〈森博士の家〉（1951、図1）やそれに続く〈斎藤助教授の家〉（1952、図2～4）は、清家によれば、使い方に応じて襖や障子など可動の間仕切りや家具などで部屋を仕切り、それらを取り払えば一室空間になるという「王朝時代の生活方式」、すなわち平安時代の寝殿造りに見られる「鋪設(しつらい)」の概念を導入したものです[3]。居間の南側には幅広の「縁側」を設けて庭にむかって大開口をとり、建具を開放すれば外と内も「ひとつの一体的空間」となります。清家は「室内→縁側→簀(す)の子→テラス→庭といった漸移(ぜんい)的な空間を構成する」点に日本住宅の特徴を見つつ、「南側に縁側や紙障子をつけて日光調節に使う日本的な方法は確によい」というように[4]、彼の作品には縁側、簀の子、障子を用いて光を制御したものがよく見られます。

　しかし、よく見ると伝統的な日本住宅とは異なり、床や天井は完全にフラットな面にして高低差を付けず、欄間の上には小壁がなく、鴨居は天井に埋め込まれて面一(つらいち)に納まっています。また、天井には棹縁(さおぶち)も回り縁(ぶち)もなく、照明も天井面に埋め込まれています。こうした操作によって抽象化された空間は、「ノッペラボーなホモジニアス（均質）な空間はパースペクティブが強調されるのでみかけの空間は奥行を増大し室の広さを大きく感じさせる」[5]と清家が述べるように、「鋪設」とともに「狭小住宅の解決」の一策でもあったのです[6]。

○「新日本調」：緩勾配屋根の木造モダニズム

　これらの住宅の外観は、アルミの瓦棒葺き（アルミを屋

〈斎藤助教授の家〉（図2、3、4）の居間・食事室の境には梁を支持する独立柱が立ち、一室空間を仕切る重要なアクセントとなっている。桁下の柱筋とズレて梁を配しているために独立柱に象徴性が生まれている。〈森博士の家〉（図1）でも南面大開口に見える独立柱が象徴的に使われる。

〈宮城教授の家〉（図5）は、ハブマイヤートラスを井桁状に組んだ10m四方の無柱空間において「鋪設」でその空間をやわらかく仕切るというアイデアを示す作品である。

〈千ヶ滝の家〉（図6）は寝殿造りの蔀戸の形式を直接的に再現した日本近代住宅のなかでも珍しい事例である。

本棟造り風棟持柱の住宅（図7）の妻面は本棟造りの立面構成法に従うが、妻入りではなく玄関を平側の隅に配し、平面形式（土間の配置）も本棟造りとはだいぶ違う点などに清家の創意がうかがえる。

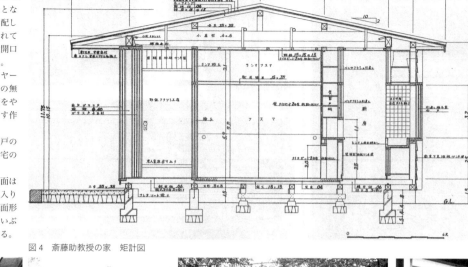

図4　斎藤助教授の家　矩計図

図5　宮城教授の家（1953）

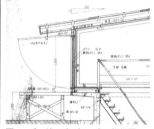

図6　千ヶ滝の家（1968）　詳細図

図7　島沢先生の家（1963）　外観（左）、内観（右）

根材とした初めての例）により非常に緩い勾配とした屋根で、外観上は一見するとフラットルーフに見えます。大開口部の独立柱のほかは柱を見せず、大壁構法で建物のヴォリュームを表現して、モダンな印象を与えます。布基礎上の根太を延ばしてそこに換気口をとりつつ、外壁を少し張り出して建物全体を浮いているように見せ、深い軒とともに立面上の水平線が強調されています。

○**本棟造りの立面構成と棟持柱の象徴性**

こうした「新日本調」の住宅を設計する傍らで、清家は切妻造りの堂々とした妻面を正面とする、中部地方に見られる本棟造（10.1節）の古民家とよく似た住宅を多く設計しています。その最初の作品である〈竹田教授の家〉（1952）の平面の形式は〈森博士の家〉ときわめてよく似ていながら意匠・構造は全く異なり、清家の中に併存していた相容れない二つの好みがこの2作品に現れているように感じられます。〈竹田教授の家〉や〈島沢先生の家〉（図7）などの立面構成は、5寸勾配程度の切妻造りの大屋根で、1階に全面開放できる長大な開口部を設けている点は、本棟造りが1階間口いっぱいの庇を付けているのと共通し、2階の開口部を出窓とする点も本棟造りに一般的な立面構成法です。台所や食堂を「古い農家の土間」[7]のようにしている点からも古民家の形式を意識していたことがわかります（図7）。

しかし、清家は単に本棟造り風の住宅を設計したというだけではなく、そこに古代的な象徴性を付与しようとしていました。それがよくわかるのは、本棟造りにはない棟持柱がある点で、棟持柱により螻羽を深く出しつつ、破風には転びを付けて古式——住居の煙出しであった原始時代の名残り——が表現されています。清家は伊勢神宮について「妻面全体を含め、棟持柱を中軸とする厳正なシンメトリーの美しさは実に堂々としている」と述べつつ、棟持柱は構造的役割よりも「棟持柱がもっている意味が重要」といいます[8]。「妻が住宅の象徴であるとすれば、棟持柱は妻の象徴である」というように、"本棟造り風棟持柱"の家において清家が求めたものは、日本住宅の象徴の表現であったといえます。

[註]
1　浜口隆一「新日本調の住まい」『世界の現代住宅6』1955
2　藤岡洋保「清家清の建築」『清家清』新建築社、2006、p.71
3　清家「森於菟博士の家」『新建築』1951年8月号、p.280
4　清家「斎藤助教授の家」『新建築』1953年2月号、p.3
5　清家「森於菟博士の家」『新建築』1951年8月号、p.286
6　清家「私の家」『新建築』1957年3月号、p.4
7　清家「島沢先生の家」『新建築』1963年6月号、p.123
8　清家「棟持柱」新建築 1962年10月号、p.123

3.8 民家の「象徴空間」を創造する
——篠原一男の「第一の様式」、〈白の家〉と〈地の家〉への道程

図1 白の家（1966）

図2 白の家 内観

1961年、建築界のテーマが「住宅」から「都市」へとシフトする中で、篠原は〈から傘の家〉の発表とともに「住宅は芸術である」と宣言し、「美しい空間をつくるのは建築家の義務なのだ」と、建築美の創造こそ建築行為の一義的な目的であると主張した。1960年代までの篠原は、たえず日本の「伝統」を参照しながら、「無駄な空間」や「装飾」など、近代合理主義（モダニズム）の建築が排除してきた非合理的なものに価値を見出しつつ、批評的ともいえる独創的な創作論を構築・展開した。

　篠原一男（1925〜2006）は1950年に東京工業大学の建築学科に（数学専攻から）転向し、そこで清家清に師事しました。当時は"日本的なもの"が脚光を浴びていた時代でもあり、若き篠原にとって「建築」とは奈良や京都の歴史的遺構のことだったといいます[1]。1960年代までに篠原は「伝統」との関わりの中で、のちに自ら「第一の様式」と呼ぶ一連の住宅作品を発表しましたが、「伝統は創作の出発点でありえても、回帰点ではない」[2]と宣言し、1970年代には「伝統」から離脱します。「伝統のもつ様式の上に、自己の様式を重ね合わせ現代の創造のみちを発見していく人びとが、ほんとうの伝統の継承者になりうる」[3]という篠原は、日本古来の住宅様式——とりわけ古民家の——を、個性的な再解釈によって抽象化し、幾何学的で自己完結的な「様式」を生み出しました。篠原の住宅は、貴族住宅のように「開放的な（内部）空間」とせず、古民家のように「非開放的な空間」としつつ[4]、外壁に構造を担わせてなるべく広い一室空間となるようにするという特徴があります。

〇平面の「分割」的手法と空間の「正面性」

　篠原は、西欧の歴史的建築の平面構成は本質的に「連結」であるのに対し、日本は「分割」であると主張しました[5]。「分割」とは、一義的な広い空間を少ない線（「基本の分割線」と「補助の分割線」）で分割した平面のことで[6]、この手法は単に平面形式だけに関するものではなく、襖や障子など浸透性の高い建具の特性や柱・梁の軸組構造にも関連し、空間構成や外観意匠をも規定するとされます。さらに「分割」の手法は、書院造りの床構えなどに見られる空間の「正面性」の重視を促し[7]、日本的な「象徴空間」の形成にも寄与しているとされます。「象徴空間」とは、篠原の提唱した「3つの原空間」（機能空間・装飾空間・象徴空間）の一つで、「使用機能を越えた、意味の空間の表現」として、「伝統」の核心に位置づけられた空間概念です。

〇正方形平面と方形屋根による「象徴空間」の創造

　篠原は1964年に「原型住宅(オリジナルスハウス)」という二つの計画案を発表します[8]。現実的な制約のない計画案なので、それらの作品には篠原の志向したものが純粋に見て取れます。「民家集落」に「統一的秩序」という現代的価値を見ていた篠原は[9]、工場生産により複数建設されることを前提としたこの計画案において、現代社会に相応(ふさわ)しい住宅の「様式」を提案しようとしたのです。

　そのうちの一つ〈原型住宅'64-D1 正方形の家〉（図4）

〈白の家〉(図1、2、3、6)は正方形平面に方形の大屋根を架ける篠原の住宅様式の代表作である。篠原が後年「日本の伝統の最も本質的な事物としての象徴空間を、私自身の様式を通して、ここ(白の家)に表現した」というように、平面中央の真柱を独立柱とし、平面の「分割」手法によってできた白く抽象的な大壁面に、障子、戸襖などをレイアウトして座敷の床構えのような象徴性をこの空間に与えている。架構は、真柱と、四隅への登梁・方杖で構成され、象徴性を帯びた真柱は意匠的意味だけではなく構造の要でもある。外観意匠は二階建てなのでたちが高く、瓦葺きにしていることもあり、「民家」と言うよりも「仏堂」の趣きがある(一階寝室の床を150mm下げて建物のたちをなるべく低く抑えている)。軒出は1.5mもあり、小屋裏に軒先を支える補強材を入れている。105mm角の柱を隅では矩折りの3本、平で2本合わせて外観に現れる柱の比例を操作している(壁内の見え隠れにも柱を配している)。なお、「基壇」の上に建てられることも様式的特徴の一つであるが、この住宅では実現しなかった。

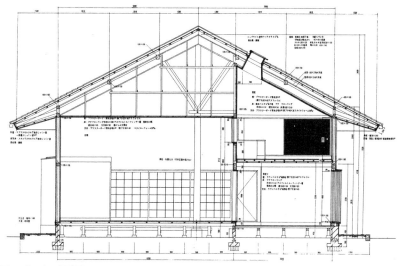

図3　白の家　矩計図

図4　原型住宅'64-D1 正方形の家・D-2 土間の家 (1964)

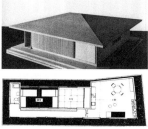

図5　土間の家 (1963)

図6　白の家　平面図 (1階・2階)

は、正方形の平面に方形の屋根を架けた自己完結的な形態の住宅で、この時期の住宅作品を見ても〈から傘の家〉や〈白の家〉(図1、2、3、6)など同じ形式のものが目立ちます。「分割」の手法を用いて単純化された平面は、篠原が日本の民家の「原型的平面」と考えた形式(田の字型に対する広間型)となり、広間に面する大きな壁面の「正面性」が強調されます。〈から傘の家〉では、屋根架構を内部空間に現しとし、日本の古民家の「土間とその上にかかる荒々しい梁架構」を象徴的に表現したといえる空間になっています[10]。〈白の家〉は、入口から見たときの「正面性」が明瞭に意識され、白壁の前にたつ真柱(杉磨丸太)、内窓の障子、戸襖などがグラフィカルに構成されています。ここでは天井を張って屋根の架構を現していませんが、逆に、壁に目地や回り縁をつけずに空間を白く抽象化することで、真柱の象徴性を一層高めています。〈花山北の家〉では、京町家の「通り庭」の狭く高い空間と、それに接する座敷の空間構成を意識的に取り入れたものになっています。

○「土間」のもつ原始性を現代住宅に

「原型住宅」(1964)のもう一つは〈原型住宅'64-D2 土間の家〉(図4)で、そこでは土間の「素朴さと、その質感の暖かみ」を徹底的に追求したと述べられます[11]。「原始性と現代性の大きな幅が生活のゆとりを保証する」と主張する篠原は、古民家の広大な土間の空間に原始的なものを見出し、それを現代住宅に再生させようとしました。〈土間の家〉(図5)では食事室兼居間を土間とし、〈地の家〉では浴室を除いてすべて土間とし、寝室を地中に埋めています。これらの住宅では「原始的」とされた三和土の土間空間が直接的に再生されています。庶民の住まいの空間的性格は原始の時代から「竪穴住居的なものをそのまま残して来た」[12]という篠原は、方形屋根の家に様式的洗練を加えるのと併行して、根源的なものへ遡行することで現代社会にも敷衍しうる人間生活の普遍的なものを引き出そうとしていたのです。

[註]
1　篠原『篠原一男』TOTO出版、1996、p.8
2　篠原「住宅論」『新建築』1960年4月号、p.91
3　篠原「様式がつくられるとき」『住宅論』鹿島出版会、1970、p.95
4　篠原「日本の風土のなかから」『新建築』1958年9月号、pp.32-36
5　篠原「空間の分割と連結」『日本建築学会研究報告』1960年12月、pp.13-16
6　篠原「現代住宅設計論2」『近代建築』1964年6月号、p.45、p.52
7　篠原「現代住宅設計論1」『近代建築』1964年5月号、p.17
8　奥山信一「「原型住宅」の意味」『篠原一男住宅図面』彰国社、2008
9　篠原「花山の家」『新建築』、1969年1月号、p.134
10　前掲註1に同じ (p.62)
11　篠原「〈土間の家〉のために」『近代建築』1964年5月号、p.26
12　篠原「日本の風土のなかから」『新建築』1958年9月号、pp.34-35

column 5 | 現代建築にみられる「日本的なもの」

　現代の建築家たちは「日本」や「伝統」というテーマを正面切って議論することはあまりありませんが、それでも、意識的にせよ、無意識的にせよ、「日本的なもの」との対峙が見て取れる建築作品にしばしば出会います。彼らも日本という国で生まれ育った建築家である以上、そして近代を乗り越えようとする現代における建築の創出にあっては、ある意味でそれは当然なのかもしれません。以下では、そうした作品について見ていきましょう。

○都市・集落の再読による場所性・原風景の再構築

　1964年にニューヨーク近代美術館で行われたB.ルドフスキーの「建築家なしの建築」[1]という展覧会は、日本にも大きな影響を及ぼしました。自然発生的に生成された日本の歴史的都市・集落の特性を明らかにした宮脇壇らによる1970年代の「デザイン・サーヴェイ」[2]は、その影響の産物の一つです。そうした既存の都市への視座が「ヴァナキュラー（土着性）」重視の考え方につながり、「リージョナリズム（地域主義）」を標榜する建築が現れてきます。

　その代表的作品が象設計集団＋アトリエ・モビル〈名護市庁舎〉（1981）です。沖縄独自の灰色と薄い桃色のコンクリート・ブロックから創り出される集落のような全体像は、外周に「アサギテラス」と呼ばれる半屋外空間が設けられ、日射を防ぎ人々が憩う場となります。また、内部には通風のダクトが設けられ、沖縄の風土に根ざした室内の快適性を生み出しています[3]。

　アメリカの建築史家ケネス・フランプトンの論考「批判的地域主義に向けて」[4]は、「いかにして近代化すると同時に源泉へと立ち戻るか、いかにして古い眠れる文明を再興すると同時に普遍的文明に参加するか」と、従来の進歩主義でも保守主義でもない、それらの双方を含有する思考の必要性を説いたものです。そのうえでフランプトンは、場所、地勢、コンテクスト、気候、光、構造的形態、そして触覚性といった、「局所的な見方の広がりや質、独特の構造様式から引き出される構築術」、あるいは「場所の地勢」の重視を訴えます。そうした実践をする建築家の一人と目されたのが日本の安藤忠雄でした。フランプトンは安藤の作品に見られるコンクリートの幾何学的構成による「光によって生ずる空間の静謐性」に「日本的特性」を見て、そこに見られる自然＝大地との親和性の達成を評価したのです[5]。安藤は〈六甲の集合住宅〉（1983、図1）など多くの作品で、地形を読み取り、建物を地形に沿わせたり、大地に埋め込んだりしています。西洋的な構成言語と、「日本的」とも言える空間作法の相互関係の中に、つまり「批判的地域主義」のもとに、安藤の建築の特質があると言ってもよいでしょう。

○日本建築の原型としての「家型」と日本の原風景

　当たり前のことですが、日本建築には古来から「屋根」が架かり、それは現代の密集市街地の住宅でも同様です。仮に単純な切妻屋根の建築の形式を「家型」と呼ぶとすれば、「家型」は原始時代から現代建築まで共通してみられる普遍的・原型的なものといえます。

　「屋根」さえあれば「家」に見えるとすれば、それは「家型」を記号として見ているからです。たとえば、坂本一成は1970年代後半、そうした記号としての「家型」への批判から、「家型」のもつ社会的・象徴的意味を消去しつつも、「機能がそれゆえに発生する意味だけの記号に限定しよう」とした〈代田の町家〉（1976）などの一連の作品を発表します[6]。その後、坂本は〈House F〉（1988）などで建築の形を「家型」から解放し、屋根の架構から独立して「場」を囲うという建築の構成を試み、さらに〈House SA〉（1999）では床の形状に呼応するように不整形な屋根が架けられています。屋根という「家型」の基本となるものへの問いが、坂本の建築を展開させてきたといえます。

　山本理顕が〈山川山荘〉（1977）で試行したのは、日本建築の原型的要素である「屋根」と「床」で建築を成立させることです。屋根と床の水平線は日本の伝統的建築を連想させ

図1　六甲の集合住宅（安藤忠雄、1983）

図2　海の博物館（内藤廣、1992）

ます。屋根と床に挟まれた諸室は廊下などで結ばれず、すべて一面の床の上に独立しています。山本が絶えず問いつづける家族という集合体を構成する家と、それを構成する単位としての諸室[7]。ここでは、あえて分断された諸室を、一つの集合体として束ねているのが「屋根」と「床」なのです。

　隈研吾は〈那珂川町馬頭広重美術館〉（2006）で、地元産の八溝杉によるルーバー（竪格子）で構成された、一棟の長い切妻屋根＝「家型」の建築をつくりました。ルーバーを介した風景の奥行き感や光によって様々に変容する内部空間が、展示された広重の浮世絵の世界を彷彿とさせます。また、広重の浮世絵によく見られる直線的な雨の描写をルーバーの形に託しつつ[8]、外部から内部が透けて見えることで「家型」というシンプルで象徴的な造形の印象が弱められています。

　内藤廣は〈海の博物館〉（1992、図2）の設計にあたり一枚の集落のスケッチを自らの作品集に転載しています[9]。そこでは、急な斜面に点在する切妻の民家と、それらを繋ぐ階段や石垣が描かれています。このスケッチは、内藤の記憶の中にある日本の風景なのでしょう。山を背景とした瓦の屋並みの重なり。それは斜面地が多い日本の原風景といえます。それは内藤の言う「素形」（＝家型）が集積したものになっています。〈海の博物館〉は力強い切妻の屋根の群がこの敷地の地形に沿って配され、日本の集落を彷彿とされるヴァナキュラーな様相を呈しています。内藤は「素形」としての建築の力強さを、「素景」として、つまり集落的な全体像として提示することに腐心するようになります。「景」を見出すこと、それは、地域の建築群が、地域の素材や気候、景色などに呼応することです。たとえば〈いわさきちひろ美術館〉（1997）は、背後の山々に呼応する「景」を重視した建築で、内藤はこの作品について「風景の中に溶け込んで、知られないようにひっそりと当たり前に建っていればいい」と述べています[10]。

○表層と架構の「軽やかさ」

　歴史的な日本建築が営々と保持してきた木の軸組構法とそこに挿入された建具。近代以降は構造そのものや建具の形式に様々なバリエーションが現れてきます。現代の建築を見ると、木の軸組工法や建具のもつ「軽やかさ」という日本建築の意匠的特質に改めて着目する作品が見られます。

　たとえば、現代の都市を「移ろいやすさ」という言葉で捉えたのが伊東豊雄でした。伊東の〈モナド〉（1986）では波打つパンチングメタルが宙を舞うように配され、独自の軽やかな空間をつくり出しています。青木淳の〈ルイ・ヴィトン〉の一連の作品のファサードも複層化されることによって、「移ろいやすさ」とともに、道を歩く「人の動きに伴い変化する」という軽やかなファサードをかたちづくり、現代都市の様相を表象化しています[11]。伊東の〈モナド〉と青木の〈ルイ・ヴィトン〉に共通するのは表層的な「軽やかさ」です。それはちょうど木で創りだされる軸組架構に建具を挿入してつくられる日本建築の特性を継承するとともに、日本建築のオープン・エンドな構成の現代的展開ともみられます。

　伊東豊雄の〈せんだいメディアテーク〉（2000、図3）を特徴づけるものは、ひらひらと海藻のようにうねりながら昇る柱です。従来の構造であれば太く不透明な柱が林立する空間が、柱が細分化されることで、透明で、軽やかなイメージの空間に変容しています。ここには「表層の軽やかさ」から「構造体の軽やかさ」への変化が見て取れます。伊東のいう「風」から「透層」への転換です[12]。こうした軽やかな構造体を主題とした建築は、「ライト・コンストラクション」というニューヨーク近代美術館の展覧会（1995）とも共鳴します[13]。ル・コルビュジエのドミノ・システム（1914）に代表されるような柱の架構は、それまでの組積造からの革命的な転換でありながら、一方で、日本建築の伝統的な軸組構造にも通じるものといえます。伊東は、日本の伝統的建築に見られる架構形式とグリッドにもとづく空間構成を、柱を分解することにより刷新しようとしたといえるでしょう。

図3　せんだいメディアテーク（伊藤豊雄、2000）

図4　ヒルサイド・テラス（槇文彦、1969〜98）

○空間の「奥行き」感の重視

　空間の「奥行き」感の重視、つまり様々な部屋が奥にむかって連結され徐々にその階層性を増加させていくという手法は、伝統的な日本建築の空間構成法の一つといってよいでしょう。槇文彦の『見えがくれする都市』[14]に示されるように、槇は江戸から東京の都市に通底する空間構成を重視し、空間の奥性を日本の都市の特質と捉え、かねてから自身の空間構成の軸としてきました。約30年にわたり取組んだ代表作〈ヒルサイド・テラス〉(1969〜98、図4)は、雁行型の配置計画、地形に合わせてレベル差が用いられた路地空間や、中庭と通りを繋ぐ都市的な装置などによって、奥深くまで引き込まれるシークエンスが特徴的です。旧山手通り沿いに次々と建築が連担し、一貫して「微妙な地形の変化への対応」や「空間の奥性の演出」が意識的にデザインされてきました[15]。

　池原義郎の一連の作品では、「面」としての壁という近代的な言語を用いることにより、奥行きの階層性が創出されています。〈浅蔵五十吉美術館〉(1994)は、丘に抱かれた長い一つの切妻屋根という、完結性のある形態をとっています。丘を幾重にも曲がり、エントランスから、切妻屋根に抱かれた内部空間。起立する壁とその上部の屋根を基本とする空間ですが、壁の端部が幾重にも雁行し、空間の奥行き感を強調しています。壁の端部に表れる光と影の交錯と、面としての壁に操作を加えて空間に奥行き感を出しています。

○回遊性のある動線

　日本の伝統的邸宅や日本庭園などによく見られるように、回遊性のある動線も日本建築の空間特性の一つといえるでしょう。谷口吉生は〈土門拳記念館〉(1983、図5)において内部のシークエンスに回遊性を持たせています。注意深く穿たれた窓は、外部の風景を取り込み、来館者が移動するのに伴って、景色が移りかわります。谷口は「このような時間の経過の空間化は、日本の伝統的な建築や庭園などのよく見られる形式」と述べています[16]。このような動線の回遊性は同じ設計者の〈長野県信濃美術館・東山魁夷館〉(1990)にも見てとることができ、この作品で谷口は「建築と環境との関係」を最も重視したと述べています[17]。〈鈴木大拙館〉(2011、図6)では、方形の屋根をいただく漆喰風仕上げの瞑想の場を、「回廊」で囲われた池の中に設けています。龍安寺のように、囲われた外部空間に宇宙を見出す、そうした日本的感性を空間化したものといえるでしょう。

　竹原義二は、「間」と「回遊性」を全面に押し出した住宅作品を数多く発表しています[18]。竹原の「間と廻遊性」の建築において重要な存在が中庭です。竹原があえて外室とする中庭を「間」とし、その周囲を「廻遊」する。多様な素材が無骨さを主張するとともに、細部にいたる洗練されたデザインによって、「廻遊」する空間を多義化しています。自邸である〈101番目の家〉(2002)は、狭小な敷地にあって、構造を露出させ、内・外を仕切る壁を設けず、室を入れ子状に組み込み、大断面の木造の架構とコンクリートの壁を衝突させることで、緊張感と光と影の様々な様態が示された空間が創出されています。

[註]
1　B・ルドフスキー、渡辺武信訳『建築家なしの建築』鹿島出版会、1984
2　明治大学神代研究室・法政大学宮脇ゼミナール編著『復刻　デザイン・サーヴェイ』、彰国社、2012
3　象設計集団「地域環境系の発掘」『新建築』1982年1月号、pp.200-201
4　ケネス・フランプトン「批判的地域主義に向けて」ハル・フォスター編、室井尚・吉岡洋訳『反美学』所収、勁草書房、1987、pp.40-64
5　ケネス・フランプトン、中村敏男訳『現代建築史』青土社、2003、p.559
6　坂本一成『住宅―日常の詩学』TOTO出版、2001、p.88
7　山本理顕『新編　住居論』平凡社、2004
8　隈研吾「馬頭町広重美術館」『新建築』2000年11月号、p.117
9　内藤廣『内藤廣の建築1992-2004 素形から素景へ1』TOTO出版、2013、p.13
10　内藤廣『内藤廣の建築2005-2013 素形から素景へ』前掲、p.113
11　青木淳『原っぱと遊園地』王国社、2004、p.46
12　伊東豊雄『風の変容体』・『透層する建築』青土社、2000
13　Light Construction, Terence Riley, The Museum of Modern Art, New York, 1995
14　槇文彦ほか『見えがくれする都市』鹿島出版会、1980
15　槇文彦「時間と風景―東京へのオマージュ」『新建築』1992年6月号、p.229
16　谷口吉生「土門拳氏へ」『新建築』1983年12月号、p.159
17　谷口吉生「長野県信濃美術館東山魁夷館」『新建築』1990年7月号、p.270
18　竹原義二『竹原義二の住宅建築』TOTO出版、2010、pp.6-25

図5　土門拳記念館（谷口吉生、1983）

図6　鈴木大拙館（谷口吉生、2011）

●図版出典
＊特記なき場合は筆者撮影

3.1
図1 『吉田五十八建築展』東京芸術大学資料館、1993（吉田五十八記念芸術振興財団）
図2 『建築と社会』1935.10、日本建築協会 より作成
図3 撮影：多比良敏雄
図4 撮影：村沢文雄
図5 撮影：多比良敏雄
図6 『新建築』1969.5

3.2
図7 『古美術』1948.7

3.3
図2 『新建築』1960.7
図3 撮影：吉田龍彦
図4 『新建築』1982.3

3.4
図1 撮影：間世潜／提供：白井晟一建築研究所（アトリエ No.5）
図2 提供：白井晟一建築研究所（アトリエ No.5）
図3 提供：白井晟一建築研究所（アトリエ No.5）
図4 提供：白井晟一建築研究所（アトリエ No.5）
図5 『建築』1961.12
図8 『近代建築』1966.1
図9 『建築』1965.3 より作成

3.5
図3 （左）撮影：小出祐子
（中）Robert McCarter: *FRANK LLOYD WRIGHT ARCHITECT*, Phaidon Press Limited, 1997, p.79 より作成（作成：大阪工業大学本田研究室 藤岡宗杜）
（右）Kevin Nute: *FRANK LLOYD WRIGHT AND JAPAN The role of traditional Japanese art and architecture in the work of Frank Lloyd Wright*, ROUTLEDGE, 1993, p.150 より作成（作成：大阪工業大学本田研究室 佐藤絵里）
図4 William Allin Storrer: *THE FRANK LLOYD WRIGHT COMPANION*, The University of Chicago Press, 1993, p.127 より作成（作成：大阪工業大学本田研究室 松山力哉）
図5 Kevin Nute: *FRANK LLOYD WRIGHT AND JAPAN The role of traditional Japanese art and architecture in the work of Frank Lloyd Wright*, ROUTLEDGE, 1993（Seiji Nagata, ed., Hokusai no E-tebon, vol.1 より）
図6 William Allin Storrer: *THE FRANK LLOYD WRIGHT COMPANION*, The University of Chicago Press, 1993, p.387 より作成（作成：大阪工業大学本田研究室 山本博史）

3.6
図1 『アントニン・レイモンド作品集』城南書院、1935
図2 Kurt G.F.Helfrich, William Whitaker, ed.: *CRAFTING A MODERN WORLD THE ARCHITECTURE AND DESIGN OF ANTONIN AND NOÉMI RAYMOND*, Princeton Architectural Press, 2006, p.155 より作成（作成：大阪工業大学本田研究室 廣田貴之）
図3 Le Corbusier, Pierre Jeanneret, W. Boesiger ed.: *Le Corbusier Œuvre complète de 1929-34*, t.2, Les Éditions d'Architecture, p.48, 1967 より作成（作成：大阪工業大学本田研究室 足立和人）
図4 『アントニン・レイモンド作品集』城南書院、1935
図6 （外観）増沢洵著・平良敬一編『住まいの探究 増沢洵：1952-1989』建築資料社、1992, p.10 より作成（作成：大阪工業大学本田研究室 渕本千明）
（内観）増沢洵著・平良敬一編『住まいの探究 増沢洵：1952-1989』建築資料社、1992, p.12 より作成（作成：大阪工業大学本田研究室 中西裕子）
図7 提供：レーモンド設計事務所

3.7
図1 『新建築』1951.8
図2 『新建築』1953.2
図3 撮影：新建築社写真部
図4 『新建築』1953.2
図5 『建築』1962.11
図6 『都市住宅』1968.12

3.8
図1 撮影：村井修（『新建築』1967.7）
図2 撮影：村井修（『2G N.58/59』2011）
図3 『新建築』1967.7
図4 撮影：大塚守夫（『近代建築』1964.5）
図5 篠原一男 住宅図面編集委員会編『篠原一男 住宅図面』彰国社、2008
図6 『JA22』1996.2

[謝辞]
本書第1部の執筆に際しては多くの方々のご協力・ご助力を賜りました。
ここに記して謝意を表します。（法人・個人とも 50 音順、敬称略）

アートプラザ
株式会社　磯崎新アトリエ
有限会社　大江建築アトリエ
有楽苑
株式会社　浦辺設計
倉敷国際ホテル
五島美術館
香川県文化会館
株式会社　菊竹清訓建築設計事務所
北九州市立中央図書館
京都工芸繊維大学美術工芸資料館
株式会社　近代建築社
高知県　石元泰博フォトセンター
国立能楽堂
佐賀県立博物館
株式会社　彰国社
新建築社写真部
スタジオムライ
有限会社　タイラ・ホート
高崎市美術館
株式会社　丹下都市建築設計
津田塾大学図書館
株式会社　デザインシステム
東京藝術大学　大学美術館
とこなめ陶の森　陶芸研究所
日本芸術院
一般社団法人　日本建築学会
日本建築学会図書館
日本建築学会博物館
日本バプテスト　キリスト教目白ヶ丘教会
株式会社　前川建築設計事務所
MURANO design
森トラスト株式会社
株式会社　レーモンド事務所

青山正
石元泰博
伊藤信夫
大江新
大木紀子
奥山信一
笠原晶子
菊竹スミス睦子
菊竹三訓
菊竹雪
木崎明
木本佳那美
楠瀬友将
小出祐子
小西佐枝
工藤卓也
黒木俊彦
是永美樹
佐藤智子
嶋澤雅丈
白井原多
多比良敏雄
多比良誠
多々良一夫
田中千晶
田野邊和也
内藤真由美
中川洋
橋本功
松田健一
村田安代
村野永
茂木恵美子
八木幸二
八木ゆり
吉川緑
吉田龍彦

第3章

東大寺二月堂裏参道

日本の空間フレームとフォルムを学ぶ

　私たちが目にしている構築環境が、時を経て今、なぜ、そのかたちでそこにあるのか。
　空間フレームとは、一言で言えば、自然環境、社会・文化的コンテクスト、歴史や思想といった大きな背景を捉えた上で、建築物に与えられた**骨格**のようなものである。設計行為は、こうしたさまざまな背景から本質的に重要な情報を読み取り、調停し、新たな関係性と価値を生み出してきた。それは、けっして受け身でなく、建築物の側からの主体的な投げかけである。空間フレームは、先達の言葉を借りれば、**かた**や**フォーム**と言ってもよいだろう。時代や場所や文化についての深い理解と応答は、空間フレームを通して初めて可視化される。ここでは、**社寺**、**民家**、**都市**、**農村**、**地形**、**道**といった集住環境から具体的な建築物までの空間構成の骨格についての知識を網羅した。空間フレームは、ある時代のある場所で最適解であったと同時に、時間の中で再解釈され続けてきたことにも注意したい。フレームは、枠組なのだから、中身は時代に合わせて、今なお、上手く入れ替えて生かすことができるはずである。
　フォルムは、空間フレームが具体的な**かたち**になった段階である。社寺や民家については、フォルムを実現するための**技術**や**構法**の発展について要点を紹介する。一方、建築物のタイプを超えて、フォルムを構成する手がかりになるものとして、**仮設性・可変性**、**非対称性**、**光**、**奥性**、**空白**など、日本文化に通底する本質的な視点についても扱った。こうした日本的な視点は、伝統的な建築物の中で、**ボリューム**や**配置形式**あるいは**建築エレメント**などの巧みな操作によって、具体的なフォルムとして実現されてきた。第2部では、設計行為に参照・取り入れできることを念頭に置いて、日本の伝統文化と深く関係するフォルムの具体的な構成手法についてまとめることも重視しているので、第1部で紹介した近代の建築家たちの設計手法と合わせて目を通してもらいたい。

第 4 章　中世の社寺建築における「日本的なもの」

　第 4 章では、日本の中世（12 〜 16 世紀）の社寺建築に見られる「日本的なもの」を論じる。飛鳥時代に大陸から日本に輸入された仏教建築は、古代を通じて日本の風土や人々の嗜好に適合するように「**日本化**」されていった。中世初期に新たな建築様式と技術が輸入されると、外来の建築様式に対して"**和様**"＝日本的なものとして再認識されながら、**中世和様の建築様式**が確立される。一方、古式を墨守する神社建築においても、仏教建築の変化と併行して同様の中世的な展開を見ることができる——中世の建築における「日本的なもの」には、それ以降の日本の建築を規定する本質的なものが潜んでいると思われる。

　求心的に序列（ヒエラルキー）を表現する古代建築の空間構成とは異なり、中世和様の建築は前後に内陣と外陣を並べ、薄暗い**「奥行き」の空間**によって内陣の神秘性を高める。古代の彫塑的な建築の外観は次第に平面的・絵画的なものへと変化していき、穏やかで軽快な佇まいとなる。技術的には「**野物**」（見えない構造的部材）と「**化粧**」（見える部材）が分離されるとともに、とりわけ軒裏の表現において「整備感」が生み出され、それによりおおらかな古代の建築とは異なる、几帳面に整理・整頓された印象を与える外観意匠へと変化していった。

4.1 神秘的な「奥行き」空間
——中世和様建築（仏堂）の空間構成の成立過程

図1 當麻寺本堂（曼荼羅堂）内観（奈良県、1161）

図2 當麻寺曼荼羅堂　平面の変遷・断面図

図1、2：〈當麻寺本堂（曼荼羅堂）〉は、奈良時代には五間四面の七間堂だったが、平安時代初期に孫庇を設けて、礼拝空間を拡張した。しかし内・外陣の境に2列の柱列ができるので、平安末期(1161)の改造でこの孫庇を撤去し、内陣に密接するように礼堂を設けた。その後、鎌倉時代になって脇陣を参籠のための小部屋に分割した。このように正堂（内陣）・礼堂（外陣）をあわせ、その四周に庇を付けるのが中世和様（七間堂）の定型で、西明寺本堂（図9）はその典型的な例である。中世和様（仏堂）の内陣は脇陣・後戸に囲われた薄暗く神秘的な空間で、外陣からは格子戸を通して透けて見え、無限の奥行きを感じさせる。

　日本の中世（12～16世紀）は、能楽・茶道（茶の湯）・生花など今日日本の伝統文化の代表的なものとされる芸能が多く生み出された時代です。建築においても、飛鳥時代（7世紀）に日本に導入された大陸の仏教建築は、奈良・平安時代を通じて日本の風土や日本人の嗜好に適合するように次第に日本化されていき、さらに中世の初めの鎌倉時代に新たな建築様式と技術（大仏様・禅宗様）が大陸から輸入されると、それまでの建築は外来の建築に対して和様——近世の工匠は「日本様」といった——として再認識されます。当時の人々に「日本的なもの」が意識されていたのです。中世の和様建築は、それまでの日本化の流れを推し進め、外来の新様式の技術的・意匠的な影響を受けながら、中世初期に完成されます。以下では、主に空間構成に着目して中世和様建築（仏堂）の形成過程について述べていきます。

○古代寺院建築の平面形式：求心的序列の空間表現
　仏教伝来以前の神社建築の諸形式を見ると（図6）、その平面はいずれも梁間2間・桁行2～4間の単純で初源的な空間構成——これを「母屋」といいます——になっています。しかし、仏教建築は一般に「母屋」の周囲に「庇」を廻し、建物中央の天井の高い「母屋」の部分に仏像を安置し、その周囲の「庇」よりも高い格式を表現します。そこには求心的な空間の序列が明瞭に示されています。〈唐招提寺金堂〉（奈良時代、図3）は、中央にゆくに従って次第に天井が高くなる穹窿状の空間がよく表現された好例です[1]。古代寺院の金堂は仏のための一室空間で、多くの人が堂内に入ることが想定されておらず、それゆえ「庇」は狭くてもよく、大きな法要は回廊で囲まれた金堂の前庭と庇で行いました（庭儀）。

　平安時代には「間面記法」という建物の表記法が広く用いられました[2]。この表記法は「母屋」の正面の柱間の数と、その周りの「庇」のある面の数で建物を言い表すもので（図5）、奥行きは通常梁間2間なので表記されません。この表記は「母屋-庇」構成を前提としており、そこから当時の仏堂建築が定型化されていたことがわかりますが、中世に建物の平面が変化するとこの記法は用いられなくなります。

○母屋-庇から内陣-外陣へ：空間の奥行きの表現
　平安時代に本格的な密教（天台宗・真言宗）が日本にもたらされると仏堂建築に変化が現れます。その一つは、現世利益を求める人々の信仰上、仏堂内に広い礼拝空間が必要になったことです。しかし、木造建築は梁材の長さ

  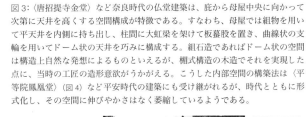

図3：〈唐招提寺金堂〉など奈良時代の仏堂建築は、庇から母屋中央に向かって次第に天井を高くする空間構成が特徴である。すなわち、母屋では組物を用いて平天井を内側に持ち出し、柱間に大虹梁を架けて板蟇股を置き、曲線状の支輪を用いてドーム状の天井を巧みに構成する。組石造であればドーム状の空間は構造上自然な発想によるものといえるが、楣式構造の木造でそれを実現した点に、当時の工匠の造形意欲がうかがえる。こうした内部空間の構築法は〈平等院鳳凰堂〉（図4）など平安時代の建築にも受け継がれるが、時代とともに形式化し、その空間に伸びやかさはなく萎縮しているようである。

図3　唐招提寺金堂（奈良県、奈良時代）　図4　平等院鳳凰堂（京都府、1053）

図5：「間面記法」は「母屋」正面の柱間数と、「庇」のある面の数で建物を表し、たとえば図5の左の平面図は「三間四面」、右の平面図は「三間三面」と表記される。奥行きを表記しないのは梁間2間が標準だからであるが、日本人の奥行きの長さに関するリアリティの欠如を示してもいる。

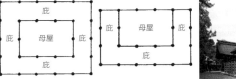

図5　間面記法（三間四面・三間三面の場合）

図6　住吉大社本殿　外観・平面図（大阪府、1810 造替）

図7　法隆寺食堂・細殿（奈良県）　図8　延暦寺根本中堂（滋賀県）　図9　西明寺本堂（滋賀県）

図8：〈延暦寺根本中堂〉などの密教本堂で内陣を土間とするものが多いのは古代の名残りで、人の空間である外陣（礼堂）を住宅のように床張りとするのは自然である。

図10：〈清水寺本堂〉などの山岳寺院では、岩頭に出現するという観音菩薩への信仰から岩座を覆うように仏堂が建設され、それに隣接させて礼拝空間がつくられたので、崖地から張り出す「懸造」が全国に生み出された。

図10　清水寺本堂（京都府、1633）　　図11　西明寺本堂（滋賀県、鎌倉時代前期）

に限界があるために（平入りの場合）母屋の奥行きを広くすることは構造上困難であり、梁間を大きくすると内部に柱の列ができたり、屋根が大きくなってしまいます。そこで、比較的小規模の場合は前面の庇の外側にさらに**孫庇**を付けて空間を広げて礼拝空間をつくりましたが、この方法でも、孫庇を長くすると正面の軒高が低くなりすぎるので限界があります。そこで、規模が大きい場合には**礼堂**という別の建物を仏堂（正堂）の前に建てて両建物を壁で囲って一体的に使いました³――この形式を**双堂**といいます（図7）。双堂は奈良時代から平安時代にかけて一般化します。

○**中世の仏堂：内・外陣の連続性と外陣の拡大・充実**

しかし、双堂の形式は二つの屋根の間に谷ができるので雨仕舞が悪く、やがて一つの屋根で二つの建物を一体化するようになります。また、礼拝空間（外陣）と仏の空間（内陣）の間に幾列も柱列ができるので、屋根を一体化するとともに両者を近付けて、内陣と外陣の境（結界）を菱格子欄間と格子戸で仕切るようになります。古代の仏堂は一室空間でしたが、内・外陣や脇陣など機能の異なる複数の部屋ができてきます⁴。こうして中世和様建築（仏堂）の平面形式が成立します（図9、11）。〈當麻寺本堂（曼荼羅堂）〉（図1,2）の歴史的変遷はその成立過程を示す好例です⁵。

このように古代から中世にかけての仏堂建築は、「母屋－庇」という**求心的**（三次元的）に序列を表現する空間構成から、「内陣（正堂）－外陣（礼堂）」という**直線的**（二次元的）に序列を表現する空間構成に変化しました。これにより建物の外観には強い**正面性**が生まれ、内部の内陣は**神秘性**を帯びるようになります。垢抜けした古代建築の内部空間とは異なり、薄暗く閉ざされた幽玄な内陣の空間は、**無限の奥行き**を感じさせます（8.4節）。

さらに、その成立後は外陣の空間表現が充実していきます。鎌倉時代の仏堂の外陣は、梁間に虹梁を架けて内部の柱を省略し（長弓寺本堂、1279）、大きな屋根荷重のかかる入側隅柱もやや遅れて省略されるようになり（孝恩寺観音堂、鎌倉後期）、室町時代になると無柱の大空間となります⁶。また、外陣には天井を張り、禅宗様の賑やかな意匠などを取り入れるようになります。

[註]
1　大岡實『日本の建築』中央公論美術出版、1967、p.44
2　足立康「中古に於ける建築平面の記法」『考古学雑誌』1933年8月号
3　浅野清『法隆寺建築綜観』便利社、1953、pp.205-209
4　山岸常人『中世寺院社会と仏堂』塙書房、1990、pp.28-35
5　岡田英男『日本建築の構造と技法［上］』思文閣、2005、pp.15-33
6　伊藤延男『中世和様建築の研究』彰国社、1961、pp.240-251

4.2 穏やかで軽快な佇まい
──中世和様建築（仏堂）の立面意匠の成立過程

図1　長寿寺本堂（滋賀県、鎌倉時代）

図2　法隆寺金堂 外観・復原図（奈良県、飛鳥時代）

図2：〈法隆寺金堂〉に見られるように、飛鳥時代の建築は高い基壇の上に堂々と建つ姿が印象的である。間口：奥行は1.3：1で、後世の建物の平面が細長くなるのに対して正方形に近く、立体感がある。立面では柱と頭貫がつくる四角形が正方形に近い比例となり、端の間のみを縦長の比例として全体形に完結性を与える。法隆寺は上層柱間4間で、異例の偶数間となるのは、軸部の比例を優先させたためだろう。法隆寺の大陸的な彫塑的形態とは対比的に、中世和様の立面（図1、5）は、緩い屋根勾配、長押、廻り縁などの水平線が目立ち、穏やかで軽快である。中世になると古代の基壇は廻り縁の下の亀腹（かめばら）に退化し、外観上は縁の下の影によって縁束しか見えないから、建物は浮いているかのように見える。

　仏教建築の導入当初（飛鳥時代）の仏教伽藍は平坦地に立地し、仏堂の建築は彫塑的な形態であり、一面の白砂の上に自然と対峙するように建っていました。しかし、奈良時代にはその性格は弱まって次第に平面的・絵画的なものとなっていきます[1]。それを日本化の一つの現れと見てよいでしょう。さらに平安時代になると、密教をはじめとする仏教諸派の伽藍は山間部や都市周辺の丘陵地に立地するようになり、仏堂は次第に自然環境と融和的な、穏やかな容姿になっていきます。中世初期に大陸から導入された新様式の大仏様や禅宗様と比較して、中世の和様建築は水平性を強調した穏やかな外観表現を特徴とするものであり、この様式の成立とともに建築における「日本的なもの」の一つが確立されるのです。

○奈良時代の建築様式：彫塑性から絵画性へ

　奈良時代の東大寺造営（図3）とともに全国に国分寺・国分尼寺が建立され、その様式は日本建築の"古典"となり[2]、のちの中世和様建築の母胎ともなりました。

　〈法隆寺金堂〉（図2）に見られるように、飛鳥時代の大陸的な仏教建築は立体的で力感のある形態が特徴です[3]。急勾配で屋垂みの大きい屋根の形態は厳しく高く屹立し、高欄（手摺り）は上・下層の間のくびれを引き締め、柱間は中の間に対して端の間を短くして全体の形に完結性を与えます。こうした彫塑性は奈良時代には弱まっていきます。法隆寺のように回廊の内側に独立して建つ金堂は奥行きが深く、屋根の大きい入母屋造が一般的でしたが、次第に金堂は回廊と繋がるようになり（図4）、それとともに平面の形は細長くなり、屋根は寄棟となります[4]。中の間に対する端の間の逓減も小さくなって、立面は水平的・平面的になっていきます。

　奈良時代の大規模な金堂の多くは裳階を付け、その後、裳階は日本建築史を通じて多用されるようになります（図6、8、10）。「裳階」とは、建物の主構造（身舎）の外側に一段下がった屋根をかけて平面を拡張するものですが、外観上は身舎の太い柱を隠し、立面には裳階の細い部材が現れます。とはいえ、裳階の上には組物や屋根が見えますし、裳階は身舎よりも両端1間ずつ幅が広くなるので、建物本来の力強さを失わないままに、力感のない平面的な意匠でそれを穏やかに包むのです[5]。

○平安時代の阿弥陀堂建築（一間四面堂）

　平安時代末期には貴族社会の中で末法思想が高まり、極楽浄土への成仏を祈願する浄土教が流行します。そのため貴族邸宅の持仏堂をはじめ、全国に阿弥陀堂が建設

図3 東大寺金堂・復原模型

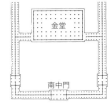
図4 東大寺伽藍配置（復原）

図5 大報恩寺本堂　外観・平面図（京都府、1227）

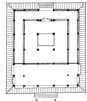

図6：〈平等院鳳凰堂〉に見られるように、平安時代の建築は、構造的にも意匠的にも奈良時代の延長上にある。柱梁は木太く、長押はこの時代に構造材として認識されたために奈良時代よりも太く、建物は全体的に鈍重な印象を与えるものとなるが、柱に大面取りを施し、建物各部に曲線をあしらって建物全体に優美さを出している。両翼は全体の形を整えるだけの装飾的付加物で、建物各部を極彩色や螺鈿（らでん）で粉飾したこの建物のように、表層的・技巧的となった平安時代の建築はその脆弱性ゆえに後世にあまり多くは残らないが、鎌倉時代の大仏様・禅宗様の導入とともに建築界は更正し、中世和様の傑作を数多く生み出した。

図6 平等院鳳凰堂（京都府、1053）

図7 鶴林寺太子堂（兵庫県、1112）

図8 法界寺阿弥陀堂（京都府、鎌倉前期）

図9 東大寺南大門（奈良県）

図10 円覚寺舎利殿（神奈川県、室町中期）

図7：平安時代に数多く建てられた一間四面堂という形式は阿弥陀如来を祀る阿弥陀堂に多く採用され、浄土教の流行を背景に、常行三昧に特有な行儀（本尊の周囲を巡る）に関連して生まれたものである。〈鶴林寺太子堂〉は一間四面堂の面影を色濃く残す遺構である（前面の孫庇は後世に付加されたものである）。阿弥陀堂建築の特徴は、方形造の屋根（檜皮葺）で柱に大面取りを施し、軒裏は疎垂木、舟肘木か三斗組の簡単な組物を用いて、床・縁を張って柱間装置を蔀戸とするなど、全体に住宅風であり、こうした意匠的特徴は中世和様建築に継承される。たとえば〈大報恩寺本堂〉（図5）はその一例で、その平面の中心部は一間四面堂と同じ形式である（一間四面に孫庇を付け、四周に庇を廻して成立した形式と見られる）。

されます。阿弥陀堂の多くは小規模な一間四面の方形造で屋根に棟がないので、外観上の屋根の量塊（ヴォリューム）は小さく、軽快かつ水平的な外観になります（図7、8）。邸宅内の持仏堂は不可避的に住宅建築の影響をうけ、内部は土間ではなく床を張って廻り縁を外部に張り出し、天井を張り、蔀戸（9.4節）によって内部と外部が仕切られます。

○中世和様の建築様式：水平性の強調と軽快さの表現

中世和様の建築は、伽藍周辺の自然環境と調和した穏やかな容姿を特徴とします。具体的には、立面における水平性の強調があげられます（図1、5）。日本の建築は雨風をしのぐために**軒の出が深く**、それゆえ軒は左右に大きく張り出し、軒の下には深い陰影ができるので立面上の水平線が際立ちます。中世仏堂の奥行きの深さはその性向を助長し、必然的に**屋根の勾配は緩く**なって、建物のたちを一層低くします。外陣は人間の空間なので**床を張**り、さらに建物の周囲に水平の**廻り縁**を張り出し、建物全体が地面から切り離されて浮遊しているかのようです。軒と縁の間の軸部にも、構造材としての太く存在感のある**長押**を廻し、柱の垂直性を打ち消して立面の水平性がさらに強調されます。

また、屋根は平入りなので棟が後退して大きな屋根の量塊感は抑えられ、軽快な印象となります。古代建築は一般に瓦葺きでしたが、中世では**檜皮葺**（9.1節）などの自然素材を用いて屋根を葺くので、外観が軽快になるとともに景色としても自然環境と調和しています。

軽快さの表現としては、**大仏様**（図9）の影響で柱を水平に貫通する**貫**が採用されることにより[6]、柱の太さ（木割）が古代よりも細くなることがあげられます。この点は、木材資源が枯渇していた当時の社会背景や、同時代の禅宗様の細い木割の意匠も影響しています。また、柱間装置は住宅風の蔀戸とするものが多く見られます。〈西明寺本堂〉や〈大報恩寺本堂〉（図5）などは前面のすべての柱間が**蔀戸**となっており、正面に壁体がないので量感がなく、立面の軽快さを助長しています。

こうした和様の立面意匠は、同時代の大仏様や禅宗様とは対照的です。とりわけ禅宗様（図10）は、勾配の強い屋根で、長押や廻り縁がなく、上部が尖った**花頭窓**の形とも相まって、垂直性の強い立面意匠となります。

[註]
1　太田博太郎『日本建築史序説』彰国社、1947、pp.26-38
2　鈴木嘉吉『日本の美術 65 上代の寺院建築』至文堂、1971、p.66
3　井上充夫『日本建築の空間』鹿島出版会、1969、pp.37-54
4　大岡實『日本の建築』中央公論美術出版、1967、pp.53-54
5　大岡實『日本建築の意匠と技法』中央公論美術出版、1971、pp.24-35
6　関口欣也『日本建築史基礎資料集成 7 仏堂IV』中央公論美術出版、1975、p.4

4.3 野物と化粧：おおらかさから整備感へ
——中世和様建築の成立の技術的背景

図1　善水寺本堂（滋賀県、室町前期）

図2　雲形斗栱（法隆寺）

図3　三手先斗栱（薬師寺）

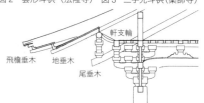

図4　三手先斗栱（唐招提寺）

図4：三手先斗栱は、尾垂木を内側に延ばして、軒荷重とバランスさせつつ軒先を外側へ持ち出す高度な技術である。唐招提寺では尾垂木の先端、軒支輪、垂木に緩やかな曲線（反り）を付けて、優美に、かつ合理的に各部を納める。また、肘木の上の斗が上下で揃い、全体に整備感も出てくる。なお、中世の仏堂は基本的にはシンプルな出組か出三斗で、三手先斗栱を用いないが、これは桔木の発明とも無関係ではないだろう。

　いうまでもなく建築の"意匠"は同時代の"技術"によって実現されるものであり、技術的に不可能なものはつくることができず、逆に"技術"の展開が建築家の創造力を超えて新たな"意匠"を生み出すこともあります。この意味で"意匠"と"技術"は相互に作用しあう表裏一体のものといえます。日本の建築の場合、土地固有の気候風土から大きな屋根と深い軒をどのようにつくるかという技術的問題が、建築史を通底する工匠たちの重大な関心事でした。飛鳥・奈良時代の建築は"意匠"と"技術"が融合されて構造材をそのまま外観に現し、一方で技術的には未発達だったので意匠的にはおおらかでしたが、中世になるにつれて建設技術は精度を高め、大屋根の構築法や軒を支える技術が発達するとともに、**野物**（見えない構造材）と**化粧**（見える部材）を分けてつくるようになります[1]。外観意匠上は——とりわけ軒裏の表現において——各部に洗練を加え、整備感（几帳面に整理整頓された感じ）が生み出されるようになりました（図1）。

○深い軒を支える技術：三手先斗栱、飛檐垂木

　〈法隆寺金堂〉（飛鳥時代、図5）のきわめて大きく張り出した軒は、当時の工匠の強烈な造形意欲を感じさせますが、それゆえに構造的な問題も抱え、創建後まもなく軒下に支柱を立てなくてはなりませんでした[2]。これほど深い軒は大陸の建築には見られず、仏教建築の導入当初から大陸建築の単なる模倣ではなかったことを示しています。技術的に見れば、深い軒は「**組物**」——「**斗栱**」ともいいます——によって外に持ち出された桁によって支えられます。法隆寺の組物は力強く彫刻された雲形斗栱（図2）でしたが、奈良時代の格式の高い建物の組物は**三手先斗栱**（図3、4）を用います。〈薬師寺東塔〉に見られる初期の三手先斗栱は各部が直線的な形でしたが、次第に各部に反りを付け、優美で洗練された形になります（図4）。

　軒先をより外側に持ち出すために、地垂木の上に**飛檐垂木**を重ね置きます（図4）。このやり方によれば、飛檐垂木は地垂木よりも勾配が緩くなり、軒先があまり下がらないので、柱を必要以上に高くする必要もありません。奈良時代の正規の建物では地垂木の断面を円形、飛檐垂木を四角としますが（「地円飛角」という）、平安時代に入ると次第に地垂木も飛檐垂木も四角形断面になります。

○「桔木」の発明、内部空間と小屋組の分離

　平安時代には屋根の構造に関する日本の発明がありました。それは、雨の多い日本では屋根勾配を強くする必要があり、そのために垂木が"**化粧垂木**"と"**野垂木**"

図5 平行垂木（法隆寺金堂）　図6 扇垂木（西願寺阿弥陀堂）

図5:〈法隆寺金堂〉の垂木は、大陸建築が円形断面の扇垂木（放射状に垂木を架ける手法）なのに対して、四角形断面の平行垂木とする。平行垂木は隅木に大きな軒荷重がかかるので、扇垂木のほうが構造的には合理的であるが、あえて平行垂木としたのは外観上の整備感を重んじたためだろう。というのも扇垂木では垂木の木口（断面）が不整形な菱形となってしまうからで、そこに日本の工匠の美意識が現れている。日本において扇垂木は禅宗様（図6）や、大仏様（隅だけ扇垂木とし、軒先に鼻隠板を打って垂木の木口が見えなくする）などの大陸的な建築に用いられる技法である。

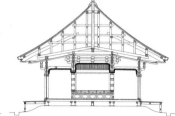

図7 法隆寺大講堂（奈良県、990）　図8 白水阿弥陀堂（福島県、1160）　図9 鶴林寺常行堂（兵庫県、平安後期）

図7:平安時代に天井は「組入天井」から「小組天井」へと変化するが、これにより立体的であった内部空間が平面的・水平的となる。〈法隆寺大講堂〉は一面の天井で小屋組が隠された早い例の一つだが、庇では化粧屋根裏とする。堂内一面に小組天井が設けられると小屋組は内部空間から切り離され、近世に小屋組に貫が用いられるようになって、軸組と小屋組は完全に分離した。

図10 鳳来寺阿弥陀堂（千葉県、室町後期）　図11 貫（東大寺金堂）　図12 六枝掛　図13 大報恩寺本堂（京都府、1227）

図11:鎌倉時代の新様式・大仏様は、水平材である貫を柱に通して柱同士を繋ぐことによって、軸部を堅固にするという技術を用い、柱間を広げ、柱を細くできるようになった。古代には柱の太さや長押によって水平力に耐えていたが、中世和様で貫を採用すると、次第に長押は装飾化する。

図10:禅宗様は大虹梁の上に束（大瓶束）を立てて、その下の柱を省略するという技術を用いたが、この技術は中世和様の外陣の空間に応用された。

に分離し、両者の間に「**野小屋**」という空間（スペース）ができたことです（図7）。さらに、この野小屋の空間に「**桔木**」という構造補強材を挿入し（平安末頃）、梃子の原理を利用して軒先の屋根荷重を支持するようになります。この発明により軒裏の垂木が構造材から化粧材に変化すると、垂木を細く長く延ばせるようになり、さらに反りを付けて優美に軒裏を表現するようになりました[3]。

一方、奈良時代の仏堂は一般に、母屋（内陣、4.1節）を**組入天井**（構造体と一体的につくる天井）とし、庇は天井を張らずに化粧屋根裏としましたが、平安時代になると梁材から吊り下げられる**小組天井**が現れ、阿弥陀堂建築など堂内に小組格天井を全面的に張るものが出てきます（図8、9）。こうして屋根の構造が堂内から見えなくなったことは内部空間と小屋組の分離を促し、天井の有無による格式表現もなくなるので、母屋と庇の区別も曖昧になっていきます。さらに中世になると内・外陣に無関係に大梁を架けるようになり、これにより柱の配置は小屋組に拘束されなくなります[4]。こうした変化は、中世から近世にかけて、古代建築の単純な一室空間とは異なる、複雑に分節された内部空間の創造を可能としました。

○軒廻りの整備感の重視：六枝掛、軒の規矩

古代の建築は柱間の寸法を基準に設計され、垂木はそれに合わせて適宜――おおらかに――配置されていましたが（柱間完数制）、中世になると垂木と垂木の間の寸法（一枝）を基準に建物が設計されるようになります（枝割制）[5]。平安末頃に創案された**六枝掛**は、垂木6本分の幅と三斗組の幅を一致させる手法です（図12）。つまり、軒裏の垂木がきちんと等間隔に並ぶことを優先させて建物の全体を設計するようになるのです。これにより柱間は垂木間隔の整数倍となり、建物各部の寸法も**枝割**に規定され、建物全体が緻密になって古代建築の伸びやかな立面意匠は影を潜めるようになります。

軒廻りの設計技術（軒の規矩）の発達をよく示すのは、隅木と木負の交点に配る飛檜垂木、いわゆる「**論治垂木**」です（図13）[6]。この垂木を木負口脇真に正しく納めることは、枝割によって軒廻り各部の寸法を計画的に定める設計技術が確立されていたことを示します。

［註］
1　大江宏「野物と化粧」『建築作法』所収、思潮社、1989、pp.157-159
2　竹島卓一『建築技法から見た法隆寺金堂の諸問題』中央公論美術出版、1975、p.422
3　浅野清『日本の美術245　日本建築の構造』至文堂、1986、p.53
4　大森健二『社寺建築の技術―中世を主とした歴史・技法・意匠―』理工学社、1998、pp.91-119
5　前掲註4に同じ（p.15）
6　後藤治『日本建築史』共立出版、2003、p.127

4.4 流造りの中世的展開
——奥行き空間の創出と連棟式社殿

図1　印岐志呂神社本殿（滋賀県、1600）

図2　日吉大社摂社樹下神社

図3　長野神社本殿（大阪府）

図1, 2：流造の正面の屋根をさらに前方に延ばし、庇の間に「前室」を設ける"前室付三間社流造"は、流造の造形的特質を活かしつつ奥行き空間を創出した新様式である。前室を付けることで奥行きが3間となり、建物の外観に力強いヴォリューム感が出てくる。この形式は滋賀県に多く見られるが、滋賀県の中世・近世神社の通性としては古式が重視されることである。すなわち、母屋には簡素な豕叉首や舟肘木を用いて全体に装飾が少なく、木太く堂々とした容姿が特徴があげられる。その点、同じ流造でも、装飾が多く技巧的となる大阪府の中世神社とは対比的であり、両者の違いは地方文化の違いを反映しているようで興味深い。長野神社本殿（図3、桃山時代）は後者の一例で、流造の正面に千鳥破風・唐破風を付け、妻飾りは二重虹梁・大瓶束で組物に花肘木を用いるなど、賑やかに飾られている。

　古代から中世にかけて仏教建築（仏堂）が日本化され、「奥行き」の空間表現により内陣の神秘性を高めるようになったことをすでに述べましたが、同様の傾向は神社の建築にも見られます。古式を墨守する神社建築でさえも、同時代の日本の空間的志向による影響は免れなかったのです。20年ごとに社殿を古式に倣って新しく建て直す伊勢神宮（8.4節）のように、式年造替の制度があった神社も少なくはなく[1]（現在では完全な造替を行うのは伊勢神宮のみ）、一般に神社建築の特異性は古代の建築様式や各部の形式を今日まで色濃く残している点にあります。つまり、建物の材料は古いものは残りませんが、様式・形式は成立当初のものが基本的には保持されているのです。神社建築の様式は数多くありますが、そのほとんどは古代に成立したものであり、とりわけ"流造"は全国的に圧倒的多数を占めています[2]。このことから"流造"は何らかの形で「日本的なもの」を投影しているのではないかと想定されます。"流造"とは、平安初期に成立したとされる〈賀茂別雷神社（上賀茂神社）本殿〉のように、切妻造・平入りで、正面の屋根をそのまま延ばして向拝とする形式で、流れるように優美でシンプルな屋根の造形を特徴とします。

○奥行き空間の創出：八幡造、八坂造、権現造

　古代の仏教建築は建物の奥行きを広げるために双堂という形式を採用し、やがて二棟の建物が一つの屋根で統合されるようになりましたが（4.1節）、神社建築にも同様のものが見られます。奈良時代まで遡るとされる[3]八幡造（図4）は双堂と同じ構成で、平安後期には、二棟の建物（本殿と礼堂）を一つの屋根で統合した八坂造（図5）が成立したとされます[4]。また、同じく平安後期成立とされる[5]〈北野天満宮本殿ほか〉（図6, 7）をはじめ、近世に流行する権現造は本殿と拝殿を相の間（幣殿）を介して連結するもので、拝殿から見て奥の本殿の神秘性を高めるように工夫された空間構成は、中世和様仏堂と同質の志向性を感じさせます。

○流造りの中世的展開：奥行き方向の拡張

　平安末期に成立したとされる[6]〈厳島神社摂社客神社本殿〉など、正面だけではなく背面にも庇を延ばす"両流造"（図9）は奥行きを確保する形式の一つといえます。三間社流造に庇を二重に廻した特異な形式の〈吉備津神社本殿〉を含め、母屋の周囲に廊を巡らす求心的な"両流造"の空間構成は仏教建築の常行堂に影響されたものとする指摘もあります[7]。

図4：〈宇佐神宮本殿〉に代表される「八幡造」は、寺院鎮護の八幡神を祀り、奈良時代に成立した神社形式であり、早くからの神仏習合の影響下に成立したものである。仏堂建築の「双堂」と同じ建物の構成となっているが、仏堂とは異なり両棟とも神の専有空間で、後殿は神の寝所、前殿は神の御座所とされる。一方、同時代には、礼拝施設として「拝殿」がつくられるようになる。

図6、7：近世において霊廟の建築様式として流行した「権現造」は、時代が下るにつれて石の間（相の間）の幅が小さくなるとともにそこに床・天井を張り、本殿への奥行き感が強調されるようになる。

図4　柞原八幡宮（大分県、1850）　　図5　八坂神社　外観・断面図（京都府、1654）

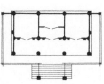

図6　北野天満宮・石の間　　図7　北野天満宮・平面図　　図8　宇治神社本殿　外観・平面図（京都府、鎌倉後期）　　図9　厳島神社本殿（広島県、1571）

図11　醍醐寺清滝宮本殿
図10　住吉神社本殿（山口県、1370）　　図12　平野神社本殿

図11：〈醍醐寺清滝宮本殿〉（京都府）は一間社流造の二つの本殿を相の間を介して連結したもので、"連棟式社殿"の初期的段階を示す。本殿を横方向に連結する形式は、〈平野神社本殿〉（図12、京都府）など古代から存在する。飛鳥時代から奈良時代にかけての仏堂建築は平面が細長くなり、建物に正面性が出て、絵画的な立面に変化していくが、これと同質の変化である。

図10：〈住吉神社本殿〉は九間社流造で、神座ごとに屋根に千鳥破風を設けて神の存在を象徴的に表現している。ちなみに、千鳥破風の付加は中世からの特徴であり、その現存最古の例は〈錦織神社本殿〉（1363）である。

　鎌倉時代になると、外観上は流造の形式を保持したまま母屋を二室に**分割**し、前方の室に幣殿（へいでん）としての機能を与えるものが出てきます。〈宇治神社本殿〉（図8）はそうした前方の室を開放とした例です。

　中世の流造は、庇を長くのばすために地垂木と飛檐垂木に強い反りを付け、さらに「**打越垂木**（うちこしだるき）」という別の垂木を配して、屋根面を大きく反り上げるようになります。こうすることで庇を長く延ばしても軒が下がらずに、建物のたちを低く抑えることができます。この手法を駆使して奥行き空間をさらに広げるものが出てきます。

　その一つとして、流造の基本形式を保持しながら、幣殿的な機能を備える"**前室**"を新設して奥行きを拡大する新様式が登場します（これは滋賀県に多く見られる様式として知られます）。この空間拡大の手法は、平安時代における仏教建築の「**孫庇**」（4.1節）と同じ発想によるもので、神社建築のこの形式の現存最古は鎌倉前期の〈石坐（いわい）神社本殿〉（1266）なので、仏教建築よりも大分遅れて採用されたといえそうです。前室の床高を母屋の床高よりも下げ、柱を角柱として丸柱の母屋よりも格式の下がることが外観に表現されますが、これは仏堂の孫庇の格式表現と同じ手法であり、前室が神の室ではなく人の奉祀する場であることを示しています（図1）。中世の遺構では、前室の建具を格子戸などの開放的な設えとし、内部で行う儀式が可視化されます。

○流造りの中世的展開：横方向の拡張手法

　古代末から中世にかけて複数の神を合祀する傾向が高まるとともに、一祭神一神殿という古代的原則を守ったまま、相の間を挟んで同形・同大の本殿を**連結**する手法が流行します。切妻造・平入りの流造は、桁を延ばせば横方向に容易に延長できるので、合祀に適した様式といえます。意匠的には、これにより中心性が失われ、正面性・水平性の強い絵画的な立面となります（図10、11）。同形・同大の社殿を横に並べる形式は、賀茂両社などすでに古代から見られるものですが、時代とともに社殿を一体化するとともに、室町時代になると神座ごとの正面に**千鳥破風**（ちどりはふ）を付けて強調しつつ、長大な立面を単調に見せないように工夫するものも出てきます（図10）。

［註］
1　谷重雄「旧官国幣社における式年造替制の調査」『建築史研究』1959年1月号
2　稲垣栄三『日本の美術81　古代の神社建築』至文堂、1973、p.37
3　福山敏男「神社建築概説」『福山敏男著作集四』中央公論美術出版、1984、p.16
4　福山敏男「八坂神社本殿の形式」『建築史』昭和17年1月号
5　大河直射『東照宮』鹿島出版会、1970、p.51
6　林野全孝・桜井敏雄『神社の建築』川原書店、1974、p.239
7　稲垣栄三『日本の美術21　神社と霊廟』小学館、1971、p.144

第4章　中世の社寺建築における「日本的なもの」

●図版出典
＊特記なき場合は筆者撮影

4.1
図2　『日本建築史図集』新訂第二版、彰国社、2008　より作成
図3　『日本建築史図集』新訂第二版、彰国社、2008
図4　国宝平等院鳳凰堂修理事務所編『国宝平等院鳳凰堂修理工事報告書　附図（二）』1957
図5　足立康「中古に於ける建築平面の記法」『考古学雑誌』1933、8月号　より作成
図6　（右）『日本建築史図集』新訂第二版、彰国社、2008
図8　『国宝延暦寺根本中堂及重要文化財根本中堂廻廊修理工事報告書』国宝延暦寺根本中堂修理事務所、1955
図9　『日本建築史図集』新訂第二版、彰国社、2008

4.2
図2　（右）浅野清『昭和修理を通して見た法隆寺建築の研究』中央公論美術出版、1983
図4　『日本建築史図集』新訂第二版、彰国社、2008　より作成
図5　（右）『日本建築史図集』新訂第二版、彰国社、2008

4.3
図4　奈良県教育委員会事務局文化財保存事務所編『国宝唐招提寺金堂修理工事報告書』2009　より作成
図7　浅野清『日本の美術245　日本建築の構造』至文堂、1986　より作成
図8　国宝白水阿弥陀堂修理工事事務所編『国宝白水阿弥陀堂修理工事報告書』1956　より作成
図12　太田博太郎『日本建築史序説』彰国社、1947

4.4
図5　（下）『日本建築史図集』新訂第二版、彰国社、2008
図7　『国宝大事典　五　建造物』講談社、1985　より作成
図8　（右）『国宝・重要文化財大全 II 建造物（上巻）』毎日新聞社、1998

第 5 章　民家プランと構造の基礎知識

　第 5 章では、民家の基本的な平面類型と、基本構造(ベーシックストラクチャー)のイロハを概説する。
　プランについては、**広間型**、**四間取り（田の字型）**、**通り土間型**、**併列型**といった基本形だけではなく、**二間取り**、**前座敷型**、**喰違い間取り**などの原型的・過渡的類型についても図示する。さらに**オモテ（ハレ）とウラ（ケ）**、**カミ（床側）とシモ（土間側）**、**平入と妻入**といった機能的・意味的分節の伝統に触れる。こうした詳細を知ることによって、民家の場合、空間は決して均質なものではなく、領域性・境界性が明確であることが理解できるだろう。加えて、シモにあたる**土間**スペースは、建築発展説上系統的に古く、かつ産業構造の違いが反映される場所であると共に、床座と組み合わされ高さのヒエラルキーを成立させている点に触れる。
　構造技術面では、近世以降に**石場建て**と**貫・指物**によって耐久性が増した点、**上屋・下屋**の区別を中心に多様な平面形式との組み合わせにより、18 世紀以降地方色豊かな建築形式が生まれた点に触れる。近畿以西では特に下屋が発達し、平面的なフレキシビリティや屋根フォルムのヴァリエーションに繋がった結果、四国の**四方蓋造**や九州の**分棟系民家**といった民家形式が生まれた。軸組形式では、関東における**四方下屋**、**四つ建**、**鳥居型**といった特異例も紹介する。

5.1 近世民家の成立
——広間型と四間取り・併列型のプラン

図1 中世の民家遺構：箱木千年家（兵庫県）

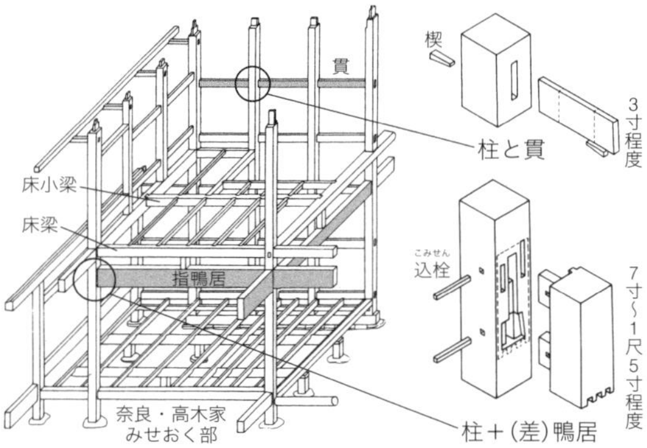

図4 貫と指物

図2 マエビキ（葛飾北斎「百人一首姥がゑとき」より）

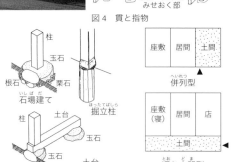

図3 掘立と石場建て

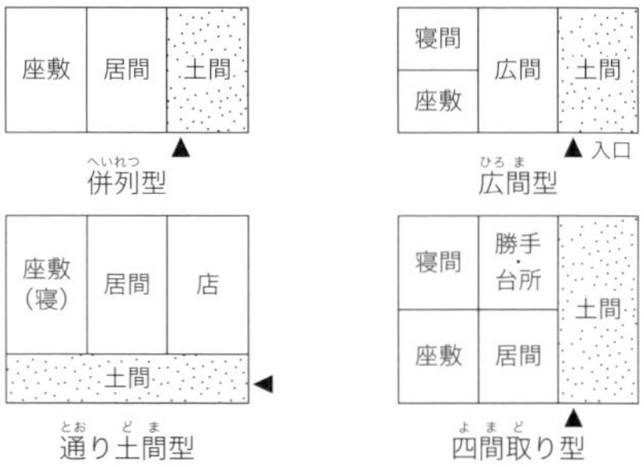

図5 代表的な間取り例

　民家とは農民・漁民・職工人・商人など近世の被支配層つまり「庶民の住まい」のことを指します。近世民家は「農家」「町家（6.3節）」「漁家」の3種に大別でき、本章では主に**ヴァナキュラー建築**の多様性の観点から農家を中心に話を進めます。

○近世民家の成立：1600年代（17世紀）

　近世民家の成立は、畿内とその周辺では早くて17世紀中（図1）、中部・関東・中国・四国では17世紀後半ごろとされています。東北・九州ではそれより遅く17世紀末〜18世紀初（江戸中期）です。この時期に民家は、生産の担い手であった全国各地の「**本百姓層**」が中心となり、中世の名主や地侍の系譜を引く「**土豪層**」の住宅を真似る形で劇的に発展しました。図5に示すのは代表的な間取りタイプです。

　近世民家を、それ以前の住まいと区別する技術上の要点は、次の2点に集約されます。まず第一は基礎部の**掘立から石場建て**への転換です（図3）。それまでの掘立柱（耐久100年）に比べ、石場建ては木部の湿度腐食が改善されたという点で、耐久性が最大3倍程度向上したと言われています。この際、柱の底面を礎石の凹凸に合わせて工作することを「ヒカリツケ」と呼びます。

　次に第二の要点は、①**貫**・**指物**に代表される水平材の発達（図4）と、②水平材ならびに柱を緊結する「仕口とその加工道具」の発達です。板をつくる**大鋸**や「マエビキ（図2）」といったノコギリ類、その表面を滑らかに削る**台鉋**といった精度の高い工具の導入により、細かな仕口加工が可能になると同時に、構造的に強固となりました。これは近世初頭の城郭建設や社寺復興といった当時の建築界の興隆の影響により、専門職人の高い技術が民家に導入された結果です[1]。

○「地方様式」の確立：1700年代（18世紀）

　18世紀は、農業生産力の向上と、名主・庄屋層（上層農民）の富の蓄積を背景に、地方色豊かな建築様式が成立した時期です。岩手・茨城の**曲家**、秋田〜新潟・長野北部の**中門造**、山形の**高八方**、群馬から山梨にかけての**かぶと造**、飛騨・五箇山の**合掌造**、奈良から大阪南部の**大和棟**、四国の**四方蓋造**、佐賀の**くど造**などに代表される個性的な民家タイプがこの頃に成立しました。それぞれが地域の歴史・風土・生活様態を反映する一方、同じ地域内であっても、階層によりその構成は多様性を孕む傾向にあります。

第2部　日本の空間フレームとフォルムを学ぶ

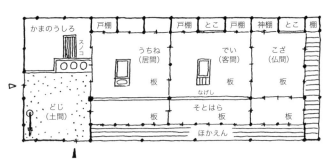

図6　併列型 旧椎葉家（宮崎県）のプラン

図7　広間型三間取りから整形四間取りへの変化

図10　併列型・鶴富屋敷（那須家）

図11　初期の座敷（椎名家）

中世から近世民家への転換過程詳細：伊藤鄭爾『中世住居史』1958の第五章を参照されたい。

17世紀成立の民家：曲屋（11.3節）、中門造（11.4節）、高八方（10.5節）、かぶと造（11.1節）、合掌造（5.4節）、大和棟（10.1節）、四方蓋（5.2節）、くど造（5.3節）の関連記述を参照。様式を表す「造（づくり）」は屋根形式に最も反映される。

図12：町家プランは基本的に図5「通り土間型」間取りとなるが、図12のように1列3間、2列6間など、カミ手方向（土間と反対の方向）に複数列として大規模化する傾向にある。

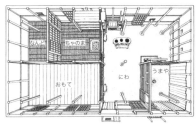

図8　前座敷三間取りの旧古井家（兵庫県）

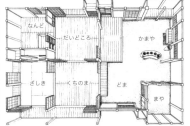

図9　四間取りの旧山本家（大阪府）

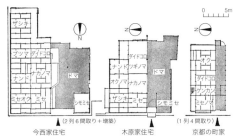

図12　通り土間型の町家の平面比較

○プラン類型の基本的な考え方

近世民家の平面構成を見るうえで重要な視点の一つは、**ハレとケ**の空間を明確に区別し（5.4節）、日常生活の場である「居間を中心にした間取り」が形成されたことにあります（図5）。本百姓層の近世民家は機能分化による部屋割りが行われており、①**居間と客室（座敷）**にあたる部屋が必ずあること、②独立した**寝室**をもつ間取りが東北から九州まで全国的に分布すること、一方で、③専用の寝室をもたない間取りが**四国・九州一部・沖縄**にかけての南日本に存在していること、以上三点を知っておく必要があります[2]。専用の寝室をもたない間取りは、基本的な部屋数が少ないだけに変化に乏しく、土間以外に居間と客間（座敷）のみなので、図6のような**併列型**のプランとなります。これは寝室がないという点で機能分化が進んでいないと考えがちですが、隠居制度の発達によって棟を別々にする習慣や、炊事棟を別棟とする**分棟型民家**（5.3節）の分布域との重なりが多いことを勘案すると、住文化の違いが反映されたものと理解すべきです。

○寝室のある基本プラン

一方で、寝室をもつタイプは、居間・客間（座敷）・寝室（または**納戸**、10.5節）の基本3室の配置の違いによって各地域で特徴のある間取り形式を生みました。最も代表的なものが**広間型三間取り**と呼ばれ、下手を土間とし、これに面して広間をおき、この上手表に座敷、裏に寝室を配したもので、関東に多く見られます（図7右）。一方、関西ではこうした広間型は希少で、表に広い客間（オモテ座敷）、その背後に2室を並べた**前座敷三間取り**が主体です（図8）。さらにそれらが発達して田の字型である**四間取り（田の字型）**が形成され、平入民家プランの代表格となりました（図7左、図9）。

○江戸末期の四間取り「田の字型」の成立

書院座敷が上層農民によって取り入れられ、19世紀になると一般農民の間にも普及します。日本の農家を代表する間取である「四間取り」の成立は、この**座敷摂取のプロセス**つまり書院座敷が庶民にも行き渡ったことを示すと同時に、多様性をみせた各地の特色は収斂に向かいます。このように「座敷（図11）」は、近世庶民にとっては羨望の的であり、家格を表現するとともに、プランの発展上では全国的な収束と均質化を担った点に注目する必要があります[3]。

[註]
1　『講座・日本技術の社会史 第七巻 建築』日本評論社、1983、pp.152-158
2　宮澤智士『日本列島民家史』住まいの図書館、1989、p.93
3　宮澤『日本列島民家史』前掲、p.120

5.2 ベーシック・ストラクチャー
——上屋と下屋・四方蓋・四方下屋・四本柱の四つ建

図1 関東最古 1674年築の椎名家（茨城県）

図4 「素屋建て」の旧小倉家（石川県）

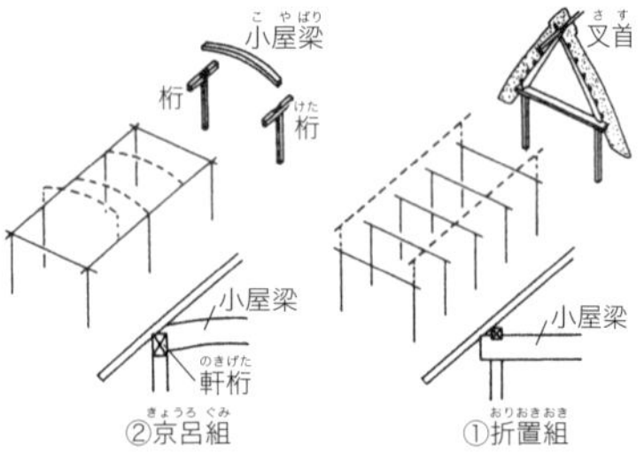

図2 折置組と京呂組 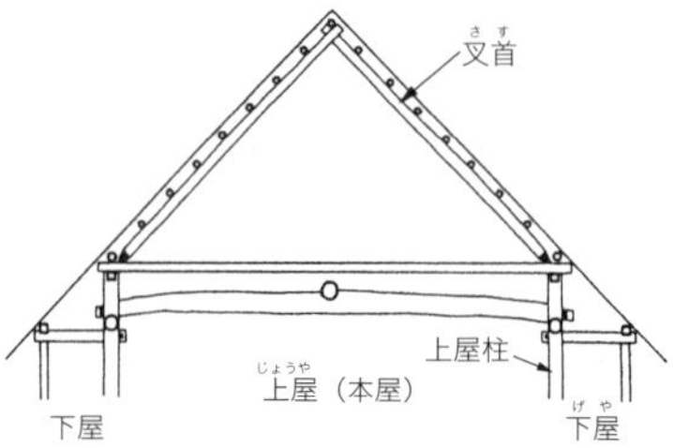　　図3 上屋と下屋 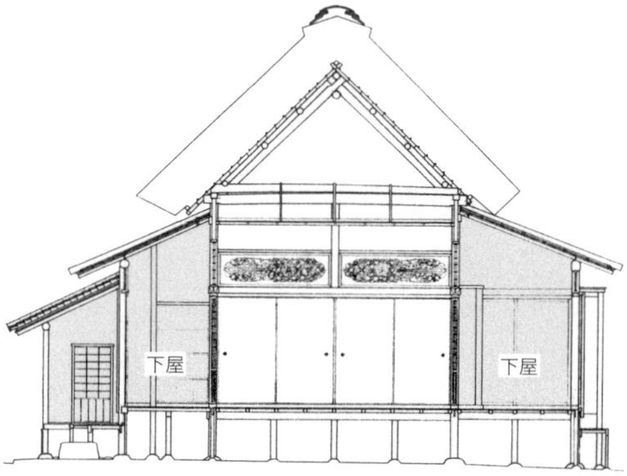　　図5 吉村家（大阪府、17世紀後半）座敷部の下屋

○柱と梁・桁の基本構造

　民家の**基本構造**（ベーシックストラクチャー）は、「柱と梁・桁の組み合わせ」によって構成された主要部の上に「小屋組・梁組」を載せることで成立します。図2の①**折置組**は「梁間方向」の柱－梁による「門型フレーム」を「桁行方向」の桁によってつないでいくものです。これに対して、②**京呂組**は柱－軒桁を2列に組み、その間を小屋梁によってつないでいきます。両者の決定的な違いは、折置組では小屋梁ラインに「必ず柱が必要」なのに対して、京呂組の場合、小屋梁は桁で受けるので、桁行方向に並ぶ柱は、梁の有無とは関係なく、「必要に応じて配置・省略・補強可能」となる点です。プラン要求に応じて柱を省略可能という点で、後者が進んだ架構形式であり、民家の編年上も基本的に①折置＝古式、②京呂＝新式で対比的に扱います。

○上屋と下屋の区別

　折置組と京呂組は木造建築における基本的な架構ですが、構造・平面ヴァリエーションが豊富な民家では、これに加えて小屋組に対応した**上屋・下屋**の概念を知る必要があります。柱・梁・桁の3点セットの上に、代表的な小屋組である**叉首組**が載る場合、図3のように叉首を直接支える部分を「上屋（または本屋）」、これに対して上屋に接して設けられた「片流れの屋根」または「その下の空間」を「下屋（庇）」と区別します。また、小屋組を直接受ける梁・桁を「上屋梁」「上屋桁」と呼称します。近世民家では一般的に「上屋＝叉首（合掌）が組まれた部分」となり、その周囲を「半間または1間の幅で取り囲んでいる部分＝下屋」となります。一方、全く下屋部を持たない形式も存在し、石川県白山麓や能登の**素家建て（上屋造）**が代表例です（図4）。

○下屋による民家拡張と四方蓋造

　上屋梁の梁間寸法は2〜3間程度が一般的ですが、それ以上の規模を確保する場合や、後年の増築などの際には下屋が活用されます。関西では、19世紀初めごろに梁行方向の庇（4.1節）すなわち下屋の拡張方法に著しい進歩がありました（図5）。町大工職を源流とする職人が地方にも組織を拡張した結果、村方の一般的な家作に加わるようになり、複雑な架構が可能となった結果です[1]。このことを民俗学者の**今和次郎**は、関東では「全体一つの屋根になっていて、庇そのほかの小屋根を附することが少ない」のに対して、関西では「前にも後ろにも庇が付き、庇の部分はたいてい瓦屋根になっていて、中央だけ藁葺になっている」と指摘しています[2]。香川・愛媛・

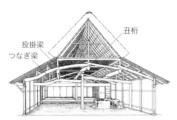

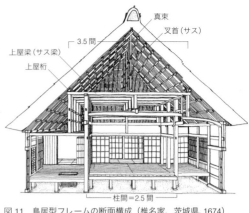

図6　**四方蓋**の小比賀家（香川県、江戸前期）　図8　**四つ建**の旧広瀬家（現日本民家園）

図7：1959年秦野の民家悉皆調査では「梁間4間以上の家は四方下屋造であり、梁間3間の家に四方下屋造はなく、3間半の家には両者が混在するから、下屋造か否かは建物の規模と関係がある」と報告されている（宮澤智士『日本列島民家史』pp.108-109）

図7　**四方下屋**の旧北村家（現日本民家園）

図11　**鳥居型フレーム**の断面構成（椎名家、茨城県、1674）

図9　旧広瀬家（山梨県、17世紀後半）の柱梁の配列　図10　法界寺阿弥陀堂

図12　旧工藤家（現日本民家園）のフレーム構造

徳島県では、梁間の狭い茅葺の寄棟屋根の四方に、本瓦葺の広い庇が取り付く民家タイプを**四方蓋造**と呼びます。これは図6に示すように、上屋と下屋（庇）の切り替えを「斜めの**投掛梁**（10.4節）」を用いて進化させたものです。このように民家建築では、基本構造（上屋）に対して、補助機構としての下屋の活用を様々に工夫することで、平面上の**フレキシビリティ**や、多様な**屋根形態**、内部構造意匠をつくり出しています。

○**四方下屋と四本柱**

関東では、上屋柱を省略するための**四方下屋**という架構形式が存在します。図7のように上屋梁・桁は束を介して下屋梁によって支持され、プラン上も上屋梁・桁ラインに柱が立つことはありません。

同様に上屋・下屋の区別が明快な構造形式に甲州の**四つ建**（図8）があります。建物の中心部の四本柱を梁で繋いで構造体を固め、この周囲に空間を広げていく形式です。〈旧広瀬家〉（現日本民家園）では、「四つ建」架構に**棟持柱**が組み合わされており（図9）、宗教建築である**神明造**や四本柱（神籬、7.3節）との関連が連想されます。仏堂には、〈浄土寺浄土堂〉（重源12世紀末）・〈法界寺阿弥陀堂〉（図10、平安末）・古くは〈栄山寺八角堂〉（8世紀五條市）などに仏像を四本柱で囲う例がありますが、この場合の**柱**は、仏像安置の特別な場所とそのほかを区別するための**結界**を指し示す要素です。一方、民家の場合、**大黒柱**（10.3節）といった「象徴（神の**依代**）」の働きはあっても、四本柱に結界の機能は見当たりません。仏堂における「母屋と庇」の関係は、民家の「上屋と下屋」に類似しますが、こうした機能的違いには留意する必要があります。四本柱による民家にはほかにも、伊豆韮山の〈江川家〉・能登の〈黒丸家〉・長野の〈春原家〉があります[3]。

○**鳥居型のフレーム構造**

茨城の〈椎名家〉（図1）では、頂部の上屋梁は叉首台となり、中央の柱間よりも1間ほど外側に張り出すので、架構断面形を見ると、鳥居のような軸組が形成されます（図11）。この梁間方向の**鳥居型フレーム**が、桁行方向に「指物と貫」で緊結されることで構造が固められます。内法より上は貫を通すだけで小壁が全く付かないため、構造フレームが露出され、まるで映画のセットのような迫力ある構造意匠が実現されています（図12）。

［註］
1　白木小三郎「日本民家の形成と伝承」『生活文化研究23巻』1980.03、p.37
2　今和次郎『日本の民家』岩波文庫、1989（1922）、p.70-72
3　『日本の民家 第2巻 農家Ⅱ』学習研究社、1980、p.129

5.3 日本民家の源流
——分棟型民家と多彩な屋根フォルム

図1 九十九里浜にあった網元住居の旧作田家（現日本民家園）

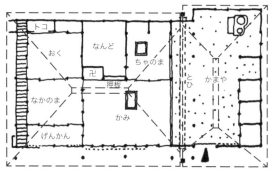

図2 旧作田家（千葉県、17世紀末）のプラン

図3 2棟が接する部分の内樋

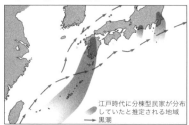

図4 分棟民家の分布と黒潮

図5 **平行二棟造**の旧等覚寺庫裏（現宮地嶽民家園）

　本節では近世民家の多様な（**屋根フォルム**の）デザイン例として、分棟型民家の系譜と屋根を取り上げます。

○分棟型民家とは

　分棟型民家とは、主屋とは別に「①炊事・土間部分が別棟（附属屋）となった民家」、平面は広間型や四間取りであるにもかかわらず「②土間部分を別構造とした民家」のことを指します。つまり「土間式の作業・炊事棟」を「床式の居住棟」と構造的に区別にした民家の総称で、南西諸島から九州中南部、本州の太平洋岸の一部（黒潮に面したエリア）に分布しています（図4）。一例として図1、2の、房総半島・九十九里浜の網元住居を移築した〈旧作田家〉（現日本民家園、図2）を見ると、右側の**釜屋**（土間ニワの棟）と左側の**主屋**（居室棟）は、屋根が別々かつ棟方向が90°違っており、内樋の部分で2棟が接します（図3）。プランだけ見ると一体的に見えますが、外観上は異なる二つの建物が合体したかたちです。

○日本民家の原型をみる

　この分棟型は、日本民家の源流を探る手がかりとして、かねてより注目を集めてきました。川島宙次は、房総半島には紀州からの移住者が多く、勝浦や白浜といった類似地名も多いことを踏まえ次のように記しています。

「現在の住居形式ができたのは、中世以降になってからで、竪穴住居と高床住居が合体したものである。家の半分が土間と高床部分に分かれ、下足と上足を使い分ける居住形態は、わが国独特のものである。この北方系の竪穴住居と南方系の高床住居が、一つの家に合体する経緯を示すものが、分棟形式と呼ばれる民家である。……分棟形式の住まいは、東北地方を除く太平洋岸にかつてひろく分布していた。……南方海域から人や物が漂着する地方であった。……漂流民や島伝いに渡来した人たちの故郷は、八丈島、南西諸島、沖縄、もっと遠くの南シナ海方面の半島であった。その島のいずれも、家は高床式分棟形式の住まいであった」[1]

　このように分棟型住居は、南方から伝わった**高床式住居**に、北方系の**土間式竪穴住居**が融合されたもの、という仮説を提示しました。その後、宮澤智士は分棟型の系譜を、①主屋と台所を別棟とする「武士住宅の影響下で近世郷士層に成立したもの」、②近世以前に生活習俗や火に対する思想を基盤として「火を使う場所を分けたことに始まるもの」、以上2系統に仮定するとともに、あくまでこのタイプは「高持百姓」「本百姓」といった上層農家の家構えであったことを指摘しています[2]。川島説の真偽は定かではありませんが、土着的な竪穴住居と、

第2部　日本の空間フレームとフォルムを学ぶ

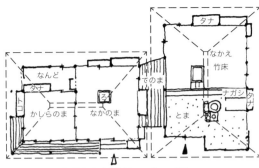

図6　ふたつぜ旧黒木家（宮崎県、1834）のプラン

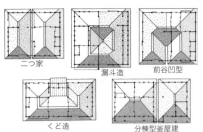

図7　分棟系民家の屋根フォルム

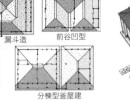

図8　漏斗造の山口家

図11　凹型屋根の構造（熊本・旧境家）

図9　雁行型鍵屋の神尾家（大分県）

図10　前谷くど造の平川家（福岡県）

二棟造系の鍵屋にはZ型プランの〈旧太田家〉（熊本県多良木）があり10.5節図3を参照。なおこの平面形は珍しく、現地では二鉤型と呼称されている。
後谷くど造は佐賀県西多久に〈旧川打家〉〈旧森家〉が移築保存されている。
釜屋建・撞木造には愛知県新城の〈望月家〉、茨城県の分棟型には岩間の〈塙家〉笠間の〈旧太田家〉（現日本民家園）があり、いずれも国重要文化財である。

図12　くど造民家の家並みが作り出す風景（佐賀県・嬉野塩田付近）

くど造の成立について、宮澤智士は民家分布の見地から「寝室の成立または寝室の面積の拡大」が原因との説を述べている（『講座・日本技術の社会史』第7巻p.174）。

第5章

建築史上貴族の系譜とされる高床式建築が「民家というフィールドでハイブリッドされたもの＝分棟型」という図式は、日本建築の**原型成立**を考える上で魅力的なイメージと言えるでしょう。

〇様々な屋根のデザイン

各地に点在する分棟型民家の呼称・平面詳細は様々です。薩摩では**ふたつぜ**、熊本県（肥後）では「**本屋**」と「**釜屋**」からなる**二棟造（二つ家）**（図5）、愛知県豊川流域では**釜屋建**、**撞木造**、房総半島南部では**別建**と呼称します[3]。南西諸島では各棟を「うふや（主屋）」と「とーぐら（炊事棟）」と区別します。図6の薩摩藩領の〈旧黒木家〉プランを見ると、2棟が「てのま」と呼ばれる板間で接続されており、先に触れた〈旧作田家〉に比して各棟の独立性が高くなっていることがわかります。また九州各地の二棟造系の民家平面には、**平行型・鍵型・二鉤(Z字)型**などさまざまなタイプが存在し、これにともない屋根デザインが多彩となります（図7〜11）。このうち佐賀平野の**くど造**は、かつて今和次郎が「四角いプランへ凹字状の屋根をかけた不思議な家がある」と表現した[4]ように、この地域でしか見られない家並み・風景を今お留めるものです（図12）。

〇なぜ分棟系の民家はできたのか？

こうした九州を中心とする分棟系民家が近世に成立した理由については諸説あります。①**台風の多いエリア**では屋根を小割にして強風に対処したため、②小倉藩が「庭家」つまり農作業のための土間家屋は推奨されつつも座敷棟は制限したように、（関東では梁間や桁行の家作規模を制限するのに対し）西海地方では家作の形式・造作に関する**規制**が多かったため[5]、③主屋の機能・面積の不足を突出部を設けて補ったため、④佐賀鍋島藩における梁間3間の**禁令に対する庶民の知恵**、などが主な説です。いずれにせよ、暖かい風土性のもと、別棟（附属屋）を複数建てる**離散的な配置形式**は南方系住居の特徴であり、日本の民家にもこうした名残があることは興味深いことです。四国では愛媛久万地方（〈石丸家〉〈渡辺家〉など）で馬屋や農作業場を別棟とする例があるほか、阿波祖谷山や土佐大豊町では隠居棟を別棟とする「**世代的な分棟形式**」の存在が知られています。

[註]
1　川島宙次『日本の民家　その伝統美』講談社、1978、pp.21-24
2　宮崎智士『日本列島民家史』住まいの図書館、1989、pp.157-159
3　関野克『日本の民家　第4巻　農家IV』学習研究社、1981、p.161-163
4　今和次郎『日本の民家』岩波文庫、1989（1922）、p.260-262
5　白木小三郎「日本民家の形成と伝承」『生活文化研究23巻』1980、pp.31-44

5.4 空間は均質ではない
――オモテとウラ／平入と妻入

図1 妻入民家の代表格五箇山合掌造の村上家（富山県）

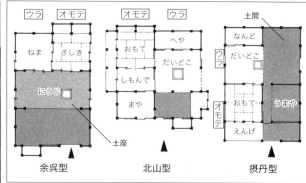

図4 畿内の妻入り民家のプラン比較

図2 民家の室名と機能

図3 四間取りにみるオモテとウラ

図5 五箇山合掌造羽馬家

図6 旧泉家のエンゲ

　5.1節では、近世民家の平面構成において「ハレとケの空間が明確に区別されている」点に触れました。本節ではこうした民家内の空間分節について述べます。

○**オモテとウラ／カミとシモ**

　民家における**オモテとウラ**の区別は使われ方に関わる機能的なものです。接客や儀礼（婚儀や葬儀）など「①公的・対外的な機能＝ハレの場＝オモテ」に対して、「②私的・日常的な機能＝ケの場＝ウラ」となります。近世末期の開放的でフレキシビリティの高い住居においても、いわば習慣的な使い分けに伴って見えない領域分節が存在します。建築史家の**伊藤ていじ**は、

> 「日本の家にはオモテとウラがある。道－門－間－奥というふうに展開する。しかもその随処に神様がうずくまっていた。神棚と仏壇が同居しているばかりではなかった。カマド神、納戸神、井戸神をはじめ大黒柱にも座敷にもそれぞれ異形の力が配当されていた。家そのものがひとつの結界を暗示していたのである」[1]

と述べて、**結界**的・領域分割的な空間の差分が存在し、至る所に神が宿る住空間の在り方に触れています。

　民家の室名・使われ方には、室名呼称の地方差を別にすると一定のルールがあり（図2）、オモテには「①**座敷（仏間）周りの室**」が、ウラには「②**寝間（納戸）周りの室**」が基本的に対応します。一例として基本間取である**四間取り**（図3）でみると、「おくのま」「でのま」からなる座敷列がオモテに、「なんど」「だいどこ」からなる寝室・収納・居間列がウラとなり、**オモテが南面**します。また土間側が**シモ**、床座の側が**カミ**となり、最もカミに床の間や仏壇が設えられます。

○**妻入民家の個性**

　梁間よりも桁行の方が長い日本建築では**平入と妻入**（6.3節）の区別は、空間の奥性や正面性と関わります。全国的には平入が主流ですが、妻入民家には個性的なものが多く、京都府山間部の**北山型**、丹波地方の**摂丹型**、湖北の**余呉型**、北陸の**越前Ⅱ・Ⅲ型、加賀Ⅰ型**、庄川本流系（富山県）の**五箇山合掌造**などが代表例です。畿内の典型的な妻入3タイプを比較すると（図4）、間取り構成やオモテ・ウラの構えに個性があります。妻入の場合**五箇山合掌造**（図1,5）のように、左右にオモテ・ウラが分かれる（平入同様に棟ラインで左右に区分される）ことが一般的ですが、**摂丹型**に限っては入口脇に「エンゲ」と呼ばれる広縁（図6）があり、手前がオモテ・奥がウラと前後で区分されるうえ、町家のような**通り土間型**プランとな

図7, 8　余呉型宮地家の外観（左）と十字梁・土座（右）

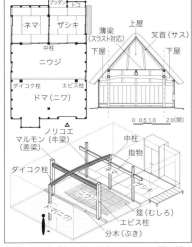

図9　宮地家（余呉型、1754）の平断面と構造材の構成

図7〜9：余呉型では広間にあたる場所を「ニウジ」と呼び、板床ではなく「土座（5.5節）」となっている。土間とニウジ境には大黒・恵比寿柱間に「マルモン」と呼ばれる差梁がかかり、中柱から牛梁（ノリコエ）が伸びて十字形の梁組が土間とニウジ上部に一体的にかかっている。

図12：越前Ⅰ型の遺構である〈旧堀口家〉（福井県）の部位。

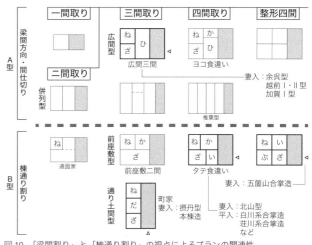

図10　「梁間割り」と「棟通り割り」の視点によるプランの関連性

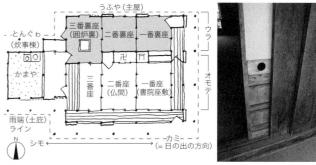

図11　沖縄ヌチヤーのヒエラルキー（銘苅家、1906）　　図12　2本溝の開口部

っています。十字型の梁組で知られる**余呉型**（図7〜9）では、大黒と恵比寿がペアになった太柱があり、「オモテにエビス、ウラにダイコク」を配します[2]。一般的に大黒柱はオモテ・ウラの境に建つものですが、神様を調理空間に祀る地方習俗の影響があるのです。

○「梁間割りと棟割り」という視点

民家プランを読むためのさらなる視点として、図10には**梁間方向**の間仕切り主体のA型と**棟通り割**主体のB型に区分[3]した結果を示しました（この図では上方がウラ・下方がオモテとなります）。A型には**広間型**、**併列型**が、B型には**前座敷型**、**通り土間型**が属します。妻入に注目すると、**摂丹型**、（信州の）**本棟造**（10.1節）、**北山型**、合掌造がB型に属しており、湖北〜北陸分布の**余呉型**、**越前Ⅰ・Ⅱ**、**加賀Ⅰ**（11.2節）が例外的にA型に属していることがわかります。

○沖縄のヌチヤー（貫屋）にみる方位のヒエラルキー

沖縄の民家では南北方向のハレとケの使い分けに加えて、東西方向に格式ヒエラルキーが存在します。沖縄の習俗では、アールティダ（東の太陽の意）を拝する方角は特に重要な意味をもち、オモテ座敷を、最も格の高い一番座から三番座まで、ウラ座敷を一番裏座から三番裏座まで「東→西」に順に並べます（図11）。つまり**太陽の昇る東側がカミ**という考え方が明確に室名表現され、床の間も一番座の東側に設えられます。コスモロジー（世界観）が建築に反映された例です。

○ウラは北向き+開口部は少ない

近世初期の民家では壁面が多く**閉鎖的**で、特に北側のウラ空間はこの傾向にあります。開口部の造作は高度な加工技術が必要だったため、庶民住宅では、窓の摂取は限定的にならざるをえなかったのです。よって**開口部**（9.3節）を広くし採光をよくすることは、座敷とともに「庶民の願い」であり、これが民家構造を発達させる大きな要因となりました[4]。開口部の基本形には、①柱間の半分を壁とし2本溝に板戸と明障子各1枚を引き込む形式（図12）と、②敷居・鴨居を3本溝とし、板戸2枚に明かり障子1枚を引き込む形式が主流であり、時代が下がるに従ってオモテを中心に開放性が向上する傾向にあります。

[註]
1　伊藤ていじ編『日本の美と文化 第十一巻 書院と民家』講談社、1983、p.8
2　玉置ほか『余呉型住宅の構成と規模に関する考察』「日本建築学会学術講演梗概集」、1985、pp.841-842
3　『日本の民家 第2巻 農家Ⅱ』学習研究社、1980、pp.125-128
4　『講座・日本技術の社会史 第七巻 建築』日本評論社、1983、p.159

5.5 土間と床・座敷
——座の多様性と「高さを操作する」

図1 **土座**を備えた**中門造** 旧尾形家（山形県）

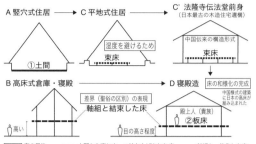
図2 磯崎新による床の発展仮説

図3 竪穴式住居の土間（田能遺跡）

図4 三和土の土間（京都府渡邊家）

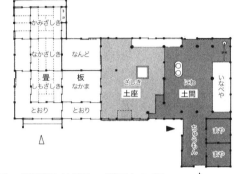
図5 旧尾形家（山形県、18世紀中）のプラン

○座の多様性：土間ニワ／板床／畳敷

　一般的に日本建築には**三つの床形式**があります。①原始住居に起源をもつ**土間**、②寝殿造系の**板床**、③書院系の**畳敷**（7.3節）です。このうち①の土間空間には、どのような歴史的意味があるのでしょうか。建築史家の**中川武**は、次のように述べて、生産活動や共同体におけるセミパブリックなバッファゾーンとしての土間空間を定義しています。

　　「土間は原始時代以来の竪穴式および平地式住居の伝統が、綿々と受け継がれてきたことを示している。農業を中心とした生産の場が住居の内部に取り入れられていることや、村落や近隣の共同生活の関係が密接であることなどによって、公共的な外部空間と家族の私的空間の中間に、屋敷地と土間という、公私の度合いに濃淡のある独特な空間を生み出したといえる。特に土間は、農村の民家だけでなく、町家にも取り入れられ、外部の自然や生産の場所、近隣社会と結びついた庶民生活の濃密な場として継承されてきたものであった」[1]

○土間と板床

　図2は建築家・**磯崎新**（2.11節）が提示した床の発展仮説を図式的にまとめたものです[2]。これに従うと、日本の②**寝殿造**（住居）系の「**板床**」の起源は「B：柱梁構造＝軸組と一体化した床に支えられた**高床系**」と「C：土間から直接床束で支えられ、軸組とは縁の切れた平地式住居系」の2系統が融合したものです。そして③畳敷は②の上に畳が充填したものです。これに対し、①土間はC以前の「A：縄文期の**竪穴式住居**」（図3）をそのまま継承するもので、系譜的には最も古い形式と言えます。

　民家は、この土間空間を今なお継承する建築です。そして「民衆の土間への愛着と神聖観」は、三和土の床（図4）の「**苦塩**の使用は清めの意味を持つ（中川武）」[1]や「**余呉型**では常に土間は掃き清められ大切に扱われている（川島宙次）」[3]といった先学の指摘にも表れています。また平面における「土間の面積割合」には基本ルールがあり、①稲作を中心とするエリアでは脱穀などの農作業を屋内で行うために土間が大きく、最大で平面の50％程度を占めます（図5）。これに対して②林業・畑作が中心の山間地域では縮小します。また山間地域でも、「和紙づくり」の盛んなエリアでは土間が発達し、合掌造を例にとると、富山県の五箇山系に比べ、岐阜県の白川・荘川系の「ドジ（土間の呼称）」は和紙生産を行わないため極端に小さくなるといったように、土間は**産業構造**の違いが現れる箇所でもあります。

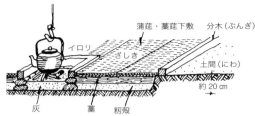

図6 土座の構成

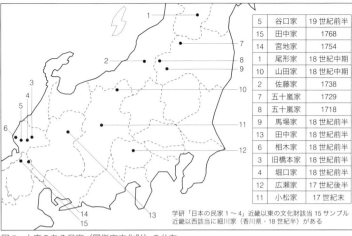

図7 土座のある民家(国指定文化財)の分布

図8 旧尾形家のカミ座敷からシモ座敷を見る

図9 旧松下家(石川県、1830)の座敷構え

図10 儀礼用のカマド神

○土座と高さのヒエラルキー

民家のみに見られるに床形式には**土座**と呼ばれるものがあります(図6)。床板を張らず土間を掘って「籾殻」を敷き、その上に「筵」を敷いて広間として用いるものです。図7の土座遺構文化財の分布を見ると、18世紀以前かつ山形以南の多雪山間寒冷地に展開しています。理由として①炉を熱源とし床下に風を通さず地熱に頼る暮らし方の名残説、②**家作禁令説**[4]が有力ですが、必ずしも寒冷地で常用されるというわけでもありません。山形県上山・庄屋格の〈旧尾形家〉(図1,5)では、土座の「ざしき」と板床の「なかま(中間)」の床高差は約40cm、さらにナカマと畳敷きの「シモ座敷」は5cm、さらに「中座敷」は9cmと、オクに行くにしたがって床高が高くなります(図8)。カミ座敷に向かって、土間から土座・板床・畳敷と四つの床形式を三段階で上がっていくかたちです。江戸期の**書院造**(江戸城・二条城など)の「上段・中段・下段の間」における**高さのヒエラルキー**は有名ですが、民家でもこうした微妙な高さの演出に、武家住宅の影響を見ることができます。

○座敷と家作禁令

民家では単純間取りでも「ざしき」という呼称が用いられます。しかしこれは、土間に対して、単に高床の居住部分を指す場合が多いことも事実です。周知のように正規の座敷は**書院造**の流れを汲み、①床、②棚(違棚)、③付書院を備え、④長押を巡らし、⑤釘隠しの飾り金物を打ち付け、部屋境には⑥欄間をはめ込み、天井は⑦竿縁天井とする、以上七つのパーツを備えなければなりません。しかし封建制の江戸時代において、一般百姓の家では**家作禁令**によりすべてが禁じられていたため[5]、全般的に簡素な設えとなるのです。一方、庄屋・肝煎といった上層農民や、江戸末期の茶華道指南役の住居では座敷構(造作結構)も許されました(図9)。

○囲炉裏とかまど

土間には**かまど**(竈)が、板床には**イロリ**(11.2節)が設けられますが、中部〜東北地方はイロリ、近畿以西ではかまどが優勢です。京都・大阪・奈良では焚口が奇数個ある勾玉形の美しいかまどがあります。また日常用と儀式・家内生産用の使い分けが存在します(図10)。

[註]
1 中川武『日本の家 空間・記憶・言葉』TOTO出版、2002、pp.15-16
2 磯崎新『見立ての手法』鹿島出版会、1990、pp.153-161
3 川島宙次『日本の民家 その伝統美』講談社、1978、p.103
4 今和次郎『日本の民家』岩波文庫、1989(1922)、p.136
5 日本民族学会『図説民族建築大事典』柏書房、2001、pp.348-351

●出典
＊特記なき場合は筆者撮影

5.1
図2　『原色日本の美術 17』小学館、1968、p.116 より作成
図3　『よみがえる古民家－緑草会編「民家図集」』柏書房、2003、p.455　より作成
図4　『構造用教材』日本建築学会、1995、pp.24, 26 より作成
図5　『よみがえる古民家－緑草会編「民家図集」』柏書房、2003、p.455　より作成
図6　川島宙次『古代の継承 民家の来た道』相模書店、1992、p.120　より作成
図7　『日本の民家 第3巻 農家Ⅲ』学習研究社、1981、p.132　より作成
図8　『日本の民家 第3巻 農家Ⅲ』前掲、p.132　より作成
図9　『日本の民家 第3巻 農家Ⅲ』前掲、p.131　より作成
図12　『講座・日本技術の社会史 第七巻 建築』日本評論社、1983、p.211　より作成

5.2
図2　古川修文ほか編『よみがえる古民家－緑草会編「民家図集」』柏書房、2003、p.455　より作成
図3　『よみがえる古民家－緑草会編「民家図集」』前掲、p.455　より作成
図5　『日本建築史基礎資料集成 21 民家』中央公論美術出版、2005、p.131　より作成
図6　『日本の民家 第4巻 農家Ⅳ』学習研究社、1981、p.135　より作成
図7　『日本民家園ガイドブック』p.33　より作成
図8　『日本の民家 第2巻 農家Ⅱ』学習研究社、1980、p.129　より作成
図9　『日本の民家 第2巻 農家Ⅱ』前掲、p.198　より作成
図10　『日本建築史基礎資料集成 5 仏堂Ⅱ』中央公論美術出版、2006、p.122　より作成
図11　『日本の民家 第1巻 農家Ⅰ』学習研究社、1981、p.132　より作成

5.3
図2　川島宙次『古代の継承 民家の来た道』相模書店、1992、p.79　より作成
図4　『日本の民家 第4巻 農家Ⅳ』学習研究社、1981、p.161　より作成
図6　川島宙次『古代の継承 民家の来た道』前掲、p.70　より作成
図7　『日本の民家 第4巻 農家Ⅳ』前掲、p.163　より作成
図8　『日本の民家 第4巻 農家Ⅳ』前掲、p.130
図11　『日本の民家 第4巻 農家Ⅳ』前掲、p.162

5.4
図3　川島宙次『滅びゆく民家-間取り・構造・内部』主婦と生活社、1973、p.51　より作成
図4　『日本の民家 第3巻 農家Ⅲ』学習研究社、1981、p.134　より作成
図5　『日本の民家 第2巻 農家Ⅱ』学習研究社、1980、p.127　より作成
図11　川島宙次『古代の継承 民家の来た道』相模書店、p.62　より作成

5.5
図5　『日本の民家 第1巻 農家Ⅰ』学習研究社、1980、p.210　より作成
図6　川島宙次『古代の継承 民家の来た道』相模書店、p.18　より作成

第6章　日本の都市・集落デザイン

　第6章では、歴史的な都市や集落の成立背景や変遷過程について一読して大きな流れが掴めるように解説している。
　①日本の歴史都市は、**都城**か**城下町**のいずれかとして出発した。都城の代表として**京都**を取り上げ、**条坊制**など中国都市の影響を受けた造営から、町衆による土着化、秀吉による城下町化、明治の近代化について触れる。②一方の城下町については、**歴史的な5類型**の変遷を説明した上で、特に防衛から商業活動優先へ存在意義の変化を背景に、都市構造が変化した織豊期から徳川期を中心に解説する。③**町家**は、都城や城下町を構成する重要なパーツである。ここでは、密集しても快適に住めるための空間的工夫を中心に、町家単体とその連続した配列の両面から説明する。④村落の代表例として取り上げる**農村**は、城下町同様に防衛から生産活動優先に変化してきた。**条里集落**から**環濠集落**を経て、集村から**散村**へ移り変わる大きな流れを整理し、それぞれの特徴的な姿を見る。⑤日本の豊かな水系は、山間部や平野部、海辺の村落、都市に至るまで豊かな**水辺空間**を生み出している。伝統的な生活と水が関わる風景について紹介する。

6.1 京都：1200年間続く都のかたち
——都城の完成形の土着化・城下町化・近代化

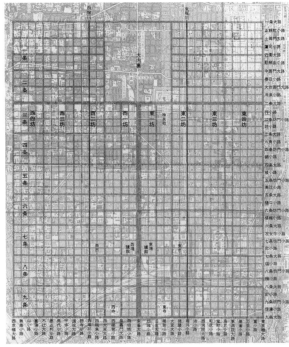

図2 平安京と条坊制

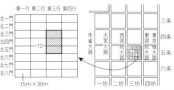

図3 町（坪）割りと四行八門の宅地割り（左京五条三坊十二町東三行北三四五門）

図1 古代都城の変遷と平安京

図1：平安京は水系と古道系の都を止揚し、両者が最終的に合流した位置に造営。京都を指す「洛」は、左京を洛陽、後に衰退した右京を長安と呼んだことに由来。一つの都城の中で中国唐王朝の複都制を擬似的に実現していた。

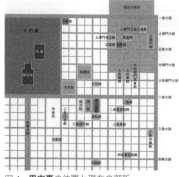

図4 里内裏の位置と現在の御所

○古代都城・平安京の造営

新都の地を決めることを、**選地**（図1）と言います。「三山鎮めをなし」ていて、**四神相応**の地が選ばれます。つまり、三方が山に囲まれて守りやすく、東に青龍の宿る川（鴨川）、西に白虎の宿る大道（木島大路）、南に朱雀の宿る池（巨椋池）、北に玄武の宿る山（船岡山）があり、北が高く南が低い豊穣な土地です。また、「天子南面す」と言われ、天皇は大内裏で南向きに座します。左京と右京の呼び名は、このとき左手側が東、右手側が西のためです。また、北向きを上がる、南向きを下がると言うのも、大内裏の玉座が基準点だからです。

町割りは**条坊制**（図2）によって計画されました。幅員28丈（約84m）の朱雀大路を南北軸の中心に据え、9本の東西大路（条大路）と9本の南北大路（坊大路）で格子状に計画されました。儒教の古典『周礼』考工記の匠人営国の条が示すように大路が9本ずつなのは、9は陰陽五行で陽（奇数）の最大数で縁起が良いからです。

大路による区画は、さらに小路で4×4に分割され、**坪**または**町**と呼ばれます。一坪は、40丈（約120m）四方ですが、心々寸法で計画された平城京とは異なり、平安京は内法寸法で計画されました。宅地の班給は、**四行八門**の制（図3）により一坪を東西4×南北8分割して、間口15m×奥行30mの単位を「一戸主」としました。

造営時には、河川管理も行われました。鴨川は下鴨神社南で高野川と合流し、まっすぐ南行しています。これは条坊街区に沿って流れを付け替えたからです。七条に設置された東市、西市に物資を運搬するため、東の堀川（現在の堀川）と西の堀川も開削されました。

○中世の生きられるまち京へ

10世紀末ごろから低湿な右京が衰退し、左京が京の中心になっていきます。院政期の**後院**（上皇の住まい）は左京に集中していました。また、災害で大内裏に住めなくなると、皇后は子を連れ左京の実家に戻りました。やがて天皇も皇后の実家から政治を行うようになり、これを**里内裏**（図4）と呼びます。現在の〈京都御所〉が、かつての左京にあるのは、藤原道長の〈土御門殿〉が、里内裏を経て新たな御所になったことに由来します。もとの大内裏は野原と化し、**内野**と呼ばれました。

以上の変化の担い手は、貴族でしたが、室町期になると有力商人など町衆が台頭し、役人への班給地だった都城が、町衆によって住みこなされていきます。東市と西市に限られていた経済活動は、下京を中心に町中でも行

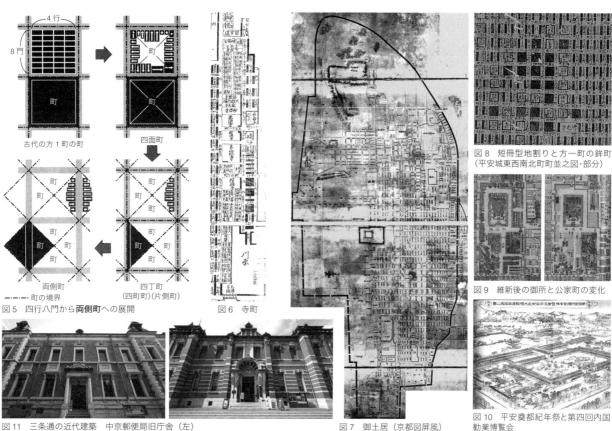

図5 四行八門から両側町への展開
図6 寺町
図7 御土居(京都図屏風)
図8 短冊型地割りと方一町の鉾町(平安城東西南北町町並之図・部分)
図9 維新後の御所と公家町の変化
図10 平安奠都紀年祭と第四回内国勧業博覧会
図11 三条通の近代建築 中京郵便局旧庁舎(左)

われるようになります。ここに職住が近接した町家が出現し、屋敷割りも四行八門から変化します。もともと平安京の町(坪)は、方一町の街区でまとまった単位でしたが、図5に示した町の分解プロセスを経て、現在と同じ両側町が成立します。道を挟んで商売する町衆どうしが、共同体としての町を形成したのです。

〇京の城下町化と秀吉の都市改造

応仁・文明の乱、戦国期を通じて、京のまちは大きな被害を受けます。織豊期に入ると京のまちは大きく姿を変えます。特に秀吉は、大規模な都市改造を行い、京のまちは城下町化しました。

まず、1589(天正19)年までに、〈聚楽第〉と武家町、御所の修理と公家町、寺町(図6)を完成させて、武家・公家・寺院の三者を地域的に分離しました。次いで同年からは、御土居の普請(図7)と町割りの改造(**天正地割**)を行いました。京のまちを囲んだ御土居は、その内外で洛中・洛外を画定するとともに、粟田口など**京の七口**を設けて通行を制限し防御的機能を担うものでした。特に東側では、鴨川、御土居、寺町の順に、東国に対して三層の防御壁となりましたが、鴨川の氾濫から洛中を守る役割もありました。また、京のまちは、短冊型と言わ

れますが、これは遷都以来の40丈四方の碁盤型街区に天正地割で南北の間之町通りを通して2分割したものです。この短冊型の町割りは、後に諸城下の計画にも採用されていきます。一方で祇園祭の鉾町には、碁盤型の町割り(図8)が残っています。鉾町が地割りを受けなかったことは、当時の町衆が強い力を持った証拠でした。

〇明治維新と近代化:西京からの脱却

天皇・公家が去り空洞化したまちを充填するように近代都市施設が組み込まれました。藩邸跡地への旧制高校・番組小学校、御所・公家町跡地(図9)への師範学校、画学校、裁判所、気象台などです。琵琶湖疎水の建設とその電力を利用した市電敷設と路線道路拡幅など、一連の近代化事業は**京都策**と呼ばれました。迎えた建都1100年記念の「平安奠都紀年祭(図10)」では、鴨東岡崎に〈平安神宮〉を建設します。その拝殿は、平安京大極殿を5/8倍にし伊東忠太が復元設計しました。東海道終点として栄えた三条通沿いは、赤レンガの近代建築(図11)に建て替わり、京都の近代化の象徴となりました[1]。

[註・参考文献]
1 鈴木博之編著『日本の近代10 都市へ』中央公論社、1999、pp.182-200
2 矢守一彦『都市図の歴史日本編』講談社、1974、pp.183-226
3 足利健亮『京都歴史アトラス』中央公論社、1994
4 高橋康夫・宮本雅明ほか編『図集日本都市史』東京大学出版会、1993

6.2 城下町の歴史的展開
——5類型と縦町型から横町型への変化

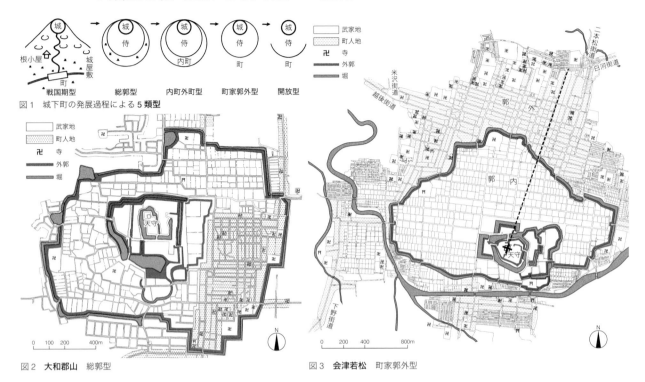

図1　城下町の発展過程による5類型

図2　大和郡山　総郭型

図3　会津若松　町家郭外型

日本のまちは、古代都城だったものを除くと大半は城下町から出発しました。城下町は、山城中心の戦国期城下町から平城の近世城下町へ歴史的に変化しますが、本節では、近世城下町の形成プロセスと特徴を説明します。

○城下町の基本構成要素

城下町は全体や部分が、石積・土塁・垣、堀・河川分流などで囲まれます。この防御的な囲繞部分を郭と呼びます。外郭・内郭の語は同心円状の内外位置による種類です。外郭を惣構えと呼ぶこともあります。郭内⇔郭外の語は、外郭であれば城郭に守られているかそうでないかの範囲の内⇔外を示します。内郭を指す場合は、本丸・二の丸など城内中核部に入るための大手門の内⇔外を指します。戦国期城下町では、給人居住部分（武士）と商工市場部分（町人）が機能的・空間的に未分化でしたが、近世城下町では、武家地、町人地はさらに寺町とも分けられ、伊藤ていじがトポロジカル・プランニングと呼んだ地域性が確立されます[1]。

○城下町プランの類型：総郭型から町家郭外型への変化

城下町のプランは、発展過程に従い、①戦国期型→②総郭型→③内町外町型→④町家郭外型→⑤開放型の5類型（図1）に分類されます。このうち最も重要なのは、総郭型と町家郭外型です。総郭型（図2）は、惣構え型とも呼ばれます。城（地）・武家地・町人地からなる城下町全体が外郭で囲まれており、天正・文禄期（1573〜1596）に多く見られました。町家郭外型（図3）は、関ヶ原の戦（1600）以降に多く、武家地のみ郭内に配置され、町人地は寺社地・足軽屋敷とともに郭外に置かれます。両者の中間の内町外町型（図4）では、重要な町人地が武家地と一緒に外郭内に配置され、一般の町人地は町家郭外型と同様、寺社地・足軽屋敷とともに郭外に置かれました。内町外町型の多くは、もともと総郭型で、外郭の外側にも町人地が延伸した場合です。一方で彦根（図5）は、当初から計画的に内町外町型として建設された城下町でした。外町は年貢地ですが、郭内の内町では、通常、税（地子銭）が免除されます。新たな内町外町型の城下町建設には、税を免除してでも、有力商人を城下に住まわせ経済活動に貢献させる目的もありました。総郭型・外町内町型・町家郭外型で、城下町の主要3類型とする考え方もあります。開放型は、江戸中期以降に出現し、武家地さえ郭で囲むのをやめました。

○縦町型から横町型への変化

城下町の街路には、武家屋敷や町家が表口を向け、主

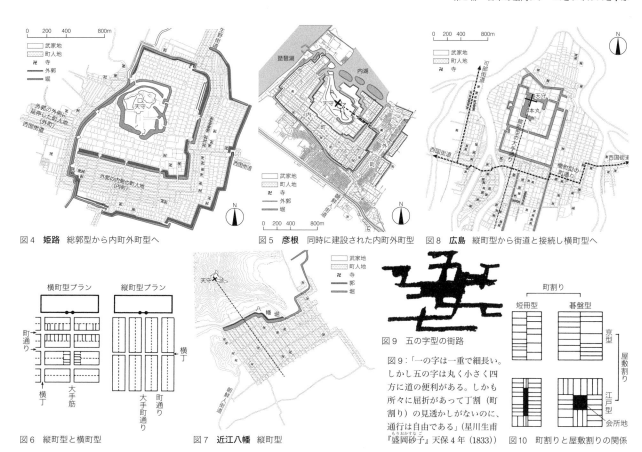

図4 姫路 総郭型から内町外町型へ　図5 彦根 同時に建設された内町外町型　図8 広島 縦町型から街道と接続し横町型へ

図6 縦町型と横町型　図7 近江八幡 縦町型

図9 五の字型の街路

図9:「一の字は一重で細長い。しかし五の字は丸く小さく四方に道の便利がある。しかも所々に屈折があって丁割（町割り）の見透かしがないのに、通行は自由である」（星川生甫『盛岡砂子』天保4年（1833））

図10 町割りと屋敷割りの関係

である**(町)通り**と、これと直角に交わり武家屋敷や町家からは逆に閉じられた副である**筋**の大きく2種類があります。図6に示したように、城の大手門に向かう道が、**大手(町)通り**と呼ばれるのが**縦町型**で、この場合、(町)通りは、大手通りと平行です。一方で、大手門に向かう道が**大手筋**なのは**横町型**です。横町型の場合、町通りは大手筋と直交します。

縦町型（図7）は織豊期の城下町の特徴で、徳川期になると横町型（図5）へ変化します。城に向かうより、三都（江戸・大阪・京都）など外部経済・交通との接続を重視し、街道が城下町内を通過するようにした結果です。領主たちは城下町の経済活動を強化したのです。広島（図8）は、当初は縦町型でしたが、拡大して街道と接続した町人地は横町型へと変化しました。

江戸の町人地は、神田が中山道、浅草が奥州・日光道中、新橋が東海道へと接続されました。江戸城と武家地は、都市中心の座を徐々に周辺の町人地に明け渡し、東京の円環状の都市構造の姿が形成されていきます。

また、縦町型は城の大手門に近い町人地（頭）と遠い町人地（尾）の間に格差をつくり出しやすいのですが、横町型は格差をつくりにくい平等性をもつ特徴があります。

〇町割りと屋敷割りのデザイン

城下町の街路の特徴は、**五の字**（図9）と言われます。突き当たりや折れ曲がりによって、有事に備え見通しにくくなっているのです。こうした街路で区画された町割りは歴史的には**碁盤型**から**短冊型**へ（図10）、つまり正方形から長方形へ変化していきました。短冊型の場合、城地に長方形の短辺が面する場合を矢守一彦に倣い**竪ブロック型**（図6右）、長辺が面する場合を**横ブロック型**（図6左）とします[2]。前者は縦町型に、後者は横町型に特徴的です。

碁盤型の町割りに見られる屋敷割りは、街区四面すべてから宅地を取るかたちで、**江戸型**と言い、街区中央に**会所地**という空地ができます。江戸では宅地の盛り土を採取した後、そのまま悪水抜きの空地になりましたが、名古屋などでは寺社地として使われました。一方、短冊形の町割りに見られる屋敷割りは、秀吉による京の天正地割と同じため**京型**と言います。町割りの碁盤型→短冊形の変化に伴い、その後、城下町の屋敷割りは、ほとんどが江戸型→京型へ変化していきました[3]。

[註・参考文献]
1 沢村仁ほか著『新訂建築学大系2 都市論・住宅論』彰国社、1960、pp.165-168
2 矢守一彦『城下町のかたち』筑摩書房、1988、pp.39-81
3 矢守一彦『都市プランの研究 変容系列と空間構成』大明堂、1970、pp.307-348
4 高橋康夫・宮本雅明ほか編『図集日本都市史』東京大学出版会、1993

6.3 町家のかたち
——都市に密集して住まう仕掛け

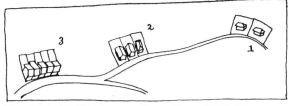

図1 今和次郎：農村から町へ　1．平入→2．妻入→3．平入の変化

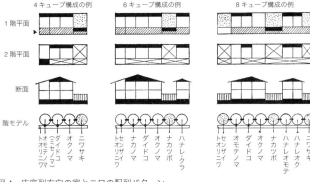

図4 床座列方向の室とニワの配列パターン

図2 町家の出現、寝殿造の冠木門（左）と建設中の町家の間口構造（右）の類似

図3 シモタヤ（仕舞屋）と卯建

都城や城下町で日本の都市型住居として中世から近世にかけて形成された町家は、農家から変化発展しながら、密集して住まうために、以下に説明するような農家には見られない様々な工夫や特長を備えています。

○**町家の出現と成立**

町家は**平入**が普通です。農家から町家へ屋根の変化を見ると、一度、妻入を経ることがわかります（図1）。農家も街道集落など町に近くなると、間口が狭く奥行きの深い敷地に建つようになります。この敷地には妻入の家屋が建てやすいのですが、**妻入のまま町中でさらに密集**すると、隣どうしの隙間が消えて間の屋根が谷をつくります。すると雨仕舞が難しくなるので、平入にして家屋の前後に雨を流すようにするのです[1]。

町家は、**四行八門**（6.1節）の宅地割や**寝殿造**（8.5節）の敷地内が変化して成立しました。町家の始まりは長屋からなど諸説ありますが、寝殿造の**冠木門**に見る考えがあります。冠木門は、町家正面の構造（図2）と似ています[2]。

経済力のある商人は、職住近接の町家だったミセヤから、専用住居の**シモタヤ**に住むようになります。お店を仕舞ったという意味です。正面は見世棚の代わりに土壁で塗り籠められ、界壁上部に延焼防止用の**卯建**（図3）（11.5節）が設けられました。「卯建が上がる」と言われるように、卯建は後にステータスシンボルになっていきました。

○**町家の平面と断面**

近世に台鉋などが普及し、正確な寸法で製材可能になると、特に関西の町家では内法寸法による規格化が進みました。**通り土間**（5.1節）の幅は、敷地の間口幅から規格寸法による床座部分（5.5節）の幅を引いて決められます。つまり、平面計画上、土間の間口寸法は、寸法調整しろの役割があるのです[3]。また、内法寸法制が確立すると、「**裸貸**」と言って、引っ越し時に建具や畳は借家人が持ち歩くものになりました。長屋が多く頻繁に引っ越しした大阪に特に適していました。

町家の平面は、通り土間に沿って、室と**ニワ**（坪庭）が並びます。ウナギの寝床と呼ばれる細長い敷地では、採光のため坪庭が設けられます。ニワかオモテから続き間2室までが採光の限界で、オモテ－室－室－室－ニワのように4室連続が最長（図4）になります[4]。また、**巨戸**と呼ばれる立派な町家に、**オモテヤ造**（図5）があります。オモテヤは店舗として賃貸され、奥の2階建て本屋との間に坪庭が設けられます。2階にも採光の工夫があります。通常、虫籠窓などが設置される**つし2階**では、

図5　大規模町家（巨戸）としての**オモテヤ造**

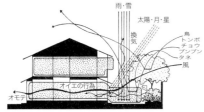

図7　町家の環境性能

図9　屋敷地ウラの**クラ**の防火帯

図8　床座列と通り土間の反復（1階平面図）

図9：農家の屋敷地におけるクラは、イヌイグラ（北西）、タツミグラ（南東）のように方位名がつくことからもわかるように、家相や冬の北西風からの屋敷地を守るため、その位置が決まっています。屋敷地ウラで連担して防火帯を形成する京町家のクラ配置は、農家の場合とは異なった都市的な特徴。

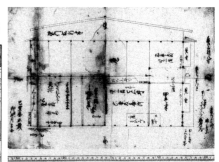

図6　2階奥座敷の軒高と棟位置（後流れ）の関係

図10　江戸の**土蔵造**

図11　**大坂建**（総2階建てで、庇下の室内化は禁止）

オモテ側の2階天井高は低いのですが、屋根の「前流れ」を長く「後流れ」を短く棟位置を後ろにずらし、2階ウラ側の軒高を高くしています（図6）。こうして2階奥座敷の居住性と採光条件を高めています[5]。

ニワは通風にも大きな役割を果たします。オモテ通りと樹木や土で覆れたウラニワでは気温が違うため、床座列方向の建具をすべて開放すると、気温の低い（空気密度の高い）ウラニワ側から気温の高い（空気密度の低い）オモテ通りへ向かって空気の対流が起こります（図7）。

○まちと町家

まち並みは建物が群として連担してできています。町家の平面構成や建物配置も群としてみる視点は重要です。たとえば、通り土間の位置（図8）は、東西通りでは街路の北側・南側とも、基本的に床座列の東側にあります。同様に、南北通りでは、街路の東側・西側とも、床座列の南側にあります。理由は、土間のカマドに朝日が入りやすいこと、交互に並ぶ座敷列と通り土間は、町家間のプライバシーを保ちやすいなど諸説あります。しかし、通り土間のカマドから火事が出て冬の北西風に煽られても、東側や南側にある通り土間は、床座側に延焼しない配置関係にあるという防火的な視点からの説明が、

最も合理的、実際的と思われます。

京都や大阪では、オモテに面してクラを建てることが禁止されました。クラは町家のウラに建ち、連続して背割り宅地間（両側町の町界）の防火帯になります。（図9）。

○町家の地域性

小京都と呼ばれる地方の町家の多くは京都から伝播した一方、大都市には、独自の町家も生まれました。江戸の**土蔵造**（図10）（11.5節）や、**大坂建**（図11：一階と二階の壁面位置が揃う「総建て」）です。大阪でも中規模の町家（中戸）は通り土間をもちます。一方で、長屋建ての小戸では、通りや筋に接道する場合は後土間型（ウラ路地に繋がる）と切り庭型、オモテ側の町家の脇から出入りする路地内では前土間型が大半でした。狭い間口を床座で有効に利用するためです。路地は、長屋へのアクセスだけでなく、オモテ側の町家のクラへの搬出入や長屋の共同便所の汲み取り経路にも利用されました[6]。

[註・参考文献]
1　今和次郎『日本の民家』岩波文庫、1989、p.97
2　伊藤毅『日本史リブレット 町屋と町並み』山川出版社、2007、pp.16-35
3　伊藤鄭爾『中世住居史』東京大学出版会、1958、pp.245-249
4　島村昇・鈴鹿幸雄『京の町家』鹿島出版会、1971、pp.109-118
5　日向進『近世京都の町・町家・町家大工』思文閣出版、1998、pp.28-30
6　谷直樹ほか「近世初頭の大阪北船場における住宅の平面類型と集住の形態その1・その2」『日本建築学会近畿支部研究報告集』1992、pp.829-832, 833-836

6.4 農村のかたち
——集村から散村への歴史的展開

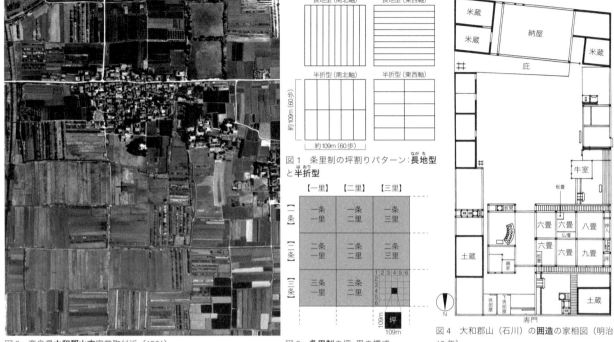

図3 奈良県大和郡山市宮堂町付近（1961）
図1 条里制の坪割りパターン：長地型と半折型
図2 条里制の坪・里の構成
図4 大和郡山（石川）の囲造の家相図（明治10年）

　農村のかたちは、大きく集村と散村に分けられますが、こうした物理的な村落構成の特徴は、実は、古代、中世、近世といった社会経済体制の変化と密接に関係しています。基本的には、社会体制が開かれていくのと平行して、農村のかたちは、集村から散村へと変化していきます。

○古代の王権支配下の条里集落

　飛鳥時代の大化の改新により古代王権主義国家が成立しました。同時に農地に**条里制**が敷かれ、国土が再編成されました。条里は、約109m四方の正方形を基本土地単位（図1）としています。これを「坪」と呼びます。坪はさらに10等分に地割りされており、1×10分割されたものを**長地型**、2×5分割されたものを**半折型**と言います。直線で耕作しやすい長地型は平地、半折型は地形に対応しやすいため山裾などの傾斜地に見られます。分割方向の違いで合計4パターンの坪割りがあります。また、基本単位の坪を6×6に並べた区画を「里」と呼び、横方向の座標が、一里、二里、縦方向の座標が一条、二条と呼ばれます（図2）[1]。この条里の坪に古代国家によって強制集住させられたのが、**条里集落**（図3）です。条里は日本各地に見られますが、代表的なのは奈良盆地です。奈良盆地の民家の屋敷構えは、**囲造**（図4）と呼ばれ、四角い屋敷地を囲うように民家が建ちます。条里の坪の内側に高密に集住するためには、四角形は効率的な宅地のかたちです。密集すると境界を囲って明確にする必要があるので、こうした屋敷構えが形成されたのです[2]。

○中世の防衛優先の環濠集落

　中世になると貴族や社寺は、大土地墾田の私有が許されるようになり、いわゆる荘園が成立しました。荘園の発展は数多くの名田（年貢の賦課単位）を形成し、それらを治める豪族が割拠する中世の社会体制が成立しました。不安定な社会情勢下で、集落は、環濠と呼ばれる濠を四周にめぐらすようになります。これを**環濠集落**（図5）と言います。環濠は自衛が第一の目的で、環濠集落は条里集落が防御的に変化した姿です。特に大和地方に多く見られますが、雨水が盆地内に流れにくく溜め池の多い奈良盆地では、環濠は集落内からの排水機能とともに貯水機能も果たしていたと考えられます。来る封建社会の成熟まで、豪族中心の社会経済体制が維持されたため、人口の増大に対しては、基本的には名田の作付け面積を拡大して対応しました。このため環濠集落自体の集落構造は変化せず、出村や枝村として新たな環濠集落が増加していきました。

図5　環濠集落　大和郡山市稗田（2007）

図6　木曽川デルタに発達する**輪中**集落（年不明）

図7　砺波平野　五郎丸付近の**散居村**（1977）

図8　夕暮れの砺波平野の**散居村**

図9　島根斐川平野の**築地松**

図10　砺波平野・入道家のカイニョ（屋敷林）

図11　砺波平野の**営農景観**　5月のチューリップ畑

○散居の出現：治安確保から営農優先へ

　江戸幕府の成立によって近世の封建社会が確立すると、新田開発が盛んに行われるようになりました。その背景には、灌漑、干拓などの土木工事や深井戸堀などの技術の発展があります。築堤工事の進歩によって、**輪中**（わじゅう）（図6）と呼ばれる堤防で囲まれた水防共同体といった集落も形成されました。

　新田開発による農地に、**散村**（散居村とも呼ぶ）が見られることは、治安確保のために集住するより、個々の農家が自分の農地に近い場所に家屋を構えた結果です。封建社会の安定を背景に治安が確立されて、**営農優先主義**が出現したことを示します。富山県砺波（となみ）平野（図7、8）や島根県簸川（ひかわ）平野（出雲平野）の散村（図9）がよく知られています。散村の場合、家屋が集まっていないため、冬期には一軒一軒が厳しい風雪にさらされます。これを防ぐためにそれぞれの家屋は**屋敷林**に囲まれています。植樹の種類は、燃料や建築材にもなる杉や松、果樹、家具材の桐などがあります。簸川平野では築地塀ならぬ**築地松**に囲まれた独特の景観を呈し、砺波平野の屋敷林は、「カイニョ」（図10）と呼ばれています。

○農村風景＝村落構成×営農景観

　農村の景観には、屋敷地をとりまく農地の風景の季節変化も重要です。こうした**営農景観**には、昔ながらの秋の稲掛け風景などに加え、近年では**景観作物**の栽培もあります。春の菜の花やチューリップ（図11）、夏のヒマワリなどが、耕作放棄地対策として有効です[3]。

［註・参考文献］
1　落合重信『条里制』吉川弘文館、1967、pp.22-66
2　杉本尚次『近畿地方の民家』明玄書房、1969、pp.157-163
3　建築学大系編集委員会『新訂建築学大系 2 都市論・住宅問題』彰国社、1969、pp.275-294, 333-346
4　矢嶋仁吉『集落地理学』古今書院、1956

6.5 水辺空間と生活の風景
―― 水と暮らしの関わりが生み出す風景

図1　山間部の川と集落（鞍馬）

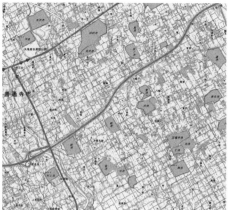
図5　ため池と集落（讃岐平野）

図6　輪中（木曽川河口）

図7　水屋（中小田井）

図2　街道の水路（熊川宿）

図3　山間部の地形と集落（鞍馬）

図4　郡上八幡の用水路（左）と**水舟**（右）

　暮らしのなかで、水をいかに得るかは、きわめて重要な課題であり、水利や地形がまちの重要な立地要因となるように、暮らしと水との関係は切っても切れないものです。そして、そのような立地環境に加え治水の工夫や、生産さらには交通といった利活用法など、様々な水との関わり方がまちの景観を特徴付けることも少なくありません。

　ここではそのような、水と暮らしの関わりの観点から、水辺に展開する特徴的な風景の事例を見ていきましょう。

○山間部の河川と用水

　京都の鞍馬（図1）は、山間部の街道沿いの町ですが、同時に谷部を流れる河川沿いの町でもあります。山間部の街道宿場町によく見られるように、住戸が立ち並ぶ街道に並行する河川があり、水辺まで直接下りることができるようになっています。さらに、河川の一部に堰を設け、筧（水を引く樋）により街道沿いに並ぶ住戸の前面に導水して生活に用いています（図2,3）。河川からの導水は山間部の農村生活でもよく見られるものです。

　郡上八幡は、山間部の城下町ですが、長良川およびその支流により形成された断崖部とやや広い谷底平野に位置します。河川沿いの崖地から町中に張りめぐらされた用水や湧水による水利用を行ってきたその町並み景観はよく知られています。城下の町並みに用水が張りめぐらされるようになったのは、生活用水としてだけでなく、大火後のまちの復興にあたり防火用水としての目的もあったと言われています。用水路に設けられた**カワド**と呼ばれる共同の洗い場や、**水舟**と呼ばれる湧水の利用施設（図4）など水の利用の仕組みも特徴的です。

　このほか、山間部では、「棚田」の風景も平野部の少ない日本の特徴的な風景といえるでしょう。

○平野部の水路網

　平野部では山間部に比べ、広い農地を得ることができるので、水路網をめぐらせた水田地帯の風景が見られます。平野部でも降雨の少ない地域や乏水性の土地では、たとえば大阪平野、讃岐平野（図5）のように、ため池も多く分布しています。農地や水を得やすい一方、特に河口に近い三角州などでは河川氾濫による水害の問題が大きく、そのような地域では、**輪中**（図6）（6.4節）や、土盛や石積で周辺より高く造った**水塚**や**水屋**（図7）といった、集落や建物も見られます[1]。また河川や湖沼に囲まれた水辺のまちとして、利根川から霞ヶ浦にかけて、また琵琶湖湖岸に広がる**水郷**が知られています。たとえば、

第2部　日本の空間フレームとフォルムを学ぶ

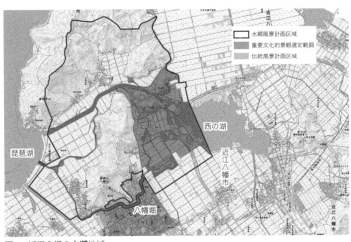

図8　近江八幡の水郷地域

図13　四ツ橋（摂津名所図会）

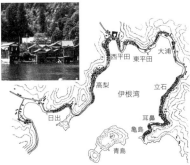

図9　伊根の集落と舟屋

図10　近江八幡城下町の八幡堀

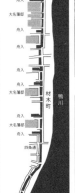

図11　高瀬川

図12　一の舟入（高瀬川）

図14　白川の町並み（京都）

琵琶湖北西岸の高島平野の大溝や、湖東の広い平野部にある近江八幡（図8）は、内湖や水路の存在が特徴的なまちです。大溝では内湖が城の水堀となっているとともに、琵琶湖と内湖の両方に面する集落が特徴的です。近江八幡は水田地帯の芦原をめぐる水路網が特徴的で、現在、いずれも重要文化的景観に指定されています。

○海辺の漁村・港町

海辺に展開する漁村・港町では、水深のある海際の比較的急峻な地形にまちが展開することがよくあります。また浜を取り囲むような村落配置がよく見られます。京都の伊根（図9）はそのような漁村で、漁船を入れる舟屋の集落景観がよく知られています。

○まちの水路と舟運

生活や農業用水だけでなく、特に市街では、舟運を目的とした河川、水路、運河の利用による水辺空間も多く見られます。先の近江八幡（6.2節）は城下町の八幡堀も知られています。この堀は城の防衛施設であると同時に、琵琶湖に繋がる運河でもあり、堀に面して「浜」と呼ばれる舟着場が各所に設けられ、堀沿いには、現在も蔵が建ち並んでいます（図10）。

京都の高瀬川は江戸時代に角倉了以が開いた運河として知られています。ここもかつては、舟入（船着場）が設けられ、藩邸が立ち並んでいました（図11、12）。

また、江戸や大阪はかつて水上交通網が発達した水の都で、名所絵図には河川沿いに蔵（11.5節）が立ち並ぶ姿や、船着きの空間を含む川沿いの河岸・浜地の様子、行き交う舟の様子が生き生きと描かれています（図13）。

○都市の生活と水辺

都市の生活では、京都の川床（7.3節）や、白川の茶屋（図14）のように、舟運や農用とは異なる水辺空間の例も見られます。

これらは、歴史的に維持されてきた例ですが、現代の都市では、舟運から陸上交通への変化や農地の減少など都市化のなかで、かつての水辺空間がその意味を失い暗渠となったり見向きのされない場所になっていることも少なくありません。そのような水辺には、かつての水と暮らしとの関係を見直したり、新たな暮らしとの関係を結ぶことで、まだまだ新たな可能性があるはずです。

[註・参考文献]
1　矢嶋仁吉『集落地理学』古今書院、1956
2　日本民族建築学会編『民族建築大事典』柏書房、2001

● 図版出典
＊特記なき場合は筆者撮影

6.1
- 図1 高橋康夫・宮本雅明ほか編『図集日本都市史』東京大学出版会、1993、p.36 より作成
- 図2 足利健亮『京都歴史アトラス』中央公論社、1994、p.30
- 図3 京都市編『京都の歴史第一巻 平安の新京』学芸書林、1970 より作成
- 図4 足利健亮『京都歴史アトラス』前掲、p.12
- 図5 足利健亮『京都歴史アトラス』前掲、p.11 より作成
- 図6 足利健亮『京都歴史アトラス』前掲、p.80
- 図7 高橋康夫・宮本雅明ほか編『図集日本都市史』前掲、pp.134-137
- 図8 足利健亮『京都歴史アトラス』前掲、p.81
- 図9 足利健亮『京都歴史アトラス』前掲、p.100
- 図10 鈴木博之編著『日本の近代10 都市へ』中央公論社、1999、p.199

6.2
- 図1 矢守一彦『城下町のかたち』筑摩書房、1988、p.19 より作成
- 図2 高橋康夫・宮本雅明ほか編『図集日本都市史』東京大学出版会、1993、p.170 より作成
- 図3 高橋康夫・宮本雅明ほか編『図集日本都市史』前掲、p.162 より作成
- 図4 高橋康夫・宮本雅明ほか編『図集日本都市史』前掲、p.171 より作成
- 図5 高橋康夫・宮本雅明ほか編『図集日本都市史』前掲、p.173 より作成
- 図6 矢守一彦『城下町のかたち』筑摩書房、1988、p.41 より作成
- 図7 高橋康夫・宮本雅明ほか編『図集日本都市史』前掲、p.129 より作成
- 図8 高橋康夫・宮本雅明ほか編『図集日本都市史』前掲、p.172 より作成
- 図9 都市デザイン研究体『現代の都市デザイン』彰国社、1969、p.35
- 図10 矢守一彦『城下町のかたち』筑摩書房、1988、p.41 より作成

6.3
- 図1 今和次郎『日本の民家』岩波文庫、1989、p.97
- 図2 国立歴史民俗博物館WEBギャラリー：洛中洛外図屏風（歴博甲本）右隻〔高精細画像Flash版〕
- 図3 国立歴史民俗博物館WEBギャラリー、前掲
- 図4 島村昇・鈴鹿幸雄『京の町家』鹿島出版会、1971、p.113 より作成
- 図5 日向進『近世京都の町・町家・町家大工』思文閣出版、1998、p.265
- 図6 日向進『近世京都の町・町家・町家大工』前掲、p.292
- 図7 島村昇・鈴鹿幸雄『京の町家』前掲、p.170 より作成
- 図8 島村昇・鈴鹿幸雄『京の町家』前掲、p.19
- 図9 高橋康夫・宮本雅明ほか編『図集日本都市史』東京大学出版会、1993、p.216 より作成
- 図10 高橋康夫・宮本雅明ほか編『図集日本都市史』前掲、p.227
- 図11 高橋康夫・宮本雅明ほか編『図集日本都市史』前掲、p.222

6.4
- 図3 国土地理院ウェブサイト
  http://mapps.gsi.go.jp/maplibSearch.do?specificationId=400263
- 図4 東京大学工学部建築学科稲垣研究室「奈良盆地における住宅地形成の解析」住宅建築研究所、1982、p.54 より作成
- 図5 国土地理院ウェブサイト
  http://mapps.gsi.go.jp/maplibSearch.do?specificationId=762437
- 図6 多田文男・渡辺光編『日本航空写真地理』河出書房、1954、p.98、撮影：写真測量所
- 図7 国土地理院ウェブサイト
  http://mapps.gsi.go.jp/maplibSearch.do?specificationId=292019

6.5
- 図1 国土地理院ウェブサイト
  http://mapps.gsi.go.jp/maplibSearch.do?specificationId=1397032
- 図3 山崎正史編『プロセスアーキテクチュアー京の都市意匠 景観形成の伝統』プロセスアーキテクチュア、1994、p.108 より作成
- 図5 国土地理院ウェブサイト
  http://mapps.gsi.go.jp/maplibSearch.do?specificationId=1459635
- 図6 矢嶋仁吉『集落地理学』古今書院、1956、p.137
- 図8 国土地理院ウェブサイト
  http://mapps.gsi.go.jp/maplibSearch.do?specificationId=1391751
  近江八幡市水郷風景計画、近江八幡市伝統風景計画、農林水産省
  http://www.maff.go.jp/j/nousin/sekkei/museum/m_keikan/oumi/ より作成
- 図9 （図）吉田桂二『日本の町並み探求』彰国社、1988、p.96 より作成
- 図11 山崎正史編『プロセスアーキテクチュアー京の都市意匠 景観形成の伝統』前掲、p.131 より作成
- 図13 『摂津名所図会』国立国会図書館デジタルコレクションより

第 7 章では、次章で具体的な日本の空間連結手法に触れる前に、日本的空間を考えるのに欠かせない対象や視点について解説する。

　①都市的なオープンスペースが少ない日本では、**道**が都市空間の中で大きな役割を果たしている。日本の道は、槇文彦によれば、**到達する道**としての性格が強い。槇の言う**奥の思想**につながるが、そこに必然的に発生する**シークエンス**の空間的手法について解説する。**広見**や**火除地**など歴史的な公共空間を紹介する一方、西洋的な広場と道の融合も、都市計画家が、**歌舞伎町再開発**計画で試みている。②日本建築の光は、水平面による**反射光**と垂直面による**透過光**が特徴である。日本建築の内外空間は、庇や縁側、建具などで緩やかに区切られているが、ここでは、水平面と垂直面別に内部空間に光を導く効果を説明する。③空間の**仮設性**や**可変性**は、木造架構を持つ日本の特徴である。祭礼時の**ひもろぎ**といった原初的な例から、より建築的な仮設空間を形作る、天、床、壁の各部位について述べる。④群造形は部分の足し算だが、日本の場合、**ダイナミックバランス**による動的あるいは非対称な構成手法に特徴がある。

7.1 道
―― 到達する道、シークエンス、活動の場、盛り場の街路

図3 東大寺二月堂の裏参道〈折れ曲がり〉

図4 西芳寺庭園（見え隠れ）

図2 金刀比羅宮参道 **階段**によるシークエンス

図1 東京山の手における**到達する道**

図5 大徳寺塔頭 黄梅院の前庭のシークエンス

1〜5の順路

○区画する道と到達する道

建築家の槇文彦は、道の種類には、本質的に「区画する道」と「到達する道」の二つがあると考えます。区画する道は、道を通すと同時に街区や宅地を生み出すもので、都城 (6.1節) や城下町 (6.2節) といった計画都市に見られます。一方で、日本では、到達する性格の道が多いことが特徴的だと指摘します。図1のように東京山の手で見られた台地の尾根筋から分かれた枝道の坂は、大名屋敷に到達する道でした。京都の路地は、大路などの街区を区画する道から、街区内の裏長屋に到達する道です。到達する道は、日本の空間の特質として槇の言う**奥の思想**[1] (8.4節) に繋がりますが、出発点から到達点への**継起的展開（シークエンス）** によって空間の連続的変化をもたらすことが重要です。

○シークエンスとしての道

道のシークエンスは、到達点への時間的・空間的な移行体験によって儀礼性を演出することができます。〈金刀比羅宮〉の**参道** (図2) や**門前町**では、連続する空間が多くの「階段」によって巧みに切り替わり、長く険しい山道に魅力的なシークエンスによるリズムをもたらすことに成功しています。参道のシークエンスは、道の**折れ曲がり**によって実現される例もあります。入江泰吉の写真で知られる〈東大寺二月堂〉の**裏参道** (図3) では、道の折れ曲がりに沿ったつづら折りの塀の一つひとつが、二月堂へ到達する期待を段階的に高めます。

日本庭園の園路にも、シークエンスを生み出す見事な道が見られます。回遊式庭園で知られる〈西芳寺（苔寺）〉(図4) は、樹木に囲まれ見通しの効きにくい園路を歩くうちに、時折、視界が開け東屋や池などの対象が見えます。これらに引きつけられて進んでは、再び樹木と苔に囲まれるといった**見え隠れ**するシークエンス (8.3節) が繰り返されます[2]。来訪者の歩みが、心地よいリズムで自然にコントロールされる仕掛けです。大徳寺の塔頭、〈黄梅院〉(図5) の前庭には、園路に数々の小さな変化が組み込まれています。園路面の石組みの変化、わずか数段の登り、園路のずれ・折れ曲がり、前栽の中に消えていく道といったきめ細やかなシークエンスが、書院や**茶室**へ導く奥へのアプローチを巧みに演出しています。

○活動の場としての道

建築家の黒川紀章 (1.5節) は、『道の建築』で東洋の街には広場がなく、道があったと日本の公共空間の特徴を指摘しています[3]。「融通念仏縁起」(図6) や「福富草子」

図6　融通念仏縁起

図7　福富草子

図9　両国橋の西たもとの広小路

図8　金沢市の東山ひがし茶屋街の広見（中央の道折れ曲がり部の空地）

図10　歌舞伎町開発全体図（石川栄耀）

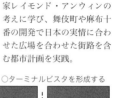
図10：石川栄耀は英都市計画家レイモンド・アンウィンの考えに学び、舞伎町や麻布十番の開発で日本の実情に合わせた広場を合わせた街路を含む都市計画を実践。

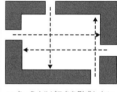
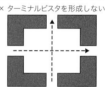
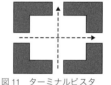
図11　ターミナルビスタ

図12、13　ヒルサイドテラス（東京都、1964〜1998）　　図14　代官山 蔦屋書店（東京都、2011）

（図7）といった絵巻物には、路上に物洗いの踏石や井戸が見られ、生活の場が描かれています[4]。そして、辻説法（つじせっぽう）の言葉が示すように、道が交わる辻には人々が集まりました。近世の道には、広見（ひろみ）と呼ばれ、辻が人々の集まる小広場になった場所があります。金沢市の東山ひがし茶屋街の広見（図8）は、もともと火除地（ひよけち）と呼ばれた藩政時代につくられた延焼防止のための空地でした[5]。同じように両国の広小路（図9）は、両国橋の西のたもとに、火災時に木造の橋が焼け落ちて逃げ場を失うことを防ぐために設けられた延焼防止の空地でしたが、ここには小屋掛けをして興行する見世物が集まりました。

〇盛り場の計画：新宿歌舞伎町の広幅員街路の導入

名古屋の都市計画の基礎を築いたことで知られ、東京都の戦災復興も担当した石川栄耀は、伝統的に広場をもたない日本において、盛り場がその役割を果たしていることに注目しました。盛り場の研究から石川は人が集まる場所の特性を分析し、歌舞伎町の再開発（図10）で、歩行者を広場へと導く折れ曲がった広幅員街路を計画しました。道と広場の中間的な街路です。こうした街路や広場の突き当たりに建物面を配置するターミナルビスタ（図11）という手法を用いました。オープンスペースをなるべく建物で囲み、広場的な滞留空間の創出を狙ったのです[6]。

〇道からコモンスペースへ：ヒルサイドテラス

槇文彦は、〈代官山ヒルサイドテラス〉で、街路に沿って約200mに渡り点在する小広場（図12）を計画してきました。地形変化に沿った階段（図13）が巧みに設けられ、小広場は緩やかに街路と連続します。細胞の外に老廃物を出したり、必要な物質を取り入れる細胞内の小器官をゴルジ体と言いますが、建物と街路・小広場が空間的に浸透し合う相互作用を大切にする考え方を表現するのに、メタボリズム時代の槇は、ゴルジ体をメタファーとして援用しました。槇は、ヒルサイドテラスの設計を長年継続してきました。初期の代官山集合住宅時代から、ほぼ半世紀を経て、同じ考え方が隣接するクラインダイサムが設計した〈代官山蔦屋書店〉（図14）にも受け継がれていることは、一人のデザイナーの手を超えたアーバンデザインの出現として注目に値します。

[註・参考文献]
1　槇文彦ほか『見えがくれする都市 —江戸から東京へ』鹿島出版会、1980、pp.197-230
2　材野博司『庭園から都市へ —シークエンスの日本』鹿島出版会、1997、pp.168-171
3　黒川紀章『道の建築』丸善、1983、pp.25-28
4　高橋康夫『洛中洛外 —環境文化の中世史』平凡社、1988、pp.79-100
5　東京大学都市デザイン研究室編『図説都市空間の構想力』学芸出版社、2015、pp.69-80
6　中島直人ほか『都市計画家石川栄耀』鹿島出版会、2009、pp.250-257
7　「特集代官山集合住宅居住計画1969-78」『都市住宅』1978年4月号

7.2 間接光が織り成す日本建築の光
——反射光と透過光

図13 孤篷庵忘筌（京都府）

図1 孤篷庵本堂（京都府）

図3 光浄院客殿（滋賀県）

図2 孤篷庵本堂 断面図

図14 孤篷庵忘筌 断面図

　西欧の建築が軒の出を小さく抑え、室内に効率的に光を取り込むのに対して、日本の建築は直接光が室内に入りにくい構造になっています。雨の多い日本では深い**軒の出**が必要で、その高さは、雨を防ぐために高すぎないように抑えられました。その結果、軒の下に深い陰影が生れました。書院造に代表される座敷には、外部に面して縁や土庇が設けられ、さらにその内側に内部空間が続きます。谷崎潤一郎は、『陰翳礼讃』において、室内に光を取り込む様を次のように表現しました。

　　「庭からの反射が障子を透してほの明るく忍び込むようにする。われわれの座敷の美の要素は、この間接の鈍い光線に外ならない」[1]

　こうした間接光は、反射や透過によってつくり出されますが、これは、緩い建物内外の境界によって空間が幾重にも囲まれる日本建築の特徴的な断面構造によって可能になるのです。以下では、内外を構成する水平面と垂直面を取り上げて、光についてみたいと思います。

○**様々な水平面の反射光による採光**

　大徳寺の塔頭である〈孤篷庵〉の本堂（図1）は、南面に庭を持ちます。**庭の白砂**に反射した光は軒裏に反射し、室内を照らします（図2）。〈光浄院客殿〉の広縁（図3）や宇治の〈平等院鳳凰堂〉（8.5節）は池泉に面していて、**水面**に反射した光が取り込まれます。こうした外部の水平面の内側には、**縁側・広縁**と**軒裏**の上下二つの水平面があり、さらに光を反射します。借景で知られる〈慈光院書院〉の縁側（図4）、〈高山寺石水院〉の庇軒裏（図5）は、内外の中間で、さらに内部へと光を導きます。続く室内が**板床**であれば、そこでも光を受けます。〈実相院〉の「床みどり」（図6）は、庭の緑ごと見事に光を取り込んでいます。また、〈高台寺傘亭〉（図7）は、移築前は水面に面していたと言われますが、竹の**蔀戸**（9.4節）を室内側に跳ね上げて、水面からの光を受けます。〈西本願寺飛雲閣〉の「釣寂湾」と呼ばれる**舟入**（図8）は、一階床面の水平扉を開けると、船とともに水面の光が室内を満たします。

○**垂直面の透過光がもたらす抽象的な光の空間**

　垂直面は、単純に考えれば光を遮断しますが、日本建築では巧みに光を透過させるよう工夫されています。高湿な大気をくぐる日本の光は、天候によってはさらに霞み、朦朧と表現されることもありますが、**障子**の和紙を透過すると太陽光は、さらに拡散され、柔らかい光となって室内に拡がります。障子は、光を拡散するフィルターであるだけでなく、自ら光を受けて発光するスクリー

図4 慈光院書院の縁側

図7 高台寺傘亭

図8 西本願寺飛雲閣 舟入の間外観および平面図

図5 高山寺石水院の庇軒裏

図6 実相院の「床みどり」

図11 掛け障子と下地窓

図12 慈光院高林庵「暗」の茶室

図10 欄間

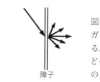
図9 ガラスの光と障子の光

図9：障子紙の透過率は40〜50%であり、ガラス類などの透明体と壁体の中間に位置する。障子紙に入射した光は紙に垂直な方向をどの方向から見ても等しく明るく見える。このような現象を拡散と呼ぶ。(『障子の本』監修：林雅子ほか、1978)

ンとして、室内に印象的に浮かび上がります(図9)。谷崎は、その様子を次のように表現しました。

「庇をくぐり、廊下を通って、ようようそこまで辿り着いた庭の陽光は、もはや物を照らし出す力もなくなり、血の気も失せてしまったかのように、ただ障子の紙の色を白々と際立たせているに過ぎない」[2]

光を透過させるもう一つの垂直面に、**欄間**（図10）があります。欄間は、天井の直下で、一度、水平面が反射した光を受ける垂直面です。技巧を凝らした欄間は、日本建築独特の下から這い上がってくる光を受けるための、まさに日本建築独特の意匠なのです[2]。

○茶室の窓：光と気配が透過する垂直面

千利休が完成させた**草庵茶室**（9.3節）は、座敷に必ず備えられていた縁を取り払い、四方を壁で囲ったムロのような構成を基本として最適の光が得られる位置に窓を開けました[6]。連子窓や下地窓が考案され、外部から直接障子に照射する自然光の量を制御したのです。縁側などを介さず直接外部に面する窓は、自然の様相を至近距離から捉えます。掛障子に下地窓（図11）の影とともに木々や雲の影が落ち、日差しの変化や木の葉が風に揺れる様子など自然の中で刻々と変わる外の気配を室内に伝

えます。茶室における窓による光の演出は、垂直面の透過光の意匠工夫のもう一つの到達点です。〈慈光院〉には、二方に大きく連子窓をとった「明」の茶室と庭に面する壁面の窓を抑制した「暗」の茶室（図12）が対比的に配置されます。ここでは光の演出が茶室そのものの性格を決定づける重要な役割を果たしています。

○反射光と拡散光が重なり合う「忘筌」の断面構成

〈孤篷庵〉の茶室「**忘筌**」（図13）は、縁の外側の上半分に明かり障子を設けています。庭への眺めを足元の近景に限定する印象的な見せ方ですが、この断面構成は光の演出に特殊な効果を与えています。縁側や手水鉢による「反射光」が障子の下から回り込み、胡粉で白く塗られた書院の天井にバウンドして室内に広がります。同時に明かり障子を透過した柔らかい西日が「拡散光」として室内に同居して、季節や時間の移ろいとともに様々な表情を生み出します。日本建築における光の演出の極みと言っても過言ではありません（図14）。

[註・参考文献]
1 谷崎潤一郎『陰翳礼讃』谷崎潤一郎随筆集、岩波文庫、1985、p.193, 197
2 香山壽夫『建築意匠講義』東京大学出版会、1996、p.95
3 Henry Plummer『Light in Japanese Architecture』エーアンドユー、1995
4 中川武『日本の家 空間・記憶・言葉』TOTO出版、2002
5 西澤文隆『西澤文隆の仕事 (一) 透ける』鹿島出版会、1988
6 中村昌生監修『光と影の演出』学芸出版社、1991、p.104
7 林雅子ほか監修『障子の本』同和製紙、1978、p.57

7.3 空間の仮設性・可変性
——祭礼、小屋掛け、空間をつくるおおい・床・仕切

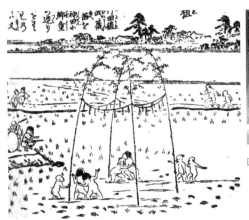
図1 六所宮お田植祭

図2 方丈庵（復元案建物）
京都下鴨神社境内（河合神社）にある復元案建物（中村昌生）

図5 宮島門前町（広島県）の天膜

図3 京都祇園祭

図4 屏風祭（京都祇園祭）

図6 野点

図7 床几と傘

「ゆく河の流れは絶えずして、しかももとの水にあらず。よどみに浮かぶうたかたは、かつ消えかつ結びて、久しくとどまりたるためしなし。世中にある人と栖（すみか）と、又かくのごとし」[1]

このように始まる『方丈記』は、平安末期から鎌倉時代に生きた鴨長明の随筆として知られています。あらゆるものは流転してやまない、無常である旨（無常観）や、長明が晩年に日野の山中に方丈の庵を結んだことが記されています。この長明の〈方丈庵〉(図2) は、移動組立式仮設住宅といってもよいものでした。

このような、常に移り変わり行くものとして空間をとらえる感覚や、一時的、仮設的な空間のあり方に、日本の空間特性をみることができます。本章では、そのような仮設性や可変性をもつ空間の事例を、それをつくりだす方法と併せて見ていきます。

○ひもろぎと祭礼空間

古くからみられる**ひもろぎ**は神を臨時に宿らせるために木綿（ゆう）や神垂（しで）を取り付けた榊（さかき）の飾ってある空間です。また祭事に見られる4本の竹と**注連縄**（しめなわ）(7.4節) で囲った空間 (図1) はいずれの場所、時間にでも任意に設け、取り払うことができる神聖な空間で、特定の時間だけ特定の価値をもつことになります。祭りの日に町家の軒から軒へ注連縄をめぐらすことがありますが、これも一時的に神の領域をつくり出すものです。祭は、日常から非日常への変転でもありますが、そこで設（しつら）えられる提灯、幟（のぼり）、櫓（やぐら）など (図3) も、広くまちの空間を変転させる仮設的な装置と言えます。

○天をおおう

宮島の厳島神社 (8.5節) **門前町**に見られる、通りに横に渡された天膜 (図5) は下からの操作で一枚一枚動かすことができ、天候に応じて自由に変化させられるものとなっています。

また**野点**（のだて） (図6) では、屋外にて茶をふるまう空間が設けられます。ここでは、地面にしかれる茣蓙（ござ）や毛氈（もうせん）などとあわせ、頭上をおおう傘が、空間を生み出す主要な装置となっています。庭園や店先に出される赤い傘と床几（しょうぎ） (図7) も、屋外の可動的、仮設的な休憩の場としてよく見られるモチーフになっています。

○行動をささえる床面

畳は、元来可動的な空間の設（しつら）えで、江戸時代、借家の引越は家具とともに、畳や建具も持ち運んだと言われています。まちのなかで同様に可動的なものとして、縁台、

第 2 部　日本の空間フレームとフォルムを学ぶ

図 8　四条河原夕涼（京都名所之内）の床几

図 9　寂光院の蔀戸（半蔀戸）

図 13　農村歌舞伎の小屋掛け（群馬県）

図 10　ばったり床几

図 11　品川宿の商店の見世棚

図 12　幔幕で囲われた空間

図 14　農村歌舞伎、舞台と客席

床几があります。京都の鴨川右岸で見られる**川床（かわゆか）**は、夏の時期に夕涼みを目的として一時的、仮設的に河原に床几を持ち出してきたのが始まりです（図 8）。現在の川床はそれが姿を変えていったものと言われています。

このような仮設的な床に、あらかじめ建物に組込まれた**ばったり床几**（図 10）があります。元は、**町家**（6.3 節）、商家において見世棚として工夫された営業空間を住まいの外部に仮設的に設けたものです（図 11）。そして一般住宅にも取り入れられ、休息、作業の場として、またコミュニケーションの場としても使われてきました。

○軽やかに仕切る

寺社仏閣の行事では、一時的に他と区別した場所を形成するため、**幔幕（まんまく）**（図 12）と呼ばれる布を張って行事の式場などを囲うことがあります。また寝殿造（8.5 節）の**帳台**は、床に畳を置き四隅に柱を立てて**帳（とばり）**を垂らしたものですが、これも布による可変的な仕切りの一つです。帳は室内と外部との境などにも見られます。また店の出入口などに見られる**暖簾（のれん）**も仮設的な装置と言えるでしょう。

このほか木造家屋の続き間を仕切る**襖（ふすま）**、**障子**（9.4 節）などの建具は取り外しが容易で、祭事などに外して広い空間をつくりだすことができます。さらに表の建具を外して街路から室内を見せる祇園祭の屏風祭の例（図 4）もあります。

また、寝殿造の開口部として現れ、寺社などにも見られる**蔀戸（しとみど）**（図 9）（9.4 節）は、柱間の格子の戸を跳ね上げ吊り下げ固定する可動的な窓であり壁であるといえます。

○組み立てる場所づくり

先の〈方丈庵〉も組立式のものですが、神社境内での舞台や客席でも組立式のものが見られます。祭礼のための舞台には常設のものも多くありますが、年に一度か二度、必要な時に組み立てる、臨時の組立式仮設舞台も多く使われてきました[2]。また、神楽だけでなく、歌舞伎や人形芝居などを行う農村舞台でも、常設の舞台のある境内に小屋がけして客席を臨時につくりだす例（図 13、14）があります。これらの例は組み立てや解体に多くの人が関わり、また技術を伝えていくことで、地域のコミュニティを保っていく意味合いもあります。

仮設的であることで、不動・不変の恒久性とは異なる持続性や永続性が図られていると見ることができます。

［註・参考文献］
1　市古貞次校注『新訂方丈記』岩波文庫、1989
2　西和夫＋神奈川大学建築史研究室『祝祭の仮設舞台』彰国社、1997
3　都市デザイン研究体編『日本の都市空間』彰国社、1968

7.4 ダイナミックバランス
——反りの美学、アシンメトリー、天地人、間と余白

図1　鳥居と本殿の**注連縄**、参道の僅かな振れ（松平東照宮）

図2　屋根の曲線（清水寺鎮守堂）

図3　石垣（富山城址公園）

図4　折れ曲がり（大須観音）

　鈴木秀夫は、森林的、砂漠的として世界の二つの文化圏の思考法を論じ、個々の要素が集まり全体を形成していく思考と全体の枠に従って部分が決定される思考の二つの態度を指摘しています[1]。日本的な空間デザインの思考は、前者の傾向をもつと考えられます。ここでは、そのような日本的なデザインの手法と特徴を見ましょう。

○生きている線：反りの美学

　吉村貞司は伝統的空間の中に直線を曲線化する空間感覚があることを指摘し、鳥居の笠木の反り（図1）を丸太の直線の中に潜んでいた曲線の成長として、また、茶室の床柱の自然材の曲線や歪みを、自然を精神とした生きている線として捉えています[2]。また**伊藤ていじ**は、曲線も直線も線の一容態であり、線は生きた変化の可能性をもったものであるという考え方を指摘しています[3]。このような線をつくりだす手法として、大工は反り屋根の曲線（図2）を創りだすときに、杉や檜の薄く細長い板である**撓み尺**を用い、その両端を掴み一定の力を加えて美しい曲線を創りました。このほか縄の両端を支えてできる曲線は**縄だるみ**と呼ばれ、神社の**注連縄**（図1）に見られるとともに、屋根の軒先のわずかな反りや城郭の**石垣**（図3）(12.5節)にも、そのモチーフを見ることができます。

○非対称のダイナミズム：アシンメトリー

　日本の空間には非対称のデザイン（アシンメトリー）が多く見られます。大陸の様式が対称性を強く堅持しシンメトリーであるのとは異なる志向です。井上充夫は左右対称配置であった**寝殿造**が時代とともに対称性を失っていくことを示しています[4]。また平安時代の『**作庭記**』には、「すじかへて」という表現で、寝殿造の庭園の橋について、建物正面の出入口に対し斜めに配置することが記されています。

　大陸から伝来した仏教の寺院においても対称性に拘らない配置が現れます。再建された〈法隆寺〉は非対称の姿（図5）で知られていますが、焼失前の若草伽藍は左右対称でした[5]。また、神社**参道**の本殿に向かうアプローチで角度の振れ（図1）や折れ曲がり（図4）を有し、真正面を外している例はよく見られます。さらに**茶室建築**に一貫した根本的原理として堀口捨己は「反相称性」を指摘しています[6]。

　このような非対称性には、幾何学的な対称性よりも自然や地形を重視する意識を読み取ることもできるでしょう。また、吉村は、〈出雲大社〉(8.1節)における神と人、〈法隆寺〉における金堂と塔、茶室における床と炉などを

図5 法隆寺（講堂より見る金堂、中門、五重塔）**非対称の伽藍**

図6 生け花の**天地人**（**真副体**）

図8 **間**の連なる民家平面（糟谷家、愛知県）

図7 天守閣（松本城）**天地人**の構成

図9 柱と間（豊国神社（千畳閣））

図10 露地の飛石（有楽苑）

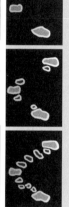
図11 飛石の配置

挙げて、異質性（同質でないもの）を併置、併存させる日本人の意識を指摘しています[2]。

○エステティックトライアングル：天地人

異質な要素を共存させるデザインの手法として、**天地人**や**真副体**（図6）などと呼ばれる、かたちの違う三つの要素を使って三次元的に動的な調和、均衡を図る技法があります。要素は三つに限らず、その延長に**七五三**の手法もあります。これらは生け花の構成手法や庭の石組みに用いられてきました。

伊藤は、城の天守閣の構成（図7）に、この構成を読み取っています。そして、この造形の特徴として、要素の付加や削除があっても全体性の保持が容易であること、視点が移動してもその全体性は崩れず、様々な方向からの視点を受容することを指摘しています[3]。

○非オブジェクトのデザイン：間と余白

神代雄一郎は、日本建築が**柱**と、柱と柱のあいだから発生した**間**（図8、9）によって構成され、これが、一本の柱立てから様々な配置形式へと水平方向に展開する日本の空間構成の元になっていることを指摘しています[7]。伊藤は「基本構造のシンボル」である柱および柱群の隙間に漂う目に見えない空間を「イマジナリースペース」（＝間）と呼び、「目に見えない空間を設定し、そこで空間の構造と秩序を検討する方式は、日本的な文化のパターンのひとつ」としています[3]。飛石の配置（図10、11）における**布石**の発想や、石配置の際に、石と石のあいだを二つの存在の働き合う場として考慮する**合端のなじみ**はそのような例と言えます。

物理的要素のあいだの空白に、重要な意味役割が存在することについて、吉村は、**余白**の原理として、不要のものを削る凝縮性、それによって現れる必然性、本質性を指摘しています。広い仏殿が一体の小さな仏像の霊威の働く場として必要であったことや、〈龍安寺石庭〉の石と敷き詰めた白砂の例が述べられています[2]。

最後に伊藤の表現を紹介しましょう。

「西洋の空間が黒い紙にあらわれた白い空洞であるとするならば、日本の空間は白い紙の上に散在する黒い点であると。彼らは空間を彫刻して掘り出したのであり、私たちはシンボルを散在させて空間を浮かび上がらせてきたのである」[3]

[註]
1 鈴木秀夫『森林の思考・砂漠の思考』NHKブックス、1978
2 吉村貞司『日本美の特質』鹿島出版会、1967
3 伊藤ていじ『日本デザイン論』鹿島出版会、1966、p.111, 119ほか
4 井上充夫『日本建築の空間』鹿島出版会、1969
5 井上章一『法隆寺への精神史』弘文堂、1994、pp.189-193
6 堀口捨己『茶室研究』鹿島出版会、1977、pp.775-873
7 神代雄一郎『間・日本建築の意匠』鹿島出版会、1999

第7章 日本の空間特性

●図版出典
＊特記なき場合は筆者撮影

7.1
- 図1 槇文彦ほか『見えがくれする都市 －江戸から東京へ』鹿島出版会、1980、p.62
- 図6 高橋康夫『京町家・千年のあゆみ　都にいきづく住まいの原型』学芸出版社、2001、p.73
- 図7 足利健亮『京都歴史アトラス』中央公論社、1994、p.53
- 図8 Google Earth
- 図9 材野博司『かいわい[日本の都心空間]』鹿島出版会、1978、p.78
- 図10 中島直人ほか『都市計画家石川栄耀』鹿島出版会、2009、p.253　より作成
- 図11 中島直人ほか『都市計画家石川栄耀』前掲、p.253より作成

7.2
- 図1 『重要文化財孤篷庵本堂・忘筌及び書院修理工事報告書　本堂及び忘筌』京都府教育委員会、1965、p.1
- 図3 『国宝光浄院客殿　国宝勧学院客殿修理工事報告書　光浄院客殿主体工事の部』滋賀県教育委員会、1980、p.4
- 図6 撮影：実相院
- 図8 『国宝本願寺飛雲閣修理工事報告書』京都府教育委員会、1966、p.2、図面編、p.1
- 図9 林雅子ほか監修『障子の本』同和製紙、1978、p.57より作成
- 図13 『日本建築史基礎資料集成　第20巻茶室』中央公論美術出版、1974、p.37

7.3
- 図1 『江戸名所図会』国立国会図書館デジタルコレクション
- 図8 『三都名所図会』国立国会図書館デジタルコレクション
- 図11 『東海道名所図会』国立国会図書館デジタルコレクション
- 図13 提供：松井正澄
- 図14 提供：松井正澄

7.4
- 図5 日本建築学会博物館蔵
- 図8 『愛知の民家―愛知県民家緊急調査報告書』愛知県教育委員会、1975、p.19
- 図11 都市デザイン研究体編『日本の都市空間』彰国社、1968、p.35　より作成

第 8 章　日本的空間の構造と配置形式

　第 8 章では、日本的空間の特質を、目に見える形態からではなく、形態を秩序づける**構造**や**形式**といった、隠れた側面から解き明かす。
　日本古来から伝わる儀礼空間などに固有の、**象徴性**や**軸性**を見出す空間経験の背景には、自らの身体からはるか彼方に**浮遊**したような、**仮想的な視覚構造**を見出すことができる。こうした、中心や定点が固定されない空間把握を下敷きとすることで、現実の視覚像を歪めたような**逆遠近法**や、**見え隠れ**を幾度も繰り返す**雁行形**という空間形式を読み解くことができる。さらには、神社の聖域や日本庭園に見られる**余白空間**にもまた、こうした**非中心性**や**非現実性**に由来する特異性が認められる。

8.1 軸によって繋がれる空間と時間
——水平性と垂直性が重なり合う直線的構造

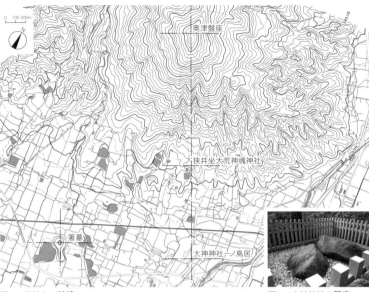

図1　三輪山と箸墓（古墳）　　　　　　　　　　図2　三輪山の軸線　　　　　　　　　　　　　　　　　　図3　大神神社の**磐座**

図1, 2：堀口は、古代の人々が箸墓の計画にあたって「神と離れず、三輪の神の磐座、荒御魂を祠った狭井神社、一の鳥居といった三輪神社の造形的空間の主軸と、この墓の円部と方部を継ぐ主軸とを平行にし、池を山側に掘らなかったと考えても、そうあり得ない事柄とは思えない」と述べる。このような、三輪神社の軸線に平行に配置されているという堀口の指摘に鑑みれば、日本固有の墳墓形式である前方後円墳の軸性もまた、日本的な空間構造の萌芽として、円墳部と方墳部をそれぞれ神体山の垂直性と、参拝軸の水平性とが対をなして重なり合った形式として解釈できるかもしれない。

　日本的な空間の萌芽を、古来から人々の信仰を集めてきた原始的な宗教空間に見出してみましょう。それらはしばしば建築空間としては未熟な、仮設的な構成（7.3節）をとることもありますが、むしろそれゆえに、きわめて簡素で明快な原型として、図式的に理解することもできます。

〇石や柱を「立てる」ことによる象徴性

　堀口捨己はその主著において、**三輪山**（図1, 2）に存在し、近代まで禁足地であった奥津磐座や中津磐座、辺津磐座をはじめとする石組（図3）を**日本庭園**の「祖型」であると見なし、それらが単なる自然物ではなく、最小限の人為が加わることによって、**象徴**としての意味が与えられていることを指摘します[1]。日本最古の造園の指南書である『**作庭記**』でも、「石をたてん事、……」と書き出されるように、いみじくも石を人為によって「立てる」ことが、庭園空間としての始まりだと示唆されています。井上充夫は、古代人は空間そのものよりも、柱という実体に対する関心が高かったことを指摘していますが[2]、これについても上述の石組と同様に、単なる細長い棒状の物体への関心というよりも、それらが「立てられ」、「柱」という意味とともに生じる象徴性が読み取られていたからでしょう（図4）。つまり、石組や**柱**という実体と、これらを基点として拡がる空間とは、相互に関わり合いながら、清らかさや穢れを伴う「特別な一つの纏まり」として、庭園や聖域としての形式化が進められたと考えられます。その始まりが「立てる」こと、すなわち重力に抗して**垂直性**を与え、人為によって秩序付けることであったということは、注目に値します。

〇「**間**」としての関係性：空間の水平的展開

　神代雄一郎は日本の建築空間を論じるにあたり、「柱か間か」という問いを立て、実体としての1本の柱と、2本の柱が立って生じた意味＝関係性としての**間**（7.4節）とで、どちらが重視されてきたのかを考察しています。ここでは柱そのものに宿る聖性だけでなく、〈伊勢神宮正殿〉における2本の**棟持柱**や、中国地方に伝わる神事や神楽のために仮設される神殿（図5）に見られるような、棟木を高く持ち上げる2本の柱などから、実体としては見えない「間」の重要性が指摘されています。つまり、1本の柱が生み出す垂直性だけでなく、「間」として生じる、空間の**水平性**が読み取られているのです[3]。

　さらに神代は、水平的に拡がる空間が時間的な意味を帯びることにも注目しています。原始的な農耕社会にお

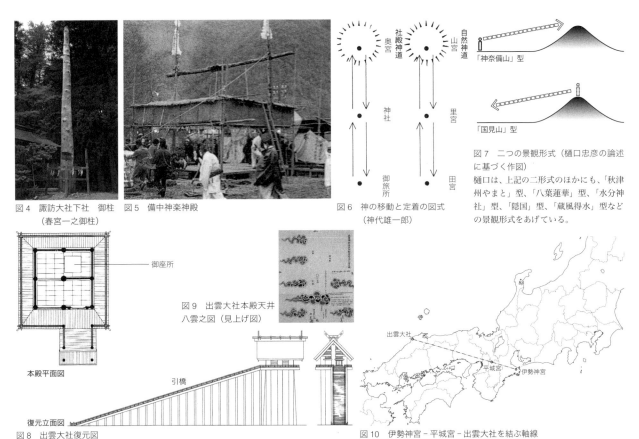

図4 諏訪大社下社 御柱（春宮一之御柱）
図5 備中神楽神殿
図6 神の移動と定着の図式（神代雄一郎）
図7 二つの景観形式（樋口忠彦の論述に基づく作図）
樋口は、上記の二形式のほかにも、「秋津州やまと」型、「八葉蓮華」型、「水分神社」型、「隠国」型、「蔵風得水」型などの景観形式をあげている。
図8 出雲大社復元図
図9 出雲大社本殿天井 八雲之図（見上げ図）
図10 伊勢神宮－平城宮－出雲大社を結ぶ軸線

ける儀式として、山中の磐座や神樹に宿る神を里の斎場へと迎えもてなし、稲作地の中央で豊作祈願を行なう「神迎え」と、毎年の収穫に感謝し、神を山中へと送り返す「神送り」に、山宮・里宮・田宮を結ぶ（奥津・中津・辺津磐座にも対応する）**軸線**上を往復するという時間的意味が読み取られ、それらがのちに**奥宮・神社・御旅所**という「空間的肉付け」を獲得したとされます（図6）。

○空間の構造化と「見る」こと

日本の景観形式を分類した樋口忠彦は、磐座などの神体山によって形成される**神奈備山**型景観と、周囲を俯瞰するような小山や端山によって形成される**国見山**型景観を区別しますが[4]（図7）、前者は、人間が神体山を仰ぎ見、豊穣を祈るのに対し、後者は、神性を帯びた支配者が山頂から見下ろし、自領を寿ぎ生命力を与えることとして、互いに「見る－見られる」が反転した、鏡像としての同一性が認められます。また、両者の視界を決定づける高低差が、「山のもつ垂直方向の意志力」と意味づけられてもいます。このように、垂直性がもたらす点的な視認性と、水平的な拡がりをもつ眺望性とは、「見る」という人間の根源的な行為に結びついた祈祷や呪術に関わりながら、自然と人間、聖と俗のための空間を構造づけてきたと言えるでしょう。

たとえば堀口が指摘するように、三輪山と、その遥拝軸に寄り添った箸墓からなる空間構成には、力強い自然地形の垂直性と、控えめな人為による水平性が読み取れます（図1,2）。あるいは〈出雲大社本殿〉についても、床下から天井までを貫く心御柱、これを時計方向に旋回するような平面、そして天井の八雲之図（図9）を見上げるような、螺旋的な上昇性を念頭におけば、復元案（図8）における長大な引橋は、聖なる垂直性とそれを仰ぎ見る水平性との重なり合いであると解することができます。

さらには、〈伊勢神宮〉〈平城宮〉〈出雲大社〉が地図上で一つの直線上に並び（図10）、かつ、出雲大社では心御柱が本殿内部を貫くのとは対照的に、伊勢神宮では心御柱を床下にとどめ、その上を覆うように正殿が造営されていることから、伊勢神宮を天上なる高天の原、平城京を地上なる葦原中つ国、そして出雲大社を地底なる黄泉の国とする、巨視的な水平性と垂直性とが重なり合った、古代日本の世界軸を読み取る研究者もいます[5]。

[註]
1 堀口捨己『庭と空間構成の伝統』鹿島出版会、1977、p.75
2 井上充夫『日本建築の空間』SD選書37、鹿島出版会、1969、p.16
3 神代雄一郎「日本の建築空間」『日本の美術』第244巻、至文堂、1989.9、p.20
4 樋口忠彦『日本の景観 ふるさとの原型』筑摩書房、1993、pp.140-153
5 林一馬『伊勢神宮・大嘗宮建築史論』中央公論美術出版、2001、p.425

8.2 浮遊する平面
——無限に重層化される透明空間

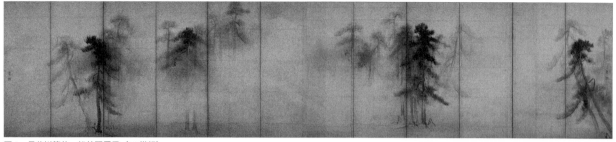

図1　長谷川等伯　松林図屏風（16世紀）

図2　洛中洛外図屏風（上杉本）

図3　洛中洛外図屏風　部分

図2：山口晃は、描き手の立場から「洛中洛外図」を「様々な視点から見える風景を飲み込んだ上で、それらを合成して描いた「地図」なの」だと評する。また屏風絵としての本来のあり方にもとづいても解釈し、「屏風に描かれた京都の地図を部屋に並べて、その真ん中から見る」という視点の特殊性を「「3D」的な空間性」であると説く。(山口晃『ヘンな日本美術史』祥伝社、2012、pp.130-148)

　絵画に描かれた空間とは、描き手の空間認識がそのまま反映されたものだと言うことができます。西洋の場合、いわゆる透視図法が発見される前の絵画では、描かれる対象物の遠近と大小との間には不整合があることが知られています。たとえば絵画中央の聖人だけが実際の遠近にかかわらず大きく描かれたりしますが、当時の宗教的な世界観からすればむしろ「正しい見え方」であったと言うこともできます。透視図法はルネサンス初期に建築家ブルネレスキが発見したものですが、空間の描画法を画家ではなく建築家が見つけ出したことは必然といえるでしょう。なぜなら、建築家はその職能として、人間が空間をいかに把握するのかについて常に意識することが宿命づけられていたからです。

○「松林図」に描かれる「空気」の厚み

　16世紀に描かれた長谷川等伯（1539～1610）の「**松林図**」（図1）を見ると、対象物の見え方を大小に描き分ける透視図的な表現とは全く別種の遠近表現が用いられていることがわかります。ここでは、松のシルエットの濃淡を変えるだけで、周囲に垂れ込める霧の量感が表現されています。対象との距離が霧すなわち空気の厚みに変換されることで、松林の遠近がリアルに描かれているのです。遠近を正しく配置しながら、どの松も等しい存在感をもって描くことに成功した、世界でも類を見ない画法といえます。手前から奥に向かって連続撮影された断層写真のような、松林の複数の「立面図」が、一つの画面に**重層化**されています。画家の視点は、透視図のように一箇所に固定されることなく、遠近を自在に往来し、すべての松を等しい存在感のもとで捉えています。

○重層化された無数の平面としての空間

　「松林図」での奥行の描画法を、高さ方向にも用いれば、よく知られた「**洛中洛外図**」の空間表現をうまく理解することができます（図2、3）。この画は、碁盤目状の町割に従う京都の家並みを、透視図的な方法によらずほぼ等大に描くことで、市街のあらゆる場所において、細密で表情豊かな人々の暮らしを活写しています。やはり画家の眼は自由に浮遊し、金色のすやり霞は、あたかも画家があちこちから街を覗き込むための足場であるかのようです。

　また、「源氏物語絵巻」では**吹抜屋台**が描かれ、視点は屋根の上にあるにもかかわらず、内部空間を透視するように、視点の高さが自由に上下しています（図4）。磯崎新（2.11節）は、このような絵画にもとづき、日本における空間認識とは「**二次元の平面の複合**」であり、「平面を

第2部　日本の空間フレームとフォルムを学ぶ

図4　源氏物語絵巻（鈴虫二、12世紀）における吹抜屋台

図5　バルテュス　朱色の机と日本の女
(1967〜1976、ブレント・R・ハリス・コレクション)

図6　フィリップ・ワイズベッカー
UKIYO-E-TABLE (2009)

図7　山口晃　成田国際空港　飛行機百珍圖
(2005、紙にペン、水彩、96.5×76.5cm)

図5：日本美術に高い関心をもったバルテュスの作品のなかでも、本作は「最も日本的な作品」として、「ほとんど陰影のない平面的な人物表現や構図、逆遠近法の多様にも、日本美術（特に浮世絵）の影響が見られる」と評され、日本的なモチーフと構図との対応関係が指摘されている（河本真理「バルテュス—もうひとつの20世紀、東西の親和力」『バルテュス展図録』所収、東京都美術館ほか編、2014、p.21）。図7：山口による作品は、自由に浮遊する視点を、飛行機からの俯瞰という空間認識に重ね、現代の東京の都市風景を描いている点で、日本的な空間を二重に浮かび上がらせている。

次々に感じ組み合わせる」ことであると説明します[1]。固定された1点から見た像の大小ではなく、様々な奥行や高さから見た一枚一枚の平面が等価に重ね合わせられることで、空間が把握されているのです。そのような空間認識の前提には、**浮遊**するあらゆる視点を、互いの距離によらず等しい精度で繋ぎ合わせることを可能にする、歪みやノイズのない**透明性**があると考えられます。その透明性ゆえに、「松林図」では、松そのものよりも、その手前に立ち込める濃霧の微細な粒子の一つひとつが感じられるのであり、松林という空間そのものが表現され得たとも理解できるでしょう。

○逆遠近法という冒険

日本の空間構造を論じる諸説のなかには、こうした視点の自由な浮遊を、万葉集の和歌などで遠くの山などを望むときに用いられる**ふりさけ見る**という言葉に由来すると見なすものもあります。上述した視点の移動に重ねて理解すれば、視点が固定された状態で「見る」のではなく、自らの身体から視点が分離し、「自分が裂けて遠く行ってしまう」という意識が読み取れると言うのです[2]。いわば無限遠まで「ふりさけ」、拡散してゆく視点から空間を「見る」ときには、自己を中心として放射状に彼方まで広がってゆく世界の構造として、遠くのものが手前へと引き寄せられたように描かれることになります。たとえば先述の源氏物語絵巻では、通常の遠近法のように視線が消失点へと収束せず、むしろ末広がりに視界が拡散しています。こうした構図は日本の絵画に多く見られ、いわゆる**逆遠近法**として知られます。西洋でも、バルテュス（Balthus、1908〜2001）は日本人妻のいる室内を描く際に、逆遠近法的な構図をとることで、視点の定まらない浮遊感を表現し（図5）、日本の道具を数多くモチーフとしているフィリップ・ワイズベッカー（Phillipe Weisbecker、1942〜）は、画家の視点からは隠面となる対象物のよそよそしい側面を、淡々と描き出しています（図6）。日本的な視覚表現を批判的に取り入れている画家、山口晃（図7）が「洛中洛外図」を評して「様々な視点から見える風景を飲み込んだ上で、それらを合成して描いた」[3]と述べるように、逆遠近法による末広がりの線とは、「ふりさけ」た無数の視点から捉えられた世界の像が、自己へと回収され、「飲み込まれて」ゆく軌跡として読み解くこともできるでしょう。

[註]
1 　磯崎新『見立ての手法　日本的空間の読解』鹿島出版会、1990、p.10
2 　吉村貞司『日本の空間構造』SD選書173、鹿島出版会、1982、pp.167-168
3 　山口晃『ヘンな日本美術史』祥伝社、2012、p.148

8.3 「奥」を生み出す空間の結合形式
——雁行による奥行がもたらす運動性と時間性

図1 尾形光琳 八橋図屏風

図1：江戸時代中期を代表する画家・尾形光琳の画風は、桃山時代後期の俵屋宗達から、江戸時代後期の酒井抱一らに至る絵師の系譜に連なるものとして、後に「琳派」と呼ばれることになる。彼らには互いに約100年の隔たりがあり、直接の師弟でないにもかかわらず、その画風に日本的な精神を読み取り、継承してきた。本作も、19世紀になって酒井抱一が参照した原本だと考えられている（「琳派　京を彩る」展覧会公式図録、京都国立博物館、2015、p.292）。

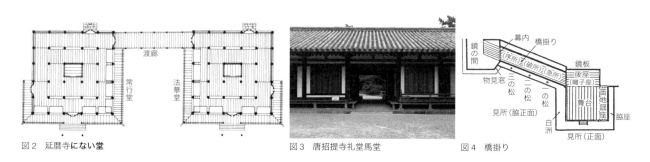

図2　延暦寺にない堂　　　　図3　唐招提寺礼堂馬堂　　　　図4　橋掛り

　前節では「松林図」に描かれる日本の空間認識について触れましたが、本節では引き続き、その展開について考察したいと思います。ここでもやはり、日本独自の絵画形式が参考になるでしょう。尾形光琳（1658〜1716）による「**八橋図屏風**」（図1）は、後代に「琳派」という呼称のもとで世界的な注目を集めることになる作品のなかでも、卓越したものの一つです。きわめて図案的で単純化されたモチーフでありながら、抽象に陥ることなく、具体的でリアルな空間が描き出されています。「松林図」と同様に、対象物の大きさは遠近によって変化することはありませんが、空気の厚みによって濃淡が描き分けられるわけでもありません。どうやら「八橋図屏風」における空間表現の鍵は、**鉤型**に屈曲を繰り返す橋という画題と、実際に折れ曲げられ自立した状態で鑑賞される、屏風という形式の重なり合いにあると言えそうです。

○空間の連結形式：直線的結合から平面的拡張へ

　8.1節でみたとおり、神代雄一郎は日本的空間の原始的な特質として「間」を挙げています。これは複数の実体や空間によってもたらされる、関係性への注目であると言い換えることができるでしょう。神代は、複数の建築空間が「並び、合わさり、つながれ」[1]る結合形式に注目していますが、その一例としての延暦寺法華堂と常行堂は、渡り廊下で結ばれることで、両者合わせて〈**にない堂**〉と呼ばれます（図2）。二つの異なる空間を結びつける手法として、宗教的なヒエラルキーを空間の前後関係に置き換え（8.1節）、直線的に結びつけた事例には、仏堂形式の双堂における正堂・礼堂（4.1節）や、神社形式の**八幡造**における前殿・後殿、その発展型とされる**権現造**（9.1節）の本殿・拝殿など、数多くがありますが、〈にない堂〉では、それぞれの建物が独立して等価な意味を保ちながら、相互に関係づけられることで新たな呼称を得るという、空間操作によってもたらされた新たな意味を確かめることができます。こうした効果が、日本の建築空間を、自己完結型の**直線的結合**から、開放型である**平面的拡張**へと展開させることになります。たとえば**寝殿造**は、廊や渡廊による結合が複合的に繰り返され、全体として広がりのある、多様な空間経験を可能にしています。神代は、結合だけでなく、本来長大な一体空間であったものを分節することで生みだされた〈唐招提寺礼堂馬堂〉や割拝殿についても言及していますが（図3）、直交する二つの軸線をそれぞれ自立させながら関係づけるという手法によって、ここにも平面的な広がりを見出

第 2 部　日本の空間フレームとフォルムを学ぶ

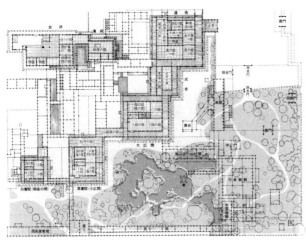

図 5　二条城二の丸御殿

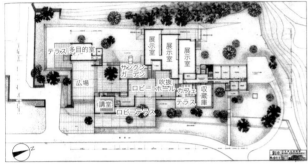

図 7　熊本県立美術館　平面図

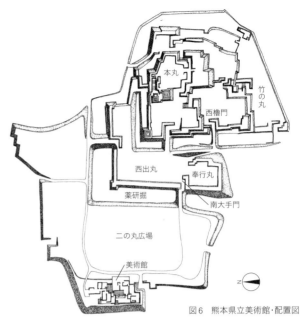

図 6　熊本県立美術館・配置図

図 6, 7：熊本県立美術館は、平面的な雁行だけでなく、エントランスから展示室へと繋がるシークエンスのなかで、床の高さも徐々に高くなることで、視線の巧みな制御がなされている。「日本建築の透明性を追った建築であり、前川國男の到達点」（松隈洋ほか編『建築家前川國男の仕事』美術出版社、2006、p.234）と評される空間について、建築家・富永譲は「均質な空間が拡がっているというのではなく、それぞれにニュアンスを帯びた、興味をひきつけるような場が寄せ集まり、…（中略）…場から場へといたる過程での情緒の変位、その連続が非常に大切に考えられている」と述べる（同、p.222）。

○雁行型配置に見出される奥行性

こうした直線的結合から平面的拡張への展開について井上充夫は、「幾何学的空間」から「行動的空間」への変化を指摘しています[2]。換言すれば、空間構成の全体像が、強い形式性をもってあらかじめ俯瞰的に決定づけられるのではなく、いわばアイレベルからみた構成として、隣接する空間どうしがその都度結合された結果として現れるように変化したということです。たとえば能舞台における**橋掛**（図4）は、まさに見所からの演者の見えがかりを意識し、斜めという平面的広がりを取り入れることで生み出された結合方式です。人間の視線や行為に即した、具体的かつ現実的な構成には、動的なバランス感覚や時間的な運動感覚が取り入れられていますが、このことが「行動的空間」と呼ばれる所以です。寝殿造もそうですが、さらに洗練された例として、二条城二の丸御殿（図5）に代表的な**雁行型平面**をあげることができます。「斜め配置、筋違い、あるいはずらし」といった雁行型の形態的特徴は、建築空間だけでなく、造園や生け花、絵画など日本の造形一般に共通するものとして、左右対称などの強い形式性を避け、「場に力動性や**奥行性**それに時間性を与える仕掛け」だと見なされます[3]。

○見え隠れによって生み出されるシークエンス

雁行型平面のシークエンス（7.1節）は、鉤型の繰り返しによって**見え隠れ**が入れ替わり、視覚が絶えず変化しています。見通しを遮り、視界を小刻みに分節できる点で、城郭建築でも雁行型平面は多く採用されています。この形態を取り入れて、空間経験としての多様性を活かした例として、熊本城下にある〈熊本県立美術館〉（前川國男、2.3節、1977）をあげることができます（図6,7）。視界のその先へと来館者を引き込み、美術館の本質として展示空間において「見る」ことの愉しみを最大限に演出した空間であるといえるでしょう。

さて、本節冒頭で取り上げた「八橋図屏風」を改めて見てみましょう。ここでは、屈曲を繰り返す橋が、屏風自体の折れ曲がりと重なることで、見る者にとって雁行型平面と同じような視界の運動性や奥行感が生み出されています。これは実際の建築空間において獲得された日本的な特質が、絵画あるいは室内装飾へと凝縮され、反映された事例と見なせるのではないでしょうか。

[註]
1　神代雄一郎「日本建築の空間」『日本の美術』第 244 巻、至文堂、1989、p.34
2　井上充夫『日本建築の空間』SD 選書 37、鹿島出版会、1969、pp.228-282
3　川道麟太郎『雁行形の美学―日本建築の造形モチーフ』彰国社、2001、p.194

8.4 空虚な余白を包み隠す空間
――「奥」を生み出す引力

図1 伊勢神宮・内宮（右下に**大宮院**、右（東）側が**古殿地**）

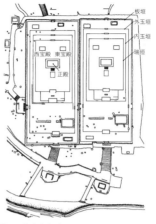

図2 内宮大宮院配置図

図3 古殿地（豊受大神宮）

図1,2:伊勢神宮は皇大神宮（内宮）と豊受大神宮（外宮）からなり、外宮の殿舎構成や形式は、多くが内宮と類似する。内宮の主要殿舎が建つ大宮院の敷地は南北に細長い長方形で20年ごとの**式年遷宮**のために東西に同じ敷地が2つ並ぶ。2013年の遷宮では西側の敷地に殿舎が造営され、東側の敷地は空地となり、中央に立つ小さな覆屋が地中の心の御柱を匿っている。

大宮院には、敷地のほぼ中央に正殿が南面し、その後方東西に宝殿が建つ。これら3殿の周囲を瑞垣と内外二重の玉垣、さらに板垣が取り囲む。内玉垣南御門前は広い空地となっており、かつては神官による祭式が行われていた。

この山深い森の中に開かれた聖域は何重にも囲まれながら、1200年以上にわたり人目に触れない**空虚**であり続けている。

　日本建築においては、敷地におけるいわば**残余**としての外部空間が、重要な役割を担っています。こうした外部空間は、必ずしも庭園として造形されない場合も多く、前節で見た雁行型平面における内外の空間的な出入りはその一例といえます。さらには、内部空間とは何ら関わりのない、ただ空白の外部空間こそが求められさえもします。その典型が、〈伊勢神宮〉の**古殿地**（図1〜3）です。

　磯崎新（2.11節）は、庭園を意味する「にわ」という語が負う歴史の古い層に、清浄な空白としての「ゆにわ」や、神的な霊（「ひ」）を守る所としての「ひもろぎ（7.3節）」という原始的な設えを読み取り、次のように述べます。

>「(引用注：眼に見えない「ひ」は、) 空白の場に立てられた榊の枝に宿ることにされても、儀式が終了すれば枝ごと取りはらわれる。そして空白がのこされる」[1]

　ここで示されるのは、何もないことがむしろ求められるという逆説的な空間図式です。そのうえで古殿地は、「二つの敷地の並ぶ神宮の小石だけが敷きつめられ、心柱の位置が示されている」ことによって、「「ひ」の滞留と移動の痕跡をもっとも的確に伝えている」のです。

○隠され続ける次元としての「**奥**」

　古殿地は見られることを前提に設えられたものではなく、むしろ「ひ」という見えない存在を匿（かくま）っています。実はこの「見えない」ということによって生み出される空間感覚こそが、**奥行**であるといえます。計測可能な寸法としてではなく、人間が経験する生きた空間とはいかなるものかを問い求めた哲学者**メルロ＝ポンティ**によれば、「われわれは、いつも〈奥行〉というものの手前にいるか、さもなければ向こう側に行って」しまうため、

>「私は実際には奥行というものを見てはいないのであり、もし見ているとすれば、それは実はもう一つの〈幅〉にすぎない」[2]

とされます。また槇文彦も、日本的空間における奥の特性について言及し、雁行型平面など、空間のなかを進むごとに影踏みのように逃げてゆく**見え隠れ**（7.1節）の構造を、「奥は見る人、つくる人の心のなかでの原点であり、従って見えざる中心ということもできる」[3]として説明しています。その意味で、西行が〈伊勢神宮〉を参拝するにあたり詠んだとされる「何事のおはしますをばしらねどもかたじけなさに涙こぼるる」という歌には、視覚から隠され、はかり知れない次元である奥行に、日本人が特別な意味を見出してきたことを読み取ることができるでしょう。たとえば世界的にも最も極小といえる茶室空

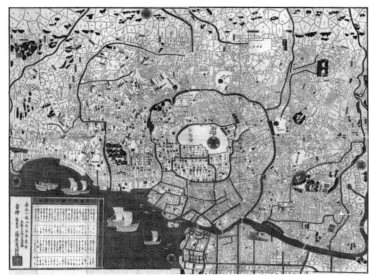

図4 萬世御江戸絵図（嘉永2年（1849））

図6 スパイラル（槇文彦、1985）

図5 妙喜庵茶室（待庵）

図4：ロラン・バルトは自らの著作に江戸の古地図を挿入し、皇居（江戸城）の巨大な空白と、周囲を取り囲む街区の細かな地割との特異な対比を示唆している。

図5：近代ヨーロッパの建築家としていち早く日本建築の特質を見抜いたブルーノ・タウトは、床の間に「虚」や「無」を読み取り、「それ自體が建築なのである」とも述べた。（ブルーノ・タウト著、篠田英雄ほか訳『タウト全集第三巻 美術工藝』、育生社弘道閣、1943、p.15）たとえば待庵の床は、入り隅が塗り回された室床で、仄暗く虚ろな空間を無限定に囲い込んでいる。

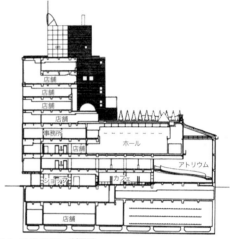

図7 スパイラル 断面図

間においては、床の間が巧みに設えられることによって、たしかに実寸以上の奥行を生み出しています（図5）。日本の西洋化を推し進めた福沢諭吉は自伝の中で、神社のご神体がただの石であることを暴き、密かに別の石に入れ替えた後でも人々が敬っているさまを見て「馬鹿め、乃公の入れて置いた石に御神酒を上げて拝んでるとは面白い」[4]と豪語しますが、これは、近代以前の日本人にとっての神聖さが、実体の有無とは無関係に、空間的な深さによって生み出されていたことの裏付けといえます。

○**都市空間において「奥」を生み出す空虚**

見えざる中心としての奥は、日本の建築空間だけではなく、都市空間にも潜んでいます。外国人からみた日本の文化論として著名な『**表徴の帝国**』で、**ロラン・バルト**は**東京**について「禁域であって、しかも同時にどうでもいい場所、緑に蔽われ、お濠によって防禦されていて、文字通り誰からも見られることのない皇帝の住む御所、そのまわりをこの都市の全体がめぐっている」[5]と説明し、「いかにもこの都市は中心をもっている。だが、その中心は**空虚**である」と描写します（図4）。これは、実体的な広場や教会を中心とする西洋の都市とは対照的な構造といえます。バルトの見出した「神聖なる《無》」や、磯崎のいう「ひ」を匿う、日本の都市の特異な空間構造は、槇による「各々の奥をまもる社会集団の領域」[6]という理解にも重なります。こうした奥の重層化によって空間に深い襞が生まれ、いわば『**陰影礼賛**』（7.2節）にみるおぼろげな昏がりや、幽玄といった虚ろさや**実体**のなさが、空間の気分を支配するようになるのです。

○**現代都市における奥**

先述した槇文彦は、自らの設計においても、日本的空間を現代建築へと翻案する試みを行いましたが、〈**スパイラル**〉（1985、図6、7）はその代表例です。表通りの賑わいに接続したショップやカフェの向こうに円形のアトリウムが配置され、スロープが螺旋を描いて緩やかに上昇しています。ここは様々な催事を想定した空間ではありますが、むしろ何の催しもないとき、床の間のようなただ「無」としてのヴォイドを巡って、人気のないスロープが吹抜への上方に消えてゆく様子にこそ、日本的な奥行を垣間見ることができます。

[註]
1 磯崎新『建築における「日本的なもの」』新潮社、2003、p.69
2 M. メルロ＝ポンティ著、滝浦、木田訳、『眼と精神』みすず書房、1966、p.274
3 槇文彦『見え隠れする都市―江戸から東京へ』SD選書162,1980、p.220
4 福沢諭吉『新訂 福翁自伝』岩波文庫、岩波書店、1978、p.26
5 ロラン・バルト著、宗左近訳『表象の帝国』ちくま学芸文庫、1996、p.54
6 槇文彦、前掲、p.229

8.5 世界の縮図としての空間構成
――家と庭とが織りなす日本的コスモロジー

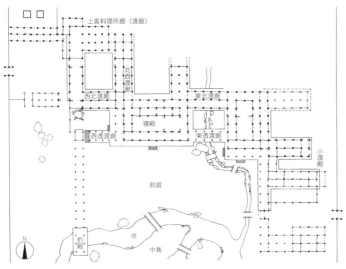

図1 **寝殿造の平面**（東三条殿）

図2 当麻曼荼羅（13世紀）

図1：南面する寝殿を主屋とし、中島をもつ池のある前庭を取り囲むように、東、西、北に副屋となる対屋が配され、これらが渡殿や渡廊で繋がれる。当初は左右対称の形式であったが、やがては一方の対屋を欠くなど、非対称へと変化していった。このことは「住宅の実用性の尊重を示すものであり、また左右均斉の大陸的な表現から、対象を破った自由な日本的表現への移行」と見なされる（太田博太郎『日本建築史序説』増補第二版、彰国社、1989、pp.96-98）。

「日本家屋の中のどこで庭が終わり、どこで庭が始まるか」[1]とフランク・ロイド・ライト（3.5節）は問いかけます。「どこで庭が終わり住宅が始まるのか。庭が始まり住宅が終わる場所がそうなのだ。」[2]という禅問答のような言葉も残されています。建築と庭とが表裏一体となった空間特性について堀口捨己は、物的な意味での自然と人為、建築や庭園という区別を超えた次元において「それ自身としては対立的であっても、全体として一つほかの別のもの、すなわちある含みでの庭を形造っている」ことを指摘します。「自然が建築という触媒によって、一つの空間のまとまりをつくりだして、広い意味の庭になったもの」と言い換えられるように、日本的な空間が本来的に、広義の庭としての資質をもつことが見出されるのです[3]。

○寝殿造庭園と浄土庭園に通じる心性

「一つの空間のまとまり」の顕著な例が、**寝殿造庭園**（図1）です。南面する寝殿と、渡殿や渡廊で繋がれた東、西、北の対屋が前庭を取り囲む構成は、自然地形や湧水を生かした、表情豊かな一つの風景をつくりだしています。この形式を取り入れ、寝殿に仏像を安置し、前庭の池を蓮池に見立てて仏教寺院へと引き継がれたものが、平安中期以降の**浄土庭園**の「仮の姿」であったと庭園史家の森蘊は述べます[4]。確かに、左右対称の形式性が強い初期の寝殿造は、浄土庭園において理想世界とされた**曼荼羅**（図2）の構成になぞらえることができます。しかし建築家・増田友也は、この類似性をより根源的に問い求め、単なる形式の借用ではなく、そもそも寝殿造がすでに、理想世界を死後の世界ではなく現実の俗界において、身体や情緒によって「官能的」に経験するための空間だったのだと、日常の住居から宗教建築にまで通底する、日本的空間の心性を解き明かしています[5]。

浄土庭園としては〈平等院〉や〈浄瑠璃寺〉がよく知られます（図3〜5）。特に〈平等院〉では、先述の曼荼羅や、**来迎図**（図6）が教える浄土の世界が現実化されています。調査[6]によれば、創建当初は宇治川に開かれていたとされ、〈鳳凰堂〉の背後に望む来世たる西方浄土と、前方の現世たる宇治川対岸や朝日山への眺めを巧みに取り入れ、此岸と彼岸に見立てられた広大な自然景観を切り結ぶ往生のための閾として、〈鳳凰堂〉が配置されています。

○厳島神社の空間構成：信仰と権勢の重なり合い

堀口の言う「広い意味の庭」の到達点が、〈厳島神社〉（図7）です。彼が「庭造りの手を超えた庭」の傑出した例として認める〈厳島神社〉には、対岸の地御前から海

図3 平等院 配置図

図6 山越阿弥陀図（鎌倉時代、国宝、禅林寺（永観堂）蔵）
西方から現れた阿弥陀如来が、往生者を極楽へと導く来迎図の一つ。

図4 浄瑠璃寺 配置図

図5 浄瑠璃寺 九体阿弥陀堂

図4,5：小高い山に囲まれ、西方を背に九体阿弥陀を安置する阿弥陀堂、前方の池庭、対面の三重塔を配する。堀口は『庭と空間構成の伝統』の中で、「夜、本堂の中に灯りをつけて、扉を開け放つとき、水面に浮び出す金色の九体の仏の姿は、この世のものとは思えない」という描写を借り、ここに「浄土の夢」を見出す。

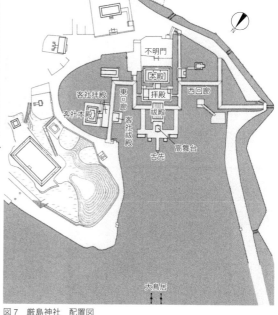
図7 厳島神社 配置図

図8 葛西臨海公園展望広場レストハウス

図9 植田正治写真美術館

中の大鳥居（p.43、図4）を経て、高舞台、祓殿、拝殿、本殿を連ね、背後の御山を望む、日本古来の自然信仰に由来する壮大な**軸性**（8.1節）と、複雑な地形に即応し、内海を前庭と見立て、湾口に向けてやや開きつつ屈曲した寝殿造の細やかな構成とが、巧みに重なり合っています。しかしこうした空間構成だけでは、まだ「単に浄土の場の設備に過ぎぬ」と増田は断じます。そのうえで、治承元（1177）年に行われた万灯会という儀式において、「120間にちかい廻廊の柱間や、社殿の軒には、そのことごとくに灯籠を吊り、そこに金襴の伽裟を纏った僧侶たちをならべ、海中の大鳥居を中心に、湾口の一杯に篝火をならべ、さらに海を隔てた地御前の海岸数十町にわたって篝火を焚きならべ、これらの光の中央に、灯明をかかげて清盛が座っている」[7]と描写される幻想的な火の海にこそ、建造者たる平清盛にとっての、歴史と自然とが一体化した、生きられた空間が出現すると言います。自らが「如来のごとく」座していた清盛を中心に、夢想された来世と、権勢をほしいままにする現世とが、その時・その場所に、**縮図**となって重なり合っていたのです。

○**日本の庭園空間の展開**

その後、日本の庭は、堀口の言う「見るだけの庭」として、必ずしも現実の自然景観には連続しない抽象的な**枯山水庭園**など、自立した表現をもつようになり、さらには**回遊式庭園**のような「使うための庭」へと展開します。しかし私たちは、今なお多くの日本的な空間における表現のなかに、**凝縮したコスモロジー**を見出し、共有しています。「そこが特に美しい敷地であったことに、その家が建てられるまでだれも気がつかなかった。家が建てられると、広がりは奥行きをもちはじめ、その敷地が実際にはどんなに美しいものであったかを実現し始めた」[1]とライトは述べるように、建築が介在して初めて生まれる風景という点では、海への眺望の**額縁**として都市的な湾岸風景をつくりだす〈葛西臨海公園展望広場レストハウス〉（谷口吉生、1995、図8）や、霊峰大山を**借景**として、建物内部にまで映し込む〈植田正治写真美術館〉（高松伸、1995、図9）などは、日本的な庭園空間の現代的解釈と言えるのではないでしょうか。

［註］
1　F. L. ライト 著、谷川ほか訳『ライトの建築論』彰国社、1970、p.273, 231
2　水上優『フランク・ロイド・ライトの建築思想』中央公論美術出版、2013、p.226
3　堀口捨己『庭と空間構成の伝統』鹿島出版会、1977、p.10
4　森蘊『日本庭園史話』NHKブックス、1981、p.70
5　増田友也『家と庭の風景』増田友也著作集第Ⅲ巻、ナカニシヤ書店、1999、p.196
6　杉本宏『宇治遺跡群　藤原氏が残した平安王朝遺跡』同成社、2006、pp.62-63
7　増田友也「日本の空間表現について」同著作集第Ⅰ巻、前掲、p.167

column 6 | かいわい（界隈） —活動が規定するにぎわいの場—

日本の空間構造を表わす概念の一つに「かいわい（界隈）」があります。かいわいには人が集まり、にぎわいが存在します。日常会話で用いられる、かいわいは、「あたり」と同義に用いられますが、地区や通りのように厳密な範囲を規定する言葉ではありません。むしろ、その境界が不明瞭で、その範囲は心象イメージの積み重ねによって認識されます。材野博司は魅力的な都市の拠点として、かいわいに着目しました。日本人の文化の空間的な焦点であり、各地域、各時間固有のものとして存在し、自然発生的に形成されて発展する庶民的な空間であると定義しました[1]。伊藤ていじは、「界隈空間は物体ではなく運動によって規定される」とし、人間の個々の行動の集積を引き起こす施設の集積から成り立ち、目的的行動とともに無目的的行動を含むと定義しました[2]。

○日本の伝統的な空間に見られる「かいわい」

材野は日本の都市のかいわいの原型を、古代の宴や自然発生的に出現した市に見出しました。中世では洛中洛外図屏風（8.2節）に描かれた町家の店先の格子を外してばったり床几（7.3節）を下して形成されるにぎわいの様子に街頭のかいわい空間が表れます。近世では庶民が憂さを晴らす非日常空間として遊女町、芝居町、盛り場がにぎわいました。

〈伊勢神宮内宮〉の神木と五十鈴川の清流がある参道の門前に、古くから栄える「おはらい町（図1）」は、土産店や郷土料理店が建ち並ぶにぎわい空間です。神社では、門前町から参道を経て本殿に至る経路が、鳥居を結界としながら連続します。〈善光寺〉や〈法隆寺〉などの寺院の伽藍の門前には車道を含む大路の両側ににぎわいが広がります。行きと帰りの参拝客の肩が触れ合う神社の参道とは一線を画したにぎわいです。

○ストリート派宣言から始まる現在のにぎわいづくり

浜野安宏は、「人は人のいるところに集ってくる」ことに注目し、かいわいこそがにぎわいの手がかりであると表明しました。表参道の〈フロムファースト〉（図2）や神戸北野町の〈ローズガーデン〉を起点としたまちづくりは、プロデューサー浜野の存在抜きには語れません。浜野は、世界中の街を巡ってにぎわいの在り方を探求し、広場をもたない日本のまちの特性を踏まえてにぎわいづくりを工夫しました。「かいわいは広場にあって広場にあらず、道であって単純な道にあらず」と考えました。にぎわいをもたらすためには、安藤忠雄のCollezione（図3左）のように、接地階の店舗が道に対して入口をもち開かれていることを重視し、ヘルツォーク＆ド・ムーロンが設計したプラダ（図3右）が道に対して閉じて建っていることを強く批判しています。

また、「人はみな必ずしもまっすぐ敷かれた道を快適だとは思わない」、「多様な角や路地やさまざまな曲線やひっかかり、ぶつかりがあった方がより快適となろう」と、かいわいや道について述べています。表参道の明治通りから一本入ると、かつての渋谷川を暗渠にしたため、適度に曲がりくねった道があります。当初、道沿いの家が背を向けて、野良猫だらけだったので「キャットストリート（図4）」と呼ばれています。浜野は、道に対して建物を表向きに変えながら、ここでもファッションとライフスタイルのかいわいをつくることを仕掛けました。パタゴニアなどの有名ブランドも当初から参加しました[3]。

[註・参考文献]
1 　材野博司「かいわい」『新建築』（鹿島出版会）1978
2 　伊藤ていじ『日本デザイン論』鹿島出版会、1966、pp.176-188
3 　浜野安宏『人があつまる』（ノア出版）2005

図2　フロムファースト（山下和正）　　図3　表参道　左:Collezione（安藤忠雄）右:PRADA（H&dM）

図1　伊勢神宮外宮・おはらい町

図4　キャットストリートかいわいとパタゴニア（右端）

●図版出典
＊特記なき場合は筆者撮影
8.1
図1　撮影：梅原章一
図2　堀口捨己『庭と空間構成の伝統』鹿島出版会、1977、p.76 に基づき、国土地理院発行の基盤地図情報　より作成
図3　©Yanajin33「Omiwa-jinja_Iwakura」2012 https://commons.wikimedia.org/wiki/File:Omiwa-jinja_Iwakura.jpg　CC：表示- 継承ライセンス 3.0 で公開
　　　https://creativecommons.org/licenses/by-sa/3.0/deed.ja
図4　©663highland「Suwa_taisha_harumiya12nt3200」2008https://commons.wikimedia.org/wiki/File:Suwa_taisha_harumiya12nt3200.jpg　CC：表示- 継承ライセンス 3.0 で公開
　　　https://creativecommons.org/licenses/by-sa/3.0/deed.ja
図5　山根堅一『備中神楽』岡山文庫 49、日本文教出版、1972、pp.74-75
図6　神代雄一郎「日本建築の空間」『日本の美術』第244 巻、至文堂、1989.9、p.20
図8　日本建築学会編『日本建築史図集新訂版』彰国社、1980、p.7　より作成
図9　出雲大社「平成の大遷宮」御本殿特別拝観之証、2008.8.15 発行

8.2
図1　パブリックドメイン（米国）
図2　パブリックドメイン（日本）
図3　パブリックドメイン（日本）
図4　パブリックドメイン（米国）
図5　東京都美術館ほか編『バルテュス展図録』2014、p.113（ブレント・R・ハリス・コレクション蔵）
図6　©Philippe Weisbecker（Bureau Kida SARL ウェブサイトより）
図7　©YAMAGUCHI Akira, Courtesy Mizuma Art Gallery（撮影：宮島径）

8.3
図1　パブリックドメイン（日本）
図2　日本建築学会編『日本建築史図集新訂版』彰国社、1980、p.23　より作成
図4　川道麟太郎『雁行形の美学—日本建築の造形モチーフ』彰国社、2001、p.185　より作成
図5　日本建築学会編『日本建築史図集新訂版』彰国社、1980、p.74　より作成
図6　前川國男・MID 同人著『前川國男のディテール　熊本県立美術館をとおして』彰国社、1979、p.9　より作成
図7　松隈洋ほか編『建築家前川國男の仕事』美術出版社、p.237　より作成

8.4
図1　国土地理院撮影空中写真（CKK7511-C33B-11）1975.9.16 撮影　より作成
図2　日本建築学会編『日本建築史図集新訂版』彰国社、1980、p.5　より作成
図3　平尾和洋ほか編著『テキスト建築意匠』学芸出版社、2006、p.83
図4　萬世御江戸絵図、嘉永2年（1849）藤英堂　藤屋音次郎板
図5　西田雅嗣、矢ヶ崎善太郎編著『図説建築の歴史—西洋・日本・近代』学芸出版社、2003、p.106
図7　提供：槇総合計画事務所（『新建築』1986.1）

8.5
図1　日本建築学会編『日本建築史図集新訂版』彰国社、1980、p.35　より作成
図2　提供：奈良国立博物館（撮影：森村欣司）
図3　杉本宏『宇治遺跡群　藤原氏が残した平安王朝遺跡』同成社、2006、p.56　より作成
図4　森蘊『日本庭園史話』NHK ブックス、1981、p.95　より作成
図6　パブリックドメイン（米国）
図7　日本建築学会編『日本建築史図集新訂版』前掲、p.53　より作成
図9　©663highland「Shoji_Ueda_Museum_of_Photography01bs3200」2008 https://commons.wikimedia.org/wiki/File:Shoji_Ueda_Museum_of_Photography01bs3200.jpg　CC：表示- 継承ライセンス3.0で公開
　　　https://creativecommons.org/licenses/by-sa/3.0/deed.ja

column 6
図2　撮影：山村梨絵
図4　撮影：山村梨絵

坪川家住宅

構成要素とマテリアル
(モチーフ)

　第3部の導入（第9章）では、**屋根、窓と格子、建具、柱**、以上4つの構成要素に、どのようなヴァリエーションがあり、これらが如何なるルール・特性の組合せによって成立しているか？を解説する。木割や規矩術といった**体系**(システム)の伝統は、部分のプロポーションすなわち西洋建築におけるオーダーに比するものであると同時に、差異をも許容するおおらかさを併せ持っていた。かたち、素材、ディテール、パターン、固定法と開閉方式、構成、寸法に代表されるパラメータ操作により、象徴性や職種・地域性に応じ、多様な展開がなされている点を確認されたい。

　構成要素が担う**象徴性**(シンボリズム)については、民家の部位に興味深い伝統がある。**屋根、門と玄関、柱、梁組と小屋組、寝間**に込められた慣習的意味は、配置箇所や平面形との組み合わせによって多様な民家タイプを生んだ（第10章）。シンボル化された要素は単なる**部分**を超えて、アーキタイプという**全体**でパラメータとしての役割を担っている点に注目されたい。

　近代建築ではアーキタイプが**機能**によって類型化されたように、近世以降の民家でも機能的部位が類型とフォルムに影響した先例がある（第11章）。農作業や養蚕に代表される副業すなわち**生産機能**は、「巨大土間や屋根フォルム（かぶと造、合掌造、高八方造）」に、仏壇と結界・床レベルに表れる**宗教機能**は「軸性と奥性を強調する空間演出（越前型・加賀型）」に直結した。防寒・耐雪・防雨・防耐風・耐火といった**耐候・防災機能**は竿屋造、曲家、中門造、コミセ、蔵造など地方色豊かなアーキタイプを導いた。さらに構成要素の素材種・**特性**が、単なる自然との**連繫**(れんけい)を超えて、仕上げのグレードによる格の表現や茶道のスピリット、比例感覚、記号性を有する事例などを紹介し、マテリアルに意匠的企図が存する伝統に触れる（第12章）。

\# 第9章　部位のかたちと構成

　第9章では、日本建築の構成要素を基本構造(ベーシック・ストラクチャー)である屋根、柱とそれを基準とする各部、そして基本構造にはめ込まれた副次構造(サブ・ストラクチャー)である窓(格子)、建具に分け、それぞれのかたちを整理・分類し、概説する。
　屋根については、基本的な屋根形式をはじめ、**引渡し墨**や**破風立てどころ**といった屋根のかたちを決める際の基準となるもの、葺材料の種類やその勾配、さらに軒裏の**垂木割**(垂木の配置法)などに触れる。また主に柱の太さを基準とした構成部材各部の寸法の比例体系である**木割**について、**六支掛斗栱**や床の間廻りなどを図示しつつ述べる。また複雑な木部材をつくり出す**規矩術**を軒先の反りを事例として説明する。
　窓については、**連子窓**、**火頭窓**、**下地窓**といった基本形や、**格子**と**連子**の区別、茶室の壁面意匠の大きな要素となる各種の窓、また町家の格子の太さ・職業・地名によるヴァリエーションをみる。
　建具については、古式の開き戸や日本独自の創案と言われる吊り格子の**蔀**などのつくりを図示する。また組子に紙を貼る二つの建具、**障子**は組子や腰板などによるヴァリエーションを、**襖**は襖紙の意匠や貼り方などをみる。また**潜り戸**や**雪見障子**といった「仕掛け」のある建具にも触れる。

9.1 屋根の多様性
——フォルムと素材、妻面と軒裏・組み合わせによるヴァリエーション

図1 主な屋根形式
図2 屋根の反り・起りとたるみ
図3 主な瓦の形
図4 銅板の平板葺
図5 檜皮葺 比翼入母屋造 吉備津神社本殿・拝殿
図6 銅瓦葺 権現造 久能山東照宮本殿・石の間・拝殿
図7 桟瓦葺 起り屋根 小坂家住宅（岐阜県美濃市）
図8 本瓦葺 錣屋根 四天王寺金堂
図9 桂離宮中書院 柿葺
図10 銅板一文字葺 旧正伝院書院（名鉄犬山ホテル内 有楽苑）
図11 厚板葺 流造 若王子神社本殿（兵庫県神戸市）
図12 板石葺 石屋根倉庫（長崎県対馬市）

　日本建築の印象は視野に大きく入ってくる屋根が強く作用します。強く反り上がる大屋根は重々しく威圧的な印象を与え、一方、緩い起り屋根は重力に従って垂れ、緩んだような印象を受けます。檜皮葺や柿葺は破風や軒先に優美な曲面の造形を見せます。本節では様々な屋根のかたちを確認しましょう。

○屋根のフォルムと素材
　伝統的な日本建築では**切妻**、**寄棟**、**宝形**（方形）、**入母屋**の四つが主な屋根形式となります（図1）。これに加え、切妻の四周に庇を取り付け、兜の錣のように屋根面が途中で一段下がり二段屋根となったタイプを**錣屋根**（図1、8）と呼称します。屋根断面形状には、直線屋根のほかに**反り**（照り）、**起り**、**照り起り**屋根があります（図2）。照り起りは書院玄関の唐破風（図23）によく見られるものです。反り・起りの度合いは、**引渡し墨**（勾配）すなわち「棟と軒先を結んだ線分」に対する中点のたるみ割合で示されます。
　葺材料には、藁、茅、薄などの**草葺**（12.1節）、ヒノキ樹皮の**檜皮葺**（図5、15）、板葺、瓦葺、金属板葺などがあります。**板葺**は板厚によって**柿葺**（図9、板厚2～3mm）、**木賊葺**（同4～7mm）、**杮葺**（同10～30mm）[1]と区別され

ます。**瓦葺**は本瓦葺・桟瓦葺（図7、8）、さらに本瓦葺の特殊形の行基葺で瓦の形が異なります（図3、14）。銅板や鉛板を用いる**金属板葺**では、平板葺の一文字葺・菱形葺・亀甲葺（図4、10）に加え、金属板で本瓦葺をかたどった銅瓦葺・鉛瓦葺の例もあります（図6）。そのほかの珍しい事例には、兵庫県神戸市の〈若王子神社本殿〉[2]（図11、16）の**厚板葺**（長さ1.5m超4cm厚ほどの板の二段葺）や、長崎県対馬市の〈石屋根倉庫〉（図12）の**板石葺**などを挙げることができます。
　屋根勾配については、葺材によって葺き方・水の浸透性が異なるため、桟瓦葺4～5/10、本瓦葺5～6/10、檜皮葺・柿葺7/10程度、茅葺・藁葺で10/10以上の勾配が一般的です。ただし、屋根勾配は美的観点にも関わるため、同じ葺材でも時にきつく、時に緩くする場合もあります[3]。

○妻面ディテールと軒裏のヴァリエーション
　切妻屋根と入母屋屋根は両端つまり妻側に山形の面が生じ、**破風**（破風板）と呼ばれる板が取り付けられます（図13）。入母屋の場合は引渡し勾配の軒先から1/3（三つ母屋）、1/5（五つ母屋）、2/7（七つ母屋）といった破風外面の位置の取り方＝**破風立てどころ**があり[4]、七つ母屋

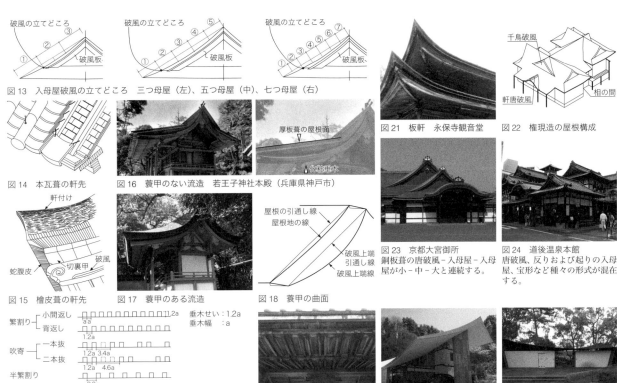

図13 入母屋破風の立てどころ 三つ母屋（左）、五つ母屋（中）、七つ母屋（右）
図14 本瓦葺の軒先
図15 檜皮葺の軒先
図16 蓑甲のない流造 若王子神社本殿（兵庫県神戸市）
図17 蓑甲のある流造
図18 蓑甲の曲面
図19 垂木の割り付け方　これらの割り付け方は格子の組子、舞良戸の桟などでも用いられます（9.4節 図12）。
図20 吹寄垂木
図21 板軒 永保寺観音堂
図22 権現造の屋根構成
図23 京都大宮御所 銅板葺の唐破風－入母屋－入母屋が小－中－大と連続する。
図24 道後温泉本館 唐破風、反りおよび起りの入母屋、宝形など種々の形式が混在する。
図25 澄心寺庫裏（宮本佳明、2009）
図26 Halftecture 大阪城大手前（遠藤秀平、2005）

は比較的大きな屋根の場合に、三つ母屋は小さな屋根に用いられます[5]。

桔木の発明（4.3節）によって屋根葺材を支える野地板・地垂木と、下から見上げたときに見える化粧垂木・化粧野地板とに分離すると、妻側でその乖離状態が露わとなり、図16の〈若王子神社本殿〉はその原型的な姿を留めるものです[6]。この分離を隠し、一体的に見せるために、地屋根の曲線を破風板の曲線に滑らかに繋ぐ三次元曲面の蓑甲がつくられます（図17、18）。

軒裏の垂木割（垂木の配置法）には①放射状になる「扇垂木」と②平行配列の「平行垂木」に大別されます（4.3節）。後者で垂木間のあき＝小間が垂木幅またはせいと同じものを「繁垂木」（繁割り）といい、特に幅と同じものを「小間返し」、せいと同じものを「背返し」（本繁割り）といいます。このほか「吹寄垂木」「半繁垂木」「疎垂木」[7]、軒裏一面を板張りとして垂木を見せない「板軒」など、軒裏意匠のヴァリエーションは様々です（図19〜21）。

○重なりと組み合わせ

日本建築の特徴の一つに、屋根の構成の複雑さが挙げられます。仏塔・城郭天守のように層状に重なるだけでなく、入母屋造の2棟を結合した比翼入母屋造（図5）や権現造（図6、22）のように、複数の棟を繋ぐ際に複雑な屋根が構成されます。〈京都大宮御所〉（図23）は小・中・大の屋根のシークエンスがみられ、〈道後温泉本館〉（図24）では唐破風、反りおよび起りの入母屋、宝形など種々の屋根形式の組み合わせが見られます。

○現代建築にみる反り屋根の試み

〈澄心寺庫裏〉（図25）では歴史的な寺院境内という立地に強い反りをもったRCスラブの大屋根が選択されています。それは前後非対称であり、棟からずれた位置にある壁柱で支えられることで、ダイナミックに浮遊する大屋根が出現しています[8]。〈Halftecture 大阪城大手前〉（図26）は自重によるたわみを固定化したねじれた鉄板屋根で覆われています。大阪城内という環境の中で、人為の反りではなく、自然の重力の可視化が意図されたものです[9]。このように屋根フォルムは歴史的・形態的文脈の中で今なお表現主題となり続けています。

[註]
1 坪井利弘『古建築の瓦屋根 伝統の美と技術』理工学社、1981、p.35
2 『若王子神社本殿修理工事報告書』若王子神社、1964、pp.16-18
3 石田潤一郎『屋根のはなし』鹿島出版会 1990、p.13
4 佐藤日出男『社寺建築の工法』オーム社、p.70
5 『建築大辞典』（第1版）彰国社、1987（1962）、p.1134、p.1487
6 石田『屋根のはなし』前掲、p.50
7 岡田英男『日本建築の構造と技法（下）』思文閣出版、2005、p.192
8 宮本佳明「澄心寺庫裏」『新建築』2010年1月号
9 遠藤秀平「Graviteture 大阪城」『新建築』2006年7月号

9.2 木割：和のオーダー
――部材のプロポーションと配置の規範

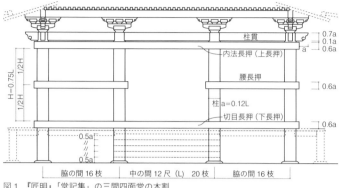

図1 『匠明』「堂記集」の三間四面堂の木割

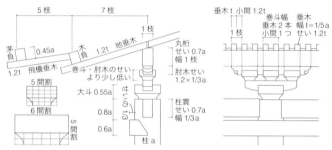

図2 『匠明』「堂記集」の平三斗の木割

三間四面堂の木割

図1：柱間（L）、柱の太さ（a）、垂木幅（t）。垂木幅と垂木のあき（小間）の和 = 1枝。中央の柱間 L = 12尺 = 20枝と設定（L = 10尺、15尺とする事例の記載もあり）。両側の脇の間の柱間は 16枝（= $0.8L$）。長押内法（H）= $0.75L$、腰長押の中心高さ = $1/2H$（腰長押の上端あるいは下端を $1/2H$ とする事例の記載もあり）。柱の太さ $a = 0.12L$、柱貫せい（高さ）$0.7a$、各長押せい $0.6a$、垂木 $t = 1/5a$、垂木せい $1.2t$。

平三斗の木割

図2：柱直上の大斗は幅 a、せい $0.55a$、斗尻（斗下部）は斗幅の 4/6（3/5 の事例の記載もあり）、斗せいの 2/5 を繰り抜く。大斗に載る肘木は幅 $1/3a$、せい $1.2×1/3a$。小間 $1.2t$、1枝 $t + 1.2t = 2.2t$。巻斗幅は木間を挟む垂木2本で $t + 1.2t + t = 3.2t$、せいは肘木のせいより少し低くし、斗尻は斗幅の 3/5、斗せいの 2/5 を繰り抜く。実肘木の幅とせいは肘木幅と同じ $1/3a$。丸桁のせい $7/10a$、幅1枝。軒の出は丸桁から木負まで7枝、木負から茅負まで5枝。

図5 南岳山光明寺（安藤忠雄、2001）

木割とは建物各部の木の割合です[1]。ある部材を基準とし、それとの比例で各部の大きさを定めるシステムです[2]。本節では江戸幕府作事方大棟梁を継承した平内家伝来の五巻の木割書『匠明』をもとに[3]、各部のかたちの関係を見ましょう[4]。

○モジュールとしての柱と垂木

木割で基準となるのは主に**柱間（L）・柱の太さ（a）・垂木幅（t）**です。垂木幅と垂木間のあき（小間）の和を **1枝**と呼称します。

『匠明』五巻の一つ「堂記集」の三間四面堂の例（図1）では、まず中央の柱間 L を 12尺（20枝）と決めます。これを基準に両側の脇の間の柱間を 16枝（= $0.8L$）、高さ方向では切目長押上端から内法長押下端までの長押内法（H）は $0.75L$ と設定されます。また部材は柱太さ $a = 0.12L$ と定めたうえで、柱貫や各長押のせい（高さ）、垂木幅はこの柱太さ a との比で求められます。

柱上の**六枝掛斗栱**（図2）では、柱直上の大斗や大斗に載る肘木、三つの巻斗の上の実肘木、丸桁のせいは柱太さ a との比で、垂木や小間・巻斗幅は垂木幅 t との比で与えられます。巻斗幅が垂木2本分の幅で、かつ三斗総幅が垂木6本分の幅となる六枝掛の完成です。さらに軒の出は枝数を単位として設定されます。

このように柱間、柱太さ、垂木幅、組物が比例の体系で繋がり、ほかの部材もこれらとの数的関係で定められていきます。「殿屋集」の主殿の木割（図3）では、長押内法高さ、柱の面・面内も基準となります（図4）。一方で、軒の出の指示が枝数ではなく実寸で記されるように、常にすべてが比例で指示されるわけではありません。

○規矩術：立体の部材をつくり出す図式解法

実際の築造では、複雑な三次元形状の部材を実寸でつくり出し、組み合わせていくことが必要です。隅木は通常45度に振れ、垂木には勾配がつきます。屋根には反りや起りが付けられ、部材接合のための仕口・継手も生じます。こうしたなかで実際の部材の位置と形を割り出すのは容易ではありません。その図式解法が**規矩術**と呼ばれるものです。

図6は簡単な地垂木のみの一軒の垂木の隅反りを図化したものです[5]。ここでは反りは**茅負**一本分、つまり隅で茅負の厚みの分が反り上がるものを図化しています。茅負は前後は平面、上下は曲面で2次元で曲がる部材です。しかし垂木と同じ角度で前傾しているため、伏図でもカーブし、隅で前に出てくることになります。ここで

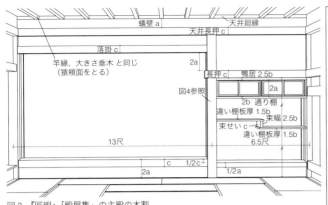

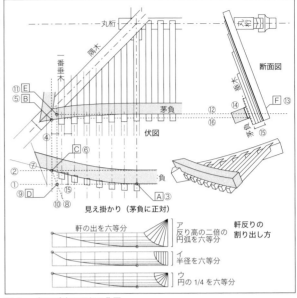

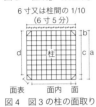

図3 『匠明』「殿屋集」の主殿の木割

図4 図3の柱の面取り

図3：柱間 $L = 6.5$ 尺または7尺、図は6.5尺。柱の太さ $a = 6$ 寸または $1/10L$、長押内法高さ $H = L$。柱の面 $b = 1/10a$ として、柱の面内（柱幅太さから両側の面取り分の除いた部分）$8/10a =$ 長押せい c となり、床の押板厚さ、落掛、桁幅、縁束なども長押せいと同じ c、垂木は $0.5c$。違い棚の板厚 $1.5b$、束幅 $2.5b$、筆返し高さ $2×1.5b$。

図6 一軒の垂木の反りの作図

図6で軒反り、なかでも茅負の形が決まる手順をみます。(0) 反りのない状態の伏図、断面図を描く (1) 茅負の見え掛かりの下端線①を引く (2) 茅負が隅木に当たったときの反り上がった位置の線②を引く（ここでは茅負1本分反り上がると設定）(3) 伏図の桁心線と①との交点A③を求める (4) 一番垂木から小間分をあけて垂木と平行に線④を引く (5) ④と隅木面との交点B⑤を求める (6) ④と②との交点C⑥を求める (7) 曲線AC⑦を、ここでは反り高の2倍の円弧を引き伸ばした曲線（軒反りの割り出し方ア）として描く（イ、ウでも可）(8) 点Cから断面の茅負の傾きとおなじ傾きで直線⑧を引く (9) ⑧と①との交点D⑨を求める (10) 点Dから③と平行に直線⑩を引く (11) ⑩と隅木との交点E⑪を求める (12) 点Eを通り垂木と直交する線⑫を引く (13) 垂木断面上面との交点F⑬を求める (14) 点Fを前面下端とする茅負断面⑭を描く (15) 一番垂木の心の位置における直線①と曲線AC⑦との距離⑮を計り、断面に写し⑮、一番垂木心における茅負前面の位置を測り出す (16) 断面の⑮の位置から伏図に直線⑯を引き、伏図の一番垂木心における茅負前面の位置を測り出す (17) 以下、点順 (15)(16) を二番垂木以下にも繰り返し、伏図の各垂木心における茅負の位置を繋いで茅負の形が決定する。

は茅負の厚みは一定ですが、反りを強めるために「反り増し」として隅にいくほど茅負の厚みを増す場合も多くみられます。二軒つまり二重垂木になると茅負だけでなく木負も反るため、より複雑な作図となります。

○和のオーダーとしての木割

古代ギリシア・ローマ建築から引き継がれた西洋の古典主義建築ではオーダーと呼ばれる基壇から軒まで一定の形式が用いられました。これは各部の比例関係のもとに建物に美しさをもたらす規範です。日本建築史学の始祖、伊東忠太（1.2節）は『明治前日本建築技術史』で木割について次のように記しています。

「洋の古今東西を問わず、建築様式を処理する方法は、木割に依らないものはない。木割とは建築の中枢となるべき最重要の主材、特に主柱の大きさを基本とし、ほかの従属する諸材の大きさを主柱の大きさに比してその調和を測定する法規である」[6]

この言葉は、前掲書で人体各部の比例にも言及されていることから鑑みても、オーダーについて記された最古の書物、ウィトルウィウスの『建築書』を意識していることは明らかです。

同書では、木割はあくまで目安であり、立地や環境、規模などにより変化があるべきものとされます。しかし、江戸時代に種々の木割書が刊行されたことにより、工匠は自ら研究することなく木割書をそのまま用い、この目安的なものを絶対的なものにしたため、「構造意匠の自由を失い、ついに末期的なものとなってしまった」というネガティブな評価・嘆きがあることも事実です[7]。

しかし、2、3章で取り上げた近代の建築家たちは様々な形で木割を消化し、あらたな造形へと置換しました。現代でも、安藤忠雄の〈南岳山光明寺〉（図5）では、小間返しで並べられた角材が四重に重ねられ、水平に4段に伸びる軒先となっています[8]。こうした試みは前述の嘆きを乗り越える現代の新たな木割とみることもできるでしょう。

[註]
1 中村達太郎著、太田、稲垣編『日本建築語彙（新訂）』中央公論美術出版、2011、p.118
2 『建築大辞典』（第1版）彰国社、1987（1962）、p.373
3 河田克博編著『近世建築書―堂宮雛形2 建仁寺流』大龍堂書店、1988、p.735
4 伊藤要太郎『匠明五巻考』鹿島研究所出版会、1971
5 岡田英男『日本建築の構造と技法（下）』思文閣出版、2005、pp.193-195
6 伊東忠太「第一編総論」、日本学士院編『明治前日本建築技術史』、日本学術振興会、1961、p.26、引用部は筆者が旧文体を改めたもの
7 乾兼松か「第五編木割」『明治前日本建築技術史』前掲、pp.283-284
8 安藤忠雄「南岳山光明寺」『新建築』2001年1月号

9.3 窓と格子
―― 三つの窓のかたち、茶室の景、格子のヴァリエーション

図1 連子窓

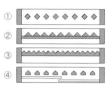

図2 連子窓の変化（平面）

図2：①縦連子子を稜線を前にして間隔をあけて並べる ②三角の連子子を隙間なく並べ裏に板を張る ③一枚板を三角に削り出し ④外だけ三角の連子子を並べ、内に障子などを立てる[1]。

図3 連子窓（左）突上窓（屋根上）下地窓（右）如庵（名鉄犬山ホテル内 有楽苑）左は竹の連子の内側に引違いの障子を入れ、右は四角の下地窓の内側に片引きの障子を入れる。

図4 無双窓

図5 火頭窓 建仁寺法堂

図6 円窓

図7 桂離宮笑意軒 下地窓

図8 城壁の狭間 姫路城

図9 格子の町並み 高岡

前節まで、屋根周りと柱・横架材・木割を見ました。屋根と柱は、周知のとおり日本建築では**ベーシック・ストラクチャー**に位置づけられます。本節以降では、次にサブ・ストラクチャーとしての開口部を窓（格子）と扉・戸（障子・襖）に分けて整理します。

○窓のいろいろ

「窓」は目的・かたち・位置・開閉方式などによって多くの分類名称がありますが、かたちで大別した場合、**連子窓、火頭（花頭）窓、下地窓**の基本形と、これらの種々の変化形があります[1]。

細い材を縦横に組んだものだけでなく、縦または横に隙間をあけて並べたものは、一般的に**格子**と呼ばれていますが、後者は正確には**連子**といいます。飛鳥時代から用いられた縦連子窓（図1）は図2のように時代とともに変化形が存在します。また連子子（子：元になるものから分れ出たものという意から、連子などの一部材を指す）[2]を横に並べる横連子も見られます。

無双窓（図4）は正しくは無双連子窓といい、幅のある連子子を縦に組んだ窓の内側に、同形式の連子の引き戸を取り付けて左右に動かすことで、窓連子の隙間を開閉するものです。もともと「無双」は、「不思議」の意味で使われる「夢想」の当て字で[3]、固定されるはずの連子子が自在に動く「不思議な」連子窓と言えます。

火頭窓（図5）は鎌倉時代の禅宗様導入とともに伝来したもので、その由来は「インドなどのとくに石造建築に見られるアーチが中国を経由して日本に伝来し、石造建築が木でつくられる過程で枠（框）付の形式にさだまっていった」と推測されています[4]。火頭窓の変化形には蕨手形や富士山状のものなどがあります。他方、黄檗宗寺院では禅の悟りの対象である三千世界を表象する**円窓**（図6）が付けられました。

デザインされた窓枠が強いシルエットを見せる火頭窓に対し、塗り残しの穴とそこに見える葭の壁下地をデザイン要素としたのが**下地窓**（図3、7）です。土壁の輪郭と編み込まれた細い線材によって柔らかい表情を見せます。このほかに、城郭に鉄砲・矢を放つために設けられる**狭間**（図8）は丸・三角・四角とかたちも様々で、機能だけでなく意匠的要素としても扱われています。

○茶室の窓：陰影による面のコンポジション

日本建築では、草庵茶室の登場とともに窓の機能や意匠の及ぼす効果が意識されはじめると説明されます[5]。〈如庵〉（図3）（12.4節）や〈燕庵〉といった**茶室**では（図10、11）、

第3部　構成要素とマテリアル

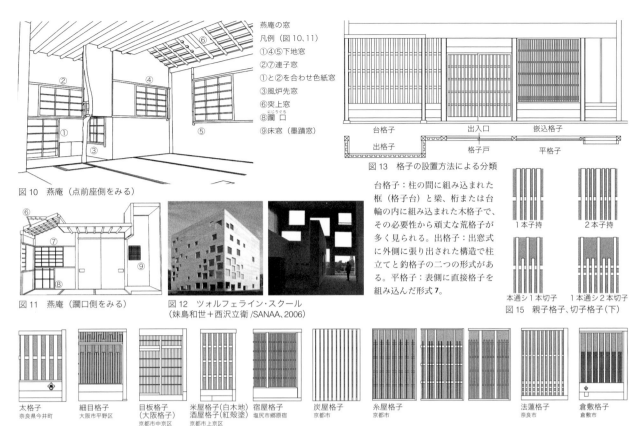

図10　燕庵（点前座側をみる）
図11　燕庵（躙口側をみる）
図12　ツォルフェライン・スクール（妹島和世＋西沢立衛/SANAA、2006）
図13　格子の設置方法による分類
図14　様々な民家の格子
図15　親子格子、切子格子（下）

台格子：柱の間に組み込まれた框（格子台）と梁、桁または台輪の内に組み込まれた木格子で、その必要性から頑丈な荒格子が多く見られる。出格子：出窓式に外側に張り出された構造で柱立てと釣格子の二つの形式がある。平格子：表側に直接格子を組み込んだ形式[7]。

a)**下地窓**や b) 敷鴨居に白竹を打ち付けた**連子窓**、c) 傾斜する庇が室内に入り込んだ掛込天井に設けた**突上窓**、d) 床の掛軸への採光用に下地窓として床の側面に設けられる**墨蹟窓**、e) 炉前の点前座の採光・換気のための**風炉先窓**といった種々の障子窓がデザインされました。これらは機能性に加え、壁面の陰影コンポジションに資するモチーフです。**色紙窓**は連子窓と下地窓とを中心軸をずらして上下に重ねたもので、伝統的な図柄の「色紙散らし」に似ていることによる命名です（図10①、②）。壁が構造体ではないため、まさに図柄として自由に窓を開けることができるというわけです。

〈燕庵〉は千利休の弟子・古田織部の作です。織部の茶室は多窓であることが特徴、かつ床の内面に窓をあけるのも織部好み、色紙窓も彼が創始者と伝わります。織部は多様な窓によって**座敷ノ景**、つまり室内に視覚的な趣きをつくる効果を意図しました。こうした多窓の茶室に、現代建築のポツ窓デザイン（図12）の源流を指摘する説も存在しています[6]。

○**格子のパターン：線のコンポジション**

　古い町並みでは、町家ファサードの表情が格子によって特徴づけられているものが少なくありません（図9）。

格子は設置法別の呼称（図13）に加え、図14に示すように太さ・職業・地名などによるヴァリエーションがあります。炭粉の飛散を防ぐために隙間を少なくして太めの板を貼る「炭屋格子」、白木地・荒格子の「米屋格子」を紅殻塗とした「酒屋格子」、親通（親子）と切子（図15）の組み合わせによる「糸屋格子（図14）」は職業に関わります。切子（上部を切り詰めた縦の組子）は採光率に影響するため、切子4本は織屋、3本は糸屋、2本は呉服屋と職種が求める機能に応じた格子が用いられました[7]。「法蓮格子」「倉敷格子」は地名に由来します[8]。

　こうして見ると、細太長短の縦線と横線が織りなす格子の抽象的な美は、生業や地域を示すバーコードであり、その陰影は機能として要求される「光と風」の現れでもあるのです。

[註]
1　伝統のディテール研究会『伝統のディテール』彰国社、1972、p.82
2　『建築大辞典（第1版）』彰国社、1987（1962）、p.463
3　中村達太郎『日本建築語彙〔新訂〕』中央公論美術出版、2011、p.410
4　日向進『窓のはなし』鹿島出版会、1988、pp.24-25、pp.68-71
5　日向『窓のはなし』前掲、pp.44-86
6　五十嵐太郎『窓から建築を考える』彰国社、2014、p.13
7　和風建築社企画・編集『格子の表構え：和をきわだたせる意匠』学芸出版社、1996、pp.12-13、p.30
8　川島宙次『民家のデザイン』相模書房、1986、pp.56-60

9.4 戸・障子と襖
―― 古式開き戸、障子と襖のヴァリエーション、機能的な仕掛け

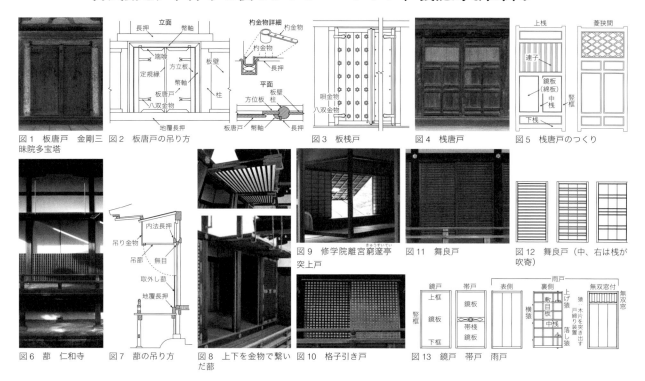

図1 板唐戸 金剛三昧院多宝塔　図2 板唐戸の吊り方　図3 板桟戸　図4 桟唐戸　図5 桟唐戸のつくり

図6 蔀 仁和寺　図7 蔀の吊り方　図8 上下を金物で繋いだ蔀　図9 修学院離宮窮邃亭突上戸　図11 舞良戸　図12 舞良戸（中、右は桟が吹寄）　図10 格子引き戸　図13 鏡戸　帯戸　雨戸

　戸に代表される「建具」はもともと「閉てる具」[1]を指す言葉です。本節では主な建具として、特に戸、障子・襖のかたちを取り上げます。

○戸のヴァリエーション

　古式の開き戸[2]のうち**板唐戸**は一枚板、または幅広の厚板を複数並べて矧ぎ合わせた戸で、後者は上下を「端喰」という横板で固定します。また補強と装飾を兼ね「八双金物」などが付けられます（図1、2）。**板桟戸**は板を数枚並べ、裏の横桟に釘打ちしたもので（図3）、釘頭を隠すため「唄」という金物が付きます。**桟唐戸**は大仏様（4.1、4.2節）や禅宗様（4.1、4.2節）の扉で鎌倉時代に宋から伝来しました（図4、5）。框の中に縦横の桟を組み、板・連子・格子などを入れます。これらは軸を孔に差し込んで取り付ける「軸吊り」回転タイプです。

　戸の上部に金物を取り付けて吊り下げ、開けるときは建物の外または内の上方にまくり上げる戸を**吊り戸**といい、**蔀**や**突上戸**がこれに当たります（茶室天窓含む）。前者には①一対の細かい格子の間に板をはさみ釘打ちしたもの、②格子の裏に板を打ったものの2種があり、上下2枚のパネルで構成され、下部は柱間に建て込み、上部（吊蔀または揚蔀と呼称）は吊り金物で吊るのが一般的です（図6、7）。加えて、上下を金物で繋いで捲り上げるもの（図8）や上下に分けない「一枚蔀」、下が壁などになる「半蔀」もあります。開いた突上戸は図9のように棒を突き出して固定します。

　吊り格子としての蔀は9世紀に内裏の〈紫宸殿〉で用いられたとされ、平安時代にはまた同様の格子が開き戸や引き戸（引き違い戸）として用いられるようになります[3]。中国大陸・朝鮮半島のドア形式格子に対して、吊り・引き戸の格子（図10）は日本独自の創案と言われています。**舞良戸**も平安時代に生じたものですが、これは四周の框の間に板を張り、桟（舞良子）を片面または両面、縦横、等間隔または吹寄に取り付けた板戸で、引き戸や開き戸として使います（図11、12）。図13に示した鏡戸・帯戸・**雨戸**なども板戸のヴァリエーションです。

○障子と襖のいろいろ

　障子は元来、平安時代にあらわれた障屏具（内部空間の仕切りに使われる可動式装置）の総称で、現在の衝立や襖も、かつては衝立障子・襖障子と呼ばれていました。今の障子は元は「明り障子」と呼ばれたものです。図14のように細木の格子組に紙を貼ったもののうち、障子は採光のために片側に白い和紙や薄い絹布を貼り、主に外回り

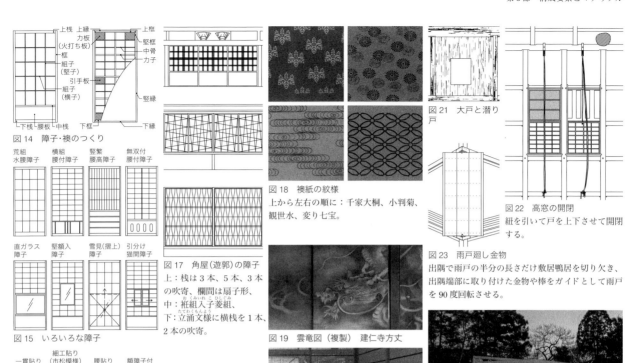

図14 障子・襖のつくり

図15 いろいろな障子

図16 いろいろな襖

図17 角屋（遊郭）の障子
上：桟は3本、5本、3本の吹寄、欄間は扇子形、中：框組入子菱組、下：立涌文様に横桟を1本、2本の吹寄。

図18 襖紙の紋様
上から左右の順に：千家大桐、小判菊、観世水、変り七宝。

図19 雲竜図（複製）建仁寺方丈

図20 簾戸（簾障子）

図21 大戸と潜り戸

図22 高窓の開閉
紐を引いて戸を上下させて開閉する。

図23 雨戸廻し金物
出隅で雨戸の半分の長さだけ敷居鴨居を切り欠き、出隅端部に取り付けた金物や棒をガイドとして雨戸を90度回転させる。

図24 Open-Air Kindergarten（宮本佳明、1992）

に用いるのに対して、**襖**は遮蔽のために両面に和紙を貼り重ね、内部の間仕切りに使うという違いがあります[4]。図15は障子の基本的なかたちを示すもので、腰板の有無や高さ・**組子**の組み方にヴァリエーションがあり、さらに凝った組子のデザインも存在します（図17）。襖は小障子や縁の有無、襖紙の貼り方（図16）、紙の色や漉き模様、版木・型紙による文様・絵具（図18）により意匠性が演出され、時に絵が描かれる場所ともなります（図19）。夏期に障子や襖と代替される**簾戸**（図20）は、簾の面材によって風が抜け、視覚的な透けが涼しさを感じさせる建具です。

○建具に取り付けられた「仕掛け」の数々

次に、建具に加えられた「細かい生活上の工夫＝仕掛け」について確認しておきましょう。

民家では土間へ物を運び入れるため、オモテの入口に特に大きな戸、つまり**大戸**を用いますが、これには閉めたときの出入りなどに用いる日常遣いの**潜り戸**が付きます（図21）。**無双**（9.3節）**付雨戸**（図13右端）は、雨戸を閉めきると室内が真っ暗となり通風・換気もできない状況に対し、少しでも採光、通風を可能にする仕掛けです。小障子を開けて外を見通す**雪見障子・猫間障子**や、腰板部分で通風を可能にする**無双付障子**は、潜り戸同様、部分的な可動部により建具の機能性を高める工夫です（図15）。民家土間の高窓（図22）では、滑車を通した紐を使って、手の届かない場所を開閉します[5]。また一本溝で向きが一定の雨戸では、戸袋を設けられない場合などに「雨戸廻し金具」を出隅に付けて回転させる「仕掛け」を用います（図23）[6]。

近現代でも新たな可能性が模索されています。**吉田五十八**は襖を消すために、柱を回して壁の中に襖を引き込みました（3.1節）。宮本佳明の〈Open-Air Kindergarten〉（図24）では、片持ちキャンチレバー屋根の先端で、跳ね上げ戸がガススプリングによって柔らかく持ち上げられます[7]。吊り金物をなくし、さらに柱までも消し去った現代の蔀戸と言えるでしょう。

[註]
1　『建築大辞典（第1版）』彰国社、1987（1962）、p.917、p.654、p.726
2　伝統のディテール研究会『伝統のディテール』彰国社、1972、pp.74-79、96-111
3　高橋康夫『建具のはなし』鹿島出版会、1985、p.12、pp.21-27、pp.39-42
4　『木のデザイン図鑑』建築知識、1996、p.323
5　鈴木嘉吉編『日本の民家6 町屋Ⅱ 民藝』学習研究社、1980、pp.177-178
6　安藤邦廣ほか『住まいの伝統技術』建築資料研究社、1995、p.20
7　宮本佳明「Open-Air Kindergarten」『新建築』1993年4月

●図版出典
＊特記なき場合は筆者撮影

9.1
- 図1　渋谷五郎、長尾勝馬、妻木靖延『新訂 日本建築』学芸出版社、2009、p.338　より作成
- 図2　坪井利弘『日本の瓦屋根』オーム社、2014、p.10　より作成
- 図3　坪井『日本の瓦屋根』前掲、p.19、22、34　より作成
- 図4　妻木『新訂 日本建築』前掲、p.349　より作成
- 図9　提供：宮内庁京都事務所
- 図11　『若王子神社本殿修理工事報告書』若王子神社、1964、p.5
- 図12　「No.406 離島の建築」『日本の美術』、至文堂、2000.3、p.3
- 図13　佐藤日出男『社寺建築の工法』オーム社、2015、p.70　より作成
- 図14　伝統のディテール研究会『伝統のディテール』彰国社、1972、p.147　より作成
- 図15　妻木『新訂 日本建築』前掲、p.140　より作成
- 図16　『若王子神社本殿修理工事報告書』前掲、p.4
- 図18　坪井『日本の瓦屋根』前掲、p.14　より作成
- 図19　岡田英男『日本建築の構造と技法（下）』思文閣出版、2005、p.193 など　より作成
- 図20　撮影：黒田龍二（神戸大学）
- 図22　妻木『新訂 日本建築』前掲、p.63　より作成
- 図23　提供：宮内庁京都事務所
- 図24　撮影：渡邊俊一郎（㈱水澤工務店）
- 図25　撮影：堀内啓佑（神戸大学）

9.2
- 図1　伊藤要太郎『匠明五巻考』鹿島研究所出版会、1971、p.179、182　より作成
- 図2　伊藤『匠明五巻考』前掲、p.180　より作成
- 図3　伊藤『匠明五巻考』前掲、p.206　より作成
- 図4　伊藤『匠明五巻考』前掲、p.194　より作成
- 図5　撮影：新建築社写真部（『新建築』2001.1）
- 図6　岡田英男『日本建築の構造と技法（下）』思文閣出版、2005、pp.193-195、および佐藤日出男『社寺建築の工法』オーム社、2015、p.70　より作成

9.3
- 図2　伝統のディテール研究会『伝統のディテール』彰国社、1972、p.84　より作成
- 図6　撮影：合田宏明（神戸大学）
- 図7　提供：宮内庁京都事務所
- 図10　北尾春道『茶室の展開図』光村推古書院、1970、pp.34-36　より作成
- 図11　同上
- 図13　和風建築社企画・編集『格子の表構え：和をきわだたせる意匠』学芸出版社、1996、p.6　より作成
- 図14　川島宙次『民家のデザイン』相模書房、1986、pp.56-60　より作成
- 図15　和風建築社企画・編集『格子の表構え：和をきわだたせる意匠』前掲、p.7　より作成

9.4
- 図2　渋谷五郎、長尾勝馬、妻木靖延『新訂 日本建築』学芸出版社、2009、p.124　より作成
- 図3　伝統のディテール研究会『伝統のディテール』彰国社、1972、p.77　より作成
- 図5　妻木『新訂 日本建築』前掲、p.124　より作成
- 図6　撮影：渡邊俊一郎（㈱水澤工務店）
- 図7　妻木『新訂 日本建築』前掲、p.125　より作成
- 図8　宮内庁『《京都》御所と離宮の栞 其の八』宮内庁HP（http://www.kunaicho.go.jp/event/kyotogosho/pdf/shiori8.pdf）、2014、p.5
- 図9　提供：宮内庁京都事務所
- 図12　渋谷五郎、長尾勝馬『新版 日本建築 上巻』学芸出版社、1990（1954）、p.278　より作成
- 図13　渋谷『新版 日本建築 上巻』前掲、p.275、278　より作成
- 図14　『木のデザイン図鑑』建築知識、1996、p.316、323　より作成
- 図15　『木のデザイン図鑑』前掲、p.317、渋谷『新版 日本建築 上巻』前掲、p.282　より作成
- 図16　『木のデザイン図鑑』前掲、p.329、渋谷『新版 日本建築 上巻』前掲、p.286　より作成
- 図17　鈴木嘉吉編『日本の民家 6 町屋II 近畿』学習研究社、1980、p.185　より作成
- 図18　提供：唐長（和風研究社企画編集『唐長の京からかみ』学芸出版社、1994、p.16、35、91、133）
- 図21　『日本の民家 6 町屋II 近畿』前掲、p.177　より作成
- 図22　『日本の民家 6 町屋II 近畿』前掲、p.178　より作成
- 図23　安藤邦廣ほか『住まいの伝統技術』建築思潮研究所、1995、p.20　より作成
- 図24　撮影：新建築社写真部（『新建築』1993.4）

第10章では、民家に見られる**象徴性**について、①屋根、②門と玄関、③柱、④梁組・小屋組、⑤寝間の5つの観点から解説する。

屋根は民家において**家格**を表現する場所であり、とりわけ東北の中門造、中部北陸のアズマダチ・本棟造、関西の北山型・摂丹型・余呉型といった妻入タイプでは、**妻飾り部位**に個性的な意匠が展開されてきた。また棟端や瓦には、水に関わる装飾・モチーフ表現がなされ、庶民の防火祈願として現代に継承された例を挙げる。**門と玄関**は、庄屋など特権的な村役層住居において、武家や役人・僧侶などの客人を迎える仕掛けであり、家格表現であることに加え、座敷に向けた導入空間として発達した結果、生活空間と接客空間の分化、ならびに多様なアプローチ軸の形成につながった点に触れる。

柱については、平面構成的・構造技術的な要因により「細柱から太柱へ」「合理から象徴へ」と展開してきた経緯をもつこと、加えて、招福・家長や食にまつわる**大黒天**、**カマド神**、商業・漁業守護の**恵比寿神**などを祀る柱は、住居平面内の特別なポイントであると同時に、「神の依代」として形象化されていた点を述べる。**梁組・小屋組**からなる広間上部の架構体は、大工の腕自慢や家格表現の意味をもつこと、**寝間**は寝所＝籠る場所であると同時に、出産や遺体洗浄といった生死に関わるスペースである点、北西に配され家長・先祖を象徴する役割をもっていた点にも触れる。

第10章 民家のシンボリズム

10.1 家格の表現としての屋根
——妻面と瓦葺・家紋と防火祈願

図1 富山県砺波平野のアズマダチ（入道家）

図4 四方蓋（田中家）

図5 北山型（小林家）の家紋

図2 貫の意匠（山梨県 高野家）

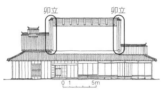

図3 大和棟の卯建（中家）

図6 かぶと妻屋根を見せる塙家（茨城県）

図7 家名の表現（塙家）

本節では民家の意匠に込められたシンボル（象徴）機能について、構成要素別に触れていきます。

○妻デザインと瓦葺：形式そのものがシンボル

まず日本の建築意匠において、最もシンボリズムが活用されてきた「屋根」に着目します。民家の「家格の表現」上、中世末以来用いられてきた一般的手法は、妻を正面に向け、破風などの構成要素のフォルムを工夫すること、すなわち「妻を重視した格式の表現」でした[1]。

玄関周辺に「妻」を向ける民家類型（妻入）には、東北の**中門造**、近畿の**余呉型**、**北山型**、**摂丹型**（5.4節）などがよく知られるほか、妻全面をオモテにむけた地域色豊かな民家形式に、富山の**アズマダチ**（図1）や、後述する**本棟造**を挙げることができます。さらに平入形式においては、「妻面を貫で化粧する」例を各地で確認することができます（図2）。他方、鎌倉後期に名主層が集結・惣村（環濠集落）化した人々の住居が出自とされる**大和棟**（図3）は、切妻造りの側壁を**卯建（高塀）**としてデザインの主要要素としており、これは奈良・京町家の原型となった格式的デザインでした[2]。同様に、四国の**四方蓋造**（図4）（5.2節）も瓦を使用する、すなわち屋根形式そのものが経済的優位性・家格のシンボルとなります。

○家紋：武家との繋がり

社寺建築における「妻飾り（妻壁上部のデザイン）」は「豕叉首」や「二重虹梁蟇股」などが主流です。これに対して、近畿地方の妻入である**摂丹型**、**北山型**では、正面の破風に「家紋」を飾る習慣が残っています（図5）。

懸魚や「水」に関わるモチーフは、後述するように建築に関わる人々の「防火への願い」を反映した一種の「おまじない」の役割をもち、象徴作用は社寺と同じです。これに対して、家紋を飾るという風習は民家独特のデザインです。図6、7に示した**分棟型**（5.3節）**曲家**の〈塙家〉（茨城県）では、妻壁に突き出た牛梁に家名が飾られています。では、家紋や家名といった妻飾りが、民家ではなぜ行われるようになったのでしょうか。

この疑問に対して、一説には武家住宅の影響が指摘されています。建築史家の永井規男は、分布域の検証をもとに、**摂丹型**民家の成立した背景には、中世期の当該地方（旧細川菅領）の封建支配末端機構としての名主・地侍住宅の影響があると推論しました[3]。ここから家紋の表出は、中世守護によって集落の年貢徴収や管理を任されていた特権層が、ほかの農家とは「格が違うこと」を表現するもの、すなわち「家格のプレゼンテーション」とし

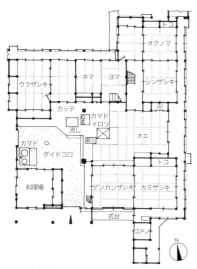

図8 本棟造のプラン（長野県 堀内家）

図9 堀内家の雀踊りと緩勾配切妻ファサード

図10 魚モチーフ（愛媛県宇和卯之町）

図11 船に見立てた鳥衾（愛媛県 上芳賀家）

図12 キリトビ（茨城県石岡市 綿引家）

図4：四方蓋の小比賀家（香川県）も武田信玄の舎弟系・庄屋格であり、武家の影響はここでも確認できる。
図10：水のモチーフでは、社寺でも破風の拝みに「懸魚」を付けることが行われる。また神社の棟で多用される「千木」について、文芸評論家の吉村貞司が「氷木」や「虚空の冷たさ」といったイメージを指摘している。

て定着していったと考えられるのです。

○**本棟造の雀踊り**

摂丹型民家と同じく、起源が中世に遡る古いタイプの民家に信州の**本棟造**があります。これらも伊那地方（長野県中南部）で「御館層」住宅として成立した形式とされ、武家との関わりの深いタイプです。式台玄関と玄関脇のカミ座敷という平面形式に加え（図8）、家格的シンボリズムとして、①「雀踊り」と呼ばれる棟端飾り、②３寸勾配程度の緩い板葺屋根をもった切妻ファサード（図9）によって特徴づけられます。

○**火除けの願い：棟端・軒先**

このように屋根は、個性的な意匠が集まる部位の筆頭格と言えます。この点について、**今和次郎**は、

「棟は風で吹きとばされる個所であるし、また雨もりもここからはじまるところであるから、どうしたら丈夫な棟をつくることが出来るかと長年の間工夫されたものにちがいない。また、そこが屋根のうち、いな、家のうちで一番眼につき従って装飾的効果のあるところだから、この点からも色々心を用いているところなのである」[4]

として、特に棟周りに言及しています。このうち棟の端部における「水」文字や、「龍」「傘」「波」「魚」「船」などの水に関わるモチーフ（図10）は、江戸後期～明治期に発達したものです[5]。

こうした意匠発展の一例を、図11の愛媛県内子町の「鳥衾」に確認しましょう。元来、鳥衾は鬼瓦に鳥がフンをしないように設けられた「機能的部位」です。ところがここでは、鬼板の足元に付けた波形の鰭をあわせ、前進する船の姿としてリ・デザインされています。「風をうける船の帆」と見せることで、鳥衾という機能性を超えて、水を連想させる象徴的**火除け**のモチーフに転化した例です。他方、筑波山麓では茅葺職人集団（筑波衆）がハサミ・彫り墨を使って「寿・水（縁起・火伏せのまじない）」文字などを棟端飾りに入れる慣習があり、「キリトビ」と呼ばれています（図12）。このほかにも、軒先瓦でおなじみの三つ巴紋が「水玉」を表しているとの説も存在するように[6]、庶民の**防火**の願いは屋根に表現され、現在に至っています。

[註]
1 宮澤智士『日本列島民家史』住まいの図書館、1989、pp.119～141
2 白木小三郎「日本民家の形成と伝承」『生活文化研究 23 巻』1980、p.33
3 永井規男「摂丹型民家の形成について」『日本建築学会論文報告集 251 号』1977
4 今和次郎『日本の民家』岩波文庫、1989 (1922)、p.68
5 『さがしてみよう 日本のかたち⑤民家』山と渓谷社、2003、p.22
6 宮崎興二『かたちの謎解き物語』彰国社、2006、pp.108-110

10.2 門と式台玄関〜座敷
――誘いのかたち・接客空間の独立

図1 渡部家の表門（愛媛県松山市）：右に長屋，左に管理人室を従える

図3 安藤家（山梨県）　長屋門　　図4 主屋と板塀囲いのアプローチ空間

図2　式台玄関をもつ上層民家リスト：INAX ALBUM19, 23, 26, 29, 34, 36-38 から集計した全53サンプル／*はアプローチ軸線①タイプ）

○門とは？ 玄関とは？

玄関とは、「玄妙（奥深くて霊妙なさま）の道に入る関門」の意から、①禅寺で客殿への入口、②住宅・建物の正面の出入口を意味します。**門**とは、①屋敷・道などの出入り口につくった建造物、②出入口、比喩的に必ず経由しなければならない過程、と定義されます（図1）。

玄関の歴史は鎌倉期の禅宗と武家を出自とし、武家屋敷で一般的な意匠モチーフとなってきました。

一方、農漁民や商人住居である近世民家では、一部の村役層や大富豪を除いて式台玄関は許されませんでした。ちなみに、ここで言う**式台**とは玄関の上り口前に設けた「座敷」より低い板敷部分を指します。

一部に許された「式台玄関」は書院的な**座敷**とセットとなり、格上の正客（武家・役人）を丁重にもてなす場でした。うがった見方をすれば、特権的村役層（大庄屋・庄屋・組頭）が、権力者たる武家に媚びるための機能をもっていたと言えるかもしれません。ただし、5.1節で述べたように、近世民家において「民衆の座敷への憧れ」は民家様式の展開や技術レベル発展に繋がったこと、さらに式台玄関〜書院座敷は現代から見ると、家格の表現モチーフとなりえている点には留意が必要です。加えて江戸後期の式台玄関〜座敷アプローチは、生活空間を見せることなく客を直接座敷に迎える「オモテ空間の生活空間からの独立」という変容を示しています。

図2は国指定の重要文化財民家のうち、式台玄関をもつ民家の、「家格・門の有無・建造年代（増築・改築の場合その時期）」をリスト化したものです。注目すべきは家格について、①大庄屋格（郷頭・十村含む）が多く、次に庄屋（名主・肝煎含む）、最低でも組頭以上（村方三役）となっており、例外的に神官・代官・郷士・元武士（土豪）・医師などの住居も含まれていること、さらに、②ほとんどのサンプルが18世紀以降の建物であること、③何らかの形式で門を構えている点です。

○独立したアプローチ空間

次に玄関に至るアプローチを、江戸末期の具体的事例で見ましょう。図3〜6は甲州名主層の〈安藤家〉のアプローチです。**長屋門**を入ると、主屋の右側に中門があり、装飾的な板壁に囲われた導入部が広がっています。中門を入ると、鍵折れの丸石敷畳の先には竹塀と庭園があり、左に曲がると入母屋屋根を載せた壮麗な式台玄関が現れます。次に、栃木県市貝の名主層〈入野家〉の玄関〜座敷空間とプランが図7〜9です。表門から式台玄

第3部 構成要素とマテリアル

図5 中門奥の鍵折りの石畳（安藤家）　図6 左折れで正対する式台玄関

図7 大床と右折れ先の上段の間　図8 シンプルな上段座敷

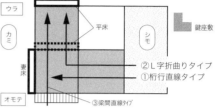

図11 鍵座敷・平床と妻床・アプローチ軸線の3タイプ

平山育男によると、17世紀に建造された民家は18世紀になると別棟の新座敷をつくり、19世紀以降に建造された民家は座敷をあらかじめ主屋に組み込むとされる。（『近畿農村の住まい』1994、pp.32、43）

図9 雁行型の入野家（栃木県）プラン

図10 左が大戸、右が式台玄関

図12 梁間方向の直線アプローチ

関を上がると、真正面のアイストップに幅広の「大床」が設えられています。上段座敷は白漆喰のシンプルな装いです。なお〈入野家〉の場合、プランは**雁行型**（8.3節）となっており、式台玄関部は一番前に迫り出し、表門から最も近いところに配置されています（図10）。

この二つの事例からも、門と式台玄関・座敷周りは、江戸末期にかけて、日常空間とは全く別のアプローチ空間として独立していく点を確認することができます。元来オモテとウラ（5.4節）から構成されていた民家は、近世末期の「門と玄関」の摂取によって、全く別空間としての**オモテ空間**をつくりだしたわけです。

○座敷の使われ方とかたち

座敷（5.1節）では接客が行われますが、これに加え①冠婚葬祭の儀式、②地域の講、③神迎えの行事、④寄り合いなども行われました。一方、こうした行事のない時期には、畳を上げ雨戸を閉め、全く使わないケースもあったようです。逆に生産活動（養蚕など）に供される地域もありました[1]。以上の点から総括すると、座敷は上格の空間でありながらも、日本建築らしい「フレキシブルかつ合理的な活用が行われた場所」でもあったと言えます。

5.4節で述べた通り、座敷は、元来「カミ・オモテ」に位置していましたが、時代が下ると「カミ・ウラ」に位置する例が現れます。この場合、接客空間の配列がオモテ軸からウラにL型となり**鍵座敷**形式と呼ばれます（図11）。鍵座敷の場合はふつう平壁に床がきます（平床）。他方、従来型のオモテに座敷がある場合、妻床と平床の採用は、平面形式により様々です。

○座敷へのアプローチ空間：平入四間取りの場合

一般的な平入の四間取りの場合、座敷への**アプローチ軸線**には三つのタイプがあります（図11）。①土間からのカミ奥に真っすぐの「桁行直線型」、②土間からカミ・ウラ（鍵座敷）への「L字折れ曲がり型」、③カミのオモテ縁から直接入る「梁間直線型」、以上三つです。図2の表に示した式台玄関付き民家の場合、九割が②L字型となります。日本における**折れ曲がり**アプローチ（7.1節）が、上層民家でも好まれた結果と言えるでしょう。一方、仏事における僧侶のアプローチは、①桁行型または、③縁側からアプローチする直線型が主流です[2]。

［註］
1　日本民俗学会『図説民俗建築大事典』柏書房、2001、p.162
2　宮澤智士『南国の住まい／日本列島民家の旅①』INAX ALBUM 19、1993、p.33

第10章 民家のシンボリズム

10.3 柱：神と福徳・家長のシンボル
——大黒柱・かまど神（荒神）・恵比寿柱

図1 三内丸山遺跡（青森県）の6本柱の構築物

図2 四間取りにおける柱の位置

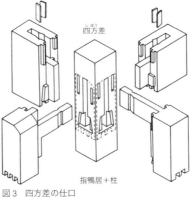

図3 四方差の仕口

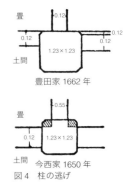

図4 柱の逃げ

家長シンボルとしての大黒柱：大黒柱の別名には「亭主柱」や「建初柱」もある。国・団体・家などの中心人物を大黒柱と呼ぶように、柱を大切なものに見立て、建築の中心で特別視する伝統。日本書紀15巻の「築き立つる柱は、此の家長の御心の鎮なり。取り挙ぐる棟梁は、此の家長の御心の林なり……」という記述はこれを表した古い例。また註4では天地軸＝「大極」の可能性に触れている。

大黒講：集落内で銭を少しづつ蓄え、旧暦の甲子（吉日）の日に集まって飲食・談合をする習慣を大黒講と呼ぶ。

○大黒柱とは：今和次郎の定義

近世民家における象徴的な柱の代表格は大黒柱です。**今和次郎**は次のように述べています。

「土間に見る光景で最も著しいものの一つは土間と床を張った部屋との境に立っている大黒柱で、それは七、八寸から一尺位の角柱であるが、棟までとどいているのではなく、大きい差し鴨居や梁を支える役をしているのである。しかし、実用よりもむしろ装飾の意味、または因襲的な意味で尊重される柱となっている。建っている位置は地方によってちがうけれど、玄関の間と台所との間にあるのが普通で、またこれに対して小大黒というやや小さい柱を対として建てているときもある」[1]

大黒柱はこの記述に見るように、**四間取り**（5.1節）プランでは「土間と床部・玄関と台所」の境に設けられます（図2A部）。これに対して、座敷の中心に建つBの柱は「上大黒」「長者柱」「小大黒」「恵比寿柱」「中柱」、Cは「庭大黒」「下大黒」「厩大黒」などと呼称されます。太さは20〜30cm、ふつう柱材は檜・杉・松などの針葉樹であるのに対し、大黒柱では樫・栗・欅など堅木の広葉樹が主流です[2]。指鴨居を受け、構造的には一階の軸部を固める役割を担っています。

○太柱のもつ技術的な意味

5.1節でも述べた通り、近世民家の技術上の特徴の一つは指物の登場です。この部位により、柱間は2間以上に拡大し、間取りの開放性が獲得されました。土間と床部の境に立つ柱には、四方から指鴨居・梁などの荷重が集中すると同時に、柄が四方から差し込まれるため（**四方差**：図3）、必然的に大きな断面積が必要になります。つまり大黒柱の太さには、平面構成的・構造技術的な意味があるのです。他方、太すぎる柱は敷居の幅よりはみ出してしまい、床の側が畳敷の場合、畳のコーナーを欠き取らなければなりません（図4）。これを避けるために、後代では大黒柱が土間の側に押し出されるようになりました。これを柱の「逃げ」といい、奈良の今井町では17世紀半ば以降一般化されます[3]。こうして大黒柱は土間空間に張り出し、江戸末期以降には、山梨県〈高野家〉の径2尺（約60cm）・三階床を支える巨大な栗の**股柱**（図5）（12.1節）や、栃木県〈旧篠原家〉の二階座敷の床柱を兼ねた欅大黒（図6）のように、主要な内部意匠パーツとなっていきます。もちろんこれには近世における専門的大工集団の民家への流入が背景にあり、たとえば重厚な1尺角の欅柱が6本林立する**越前II型**〈梅田家・城地家〉、

150

図5 高野家(山梨県)の大黒柱の上部　図6 旧篠原家(栃木県)の二階大広間:大黒柱が床柱になる　図7 旧梅田家(現おさごえ民家園)の1尺柱

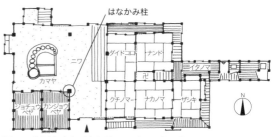

図8 我妻家(宮城県)の竈神　図9 中家(奈良県)の「はなかみ柱(釜神柱)」　図10 大和棟・中家(奈良県)のはなかみ柱の位置

越前Ⅲ型〈土屋家〉などの幕末遺構では、永平寺大工の従事が伝えられています(図7)。

以上のように民家では、主要な柱が時代とともに太くなっていきます。中世遺構の〈旧箱木家〉〈古井家〉の柱が約5寸(約15cm)前後と細く、最低限の合理性に基づいていたことを鑑みると、民家の柱は「**細柱から太柱へ**」の流れ≒「合理から象徴へ」の流れと位置づけられるでしょう。上層階級建築が、数寄屋普請へ展開する流れ≒「太柱から洗練された細柱へ」の流れであることを踏まえると、民家の柱の変化はその逆となります。

○神聖なる柱の系譜

なぜ民家の太柱が「大黒柱と呼ばれるのか?」という根本的な疑問については、「柱が神聖なものとして認識されていたから、大黒天がそこに祀られた」という説[4]がある位で、「大黒」を特定する説明はありません。元来密教において「仏法を守り飲食を司る神」である大黒天は、のちに「福徳の神」として民間信仰を集めた七福神の一つです。飲食に関わることから台所に祀られることが多く、右手に小槌・左肩に袋を背負い米俵の上に立つ姿から想像すると、さしずめ食の充足を願う「民衆祈願のシンボル」ということになるかもしれません。

古墳時代以前の三内丸山遺跡の「六本柱」建築(図1)や石川真脇遺跡の柱については、墳墓近くに祭祀遺物とともに柱跡が見つかっていることから、「生死にまつわる祭祀用構築物」と考えられています。アニミズム社会において、柱は神の領域(天上界)と人間の領域(地上界)を繋ぐ「ハシ(繋ぐもの)」の意味があるとも言われ[5]、ここから古代の神社建築における「**心御柱や岩根御柱**」は神が降臨する柱、つまり**依代**と位置づけられます。「大黒柱」も文字通り大黒天の依代となっているという点で同じ系譜でしょう。このほかにも、宮城県仙台市〈我妻家〉のかまど(竈)神(図8)や、大和棟の「はなかみ柱(分棟型を起源にする釜神柱・端上柱:図9、10)」、和歌山県熊野の**恵比寿柱**などが神柱では知られます。釣竿と鯛を抱えた姿で知られる「恵比寿神」は「商業・漁業の守護神」であり、本来は海や福利に縁の深い場所で信仰されるものですが、内陸部の**余呉型**では大黒柱とペアとなるなど、民家ではなじみ深い柱です。

[註]
1. 今和次郎『日本の民家』岩波文庫、1989(1922)、p.85
2. 川島宙次『滅びゆく民家―間取り・構造・内部』主婦と生活社、1973、p.107
3. 伊藤鄭爾『中世住居史』東京大学出版会、1958、pp.245-249
4. 吉村貞司『日本の空間構造』鹿島出版会、1982、pp.71-83
5. 宮家準『神道と修験道』春秋社、2007

第10章 民家のシンボリズム

10.4 梁組・小屋組による演出
——牛梁・中引梁・投掛梁・枠の内・梁算段・貫束和小屋

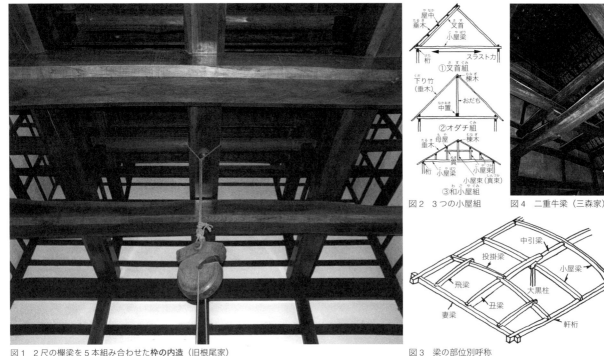

図1 2尺の欅梁を5本組み合わせた**枠の内**造（旧根尾家）

図2 3つの小屋組　図4 二重牛梁（三森家）

図3 梁の部位別呼称

　日本建築における**梁組**と**小屋組**は、構造的には別々のものです。「梁組」は柱の頂部を繋ぎ、「和小屋（束を用いた小屋組）」の荷重を地面に伝えるとともに、壁・指鴨居・貫などと連携することによって地震や風といった「水平力」に抵抗しています。他方、「小屋組」は**サス（叉首）組**（5.2節）が主な民家の場合、屋根の荷重は軒桁ラインに流されるので、小屋梁そのものは、外に開こうとする力、すなわち「スラスト力」に対して、引張抵抗する役割を担うことになります（図2）。

○**民家の梁はなぜあれほど太いのか？**

　引張力だけなら、民家の梁はあれほど太い必要はありません。たとえば**合掌造、余呉型**の引張抵抗用の「**薄梁**（p.93、図9）」は、せいが数cmに過ぎません。ではなぜ、民家では豪壮な梁組がつくられたのでしょうか。1930年代に**ブルーノ・タウト**はこれを頽廃的現象・非日本的なるものと見て、次のように述べました。

　「日本建築には他に類のない気紛れな要素があり……屋根を支えている例の細い柱の上に太い梁が載っている……大工達が、ほかの点では論理的であるにもかかわらず、この点ではあらゆる論理を無視して、あの重い梁を宙に吊りあげる……丈が半メートルもある荒削りの梁の

与える効果を、日本人がいくら「侘び」とか「さび」とかいってみたところで、こういう遣り方がまったく不合理であることは、日本人とても否定できまい」[1]

これに応えるのは、**川島宙次**の意見でしょう。

　「昔の大工は、建物の上部に重たいものを載せて、上から押さえつけるようにした方が、建物が丈夫になるという考えがあったので、一般的にいって梁は必要以上の大材を用いる風習があった。また、さほどの荷重もないのに梁を二重三重に組むのは、壁面の少ない開放的な日本の家屋では、建物のねじれやゆがみを防ぐ上に有効な手段であった」[2]

　ここで注目すべきは、かつての「大工の考え方」が影響し、合理ではなく慣習に支配された点です。さらに「土間や広間の梁架構を立派にすることは家格の表現のひとつ」という宮澤智士の見解[3]を踏まえると、太い梁は「大工の信念と腕自慢」「家格の象徴性・装飾性」が背景にあったと考えられます。

○**民家の梁：牛梁・中引梁・釿梁（鉄砲梁）**

　次に梁の部位別呼称を確認しましょう（図3）。桁行部材では、大黒柱から土間の上に架かる棟ライン直下の太材を**牛梁（丑梁）**、座敷上を**中引梁**と区別します。なお、

第3部　構成要素とマテリアル

図5　合掌造における釿梁　　図6　旧堀口家の中柱と「コモツリ」　　図7　枠の内造の広間の固め方（旧金岡家）

大工仕事：小屋組がサス組の場合、大工の仕事は梁組で完了する。小屋自体の組上げは、複雑な仕口がなく、材料の緊結は縄結びでできるので、農民・屋根屋が自ら行う。

図7：砺波地方の広間Ⅲ型旧金岡家・佐伯家では、枠の内が「九ノ間」広間の上に載る。

図8　曲げ材を用いた梁算段（旧作田家・現日本民家園）　　図9　二重梁の格子配置　　図10　立体的な和小屋（旧魚住家）

牛梁の先を支える柱は「牛持柱」と呼ばれることもあります。他方、梁間規模を拡大するために、両軒桁から牛梁・中引梁（敷梁）に向かって、梁間方向に架けられた梁は**投掛梁**と呼ばれます。

牛梁は、後代になると二重に架け渡されるものが現れ、それぞれ「下牛」「上牛」と区別されます（図4）。

また雪国の小屋梁の中には、図5に示すように「根元が曲がった木」を梁に応用し、下屋まで伸ばした**釿梁（鉄砲梁）**が現れます。富山県の**合掌造**（5.4節）をはじめ、福井県南部**越前Ⅰ型**〈旧堀口家〉の「テッポウザシ（鉄砲形の差梁）」などが代表的で、山間豪雪地の樹木が雪に押されて根元が曲がってしまうことを巧みに利用して、雪国特有の骨太な構造表現に昇華したものです。〈旧堀口家〉では「オユエ（土座形式の広間）」と「ニワ」の仕切り上に差渡された太梁「コモツリ（図6）」も家格のシンボル機能を担います[4]。

○枠の内・梁算段・二重梁・立体的な和小屋

次に地方色溢れる梁組を見ましょう。図1は北陸地方（越中・加賀・能登）の**枠の内造**です。欅材の「八面取り」でつくられた梁は径2尺・7m以上の長さをもちます。梁組は、「うしもん（牛梁）」と「はりまもん（小屋梁）」と呼ばれる梁を「十字〜井桁」に組む構造です。支える6本柱のうち中央2本を大黒柱とし、「ひらもん（指鴨居）」と貫によって建物の中心部を固めています（図7）。

関東地方の「曲がりくねった横架材」を桁行・梁行に巧みに組み合わせた梁組は**梁算段**（野物の梁組の意）と呼ばれます（図8）。長大な松の良材が手に入りにくい土地柄、天井張りに対する禁令の存在などが背景と言われています[5]。また栃木県の〈入野家〉では、曲りは少ないですが、梁を2段に設ける**二重梁**を交互・タテヨコに組んだグリッド状の重厚な梁組を確認できます（図9）。そのほか、小屋組を含めた架構意匠の特筆例には、金沢県野々市周辺町家に見られる「太い梁の上に貫・束を立体的に組み上げた」ジャングルジム状の和小屋があります（図10）。有名な岐阜県高山の〈吉島家〉などの架構は、こうした和小屋の貫を明治期に小梁に置き換えたものと考えられます。いずれも**テクトニックな線**を生かした構造デザインの好例と言えるでしょう。

[註]
1　ブルーノ・タウト、篠田英雄訳『日本美の再発見』岩波新書、1939、pp.14-15
2　川島宙次『滅びゆく民家-間取り・構造・内部』主婦と生活社、1973、p.108
3　宮澤智士『日本列島民家史』住まいの図書館、1989、pp.126-141
4　玉置伸悟ほか「越前Ⅰ型住宅における構造形式と発展過程」『日本建築学会北陸支部研究報告集第27号』1984、p.102
5　川島『滅びゆく民家-間取り・構造・内部』前掲、p.110

10.5 塗籠から寝間へ
——高八方造・雪国の生活と閉鎖性・方位のもつ意味

図1　高八方造で養蚕民家の旧渋谷家（山形県　現致道博物館）

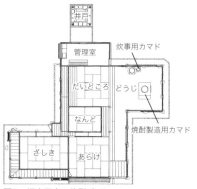

図2　旧太田家（熊本県）の納戸

図3　旧太田家の鉤型プラン

○**寝間（納戸）と塗籠**

　近世初期の民家は、外廻りに土壁が多く、開口部が少ないことが特徴です。一方、内部空間に入ると、土間と床部の境は建具がなく開放的で、部屋同士の境目は土壁や板壁で区切られています。すでに 5.4 節で触れたとおり、建具は「加工技術の精度」が高くなければ使用できず、それだけ手間と費用が掛かる部位でした。したがって古式・貧民層・南方の民家になれば「内部空間では建具なし＝開放的」になりがちです。しかし実際に遺構を訪ねれば、壁に囲まれた空間を必ず一つは見つけることができます（図2、3）。「寝間」「納戸」「ヘヤ」「チョウダ」と呼ばれる**寝室兼収納部屋**です。

　こうした「開放的内部に設けられた閉鎖的空間」の類似例には、貴族住宅である寝殿造の**塗籠**が知られます（図4）。1間四方の寝所・調度などの保管所で、「くるる」という落とし鉤で内部から鍵がかかり、非常時には「籠る」ことができる空間でした。

○**寝間の閉鎖性**

　寒さの厳しい山間部の民家には、**土座**（5.5 節）に代表される「土間住まい」とともに、開口部の少ない「閉鎖的な寝間」をもつ形式の家が多くありました。この様子を、今和次郎はプラン挿絵（図5）とともに、次のように記録しています。

> 「間取りのやり方の意味がどうしてもちがっていると見なければならないものが、我国の寒い地方に分布されているのである。それは信州の北部から越後にかけて東北一帯に拡まっている型のもので……茶の間すなわち日常の居間を大きくとって、その後ろに極く小さい寝間を設けたものである。……そこは六尺四方位の小さい部屋で、板戸で閉ざされ、またそれらの並んでいる各々が互いに壁で仕切られている。そして貧しい家になると、藁を敷いているだけで、蒲団もなく、あたかも家畜小舎のようなものもある。そこには窓はないのが普通で、稀には極く小さい窓をあけたものもあるが、全然明りの入らないようになっているのが普通である。蒲団を敷いている場合でもそれを敷きっぱなしにして置いていわゆる万年床にしている」[1]

　上記からは、①寝間のサイズは塗籠同様1間四方、②窓も少なく閉鎖的、③室内には稲藁や籾殻・稗殻を厚く敷き込むのが通例、④外光は入らず、⑤蒲団があっても万年床、以上5点が確認できます。

○**雪国ではどのように寝ていたのか？**

　概して雪国民家の寝間はコンパクトです。二畳程度を

第3部 構成要素とマテリアル

図4 宇治上神社（京都府）の伝塗籠遺構

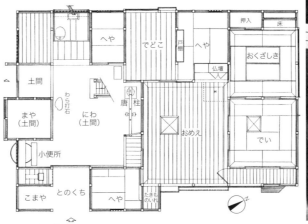
図6 旧渋谷家平面図

図7 旧渋谷家の「へや」

建具使用：普通農家には幕府・各藩の禁令があった。

図3：Z型の平面をもつ旧太田家（熊本県）は二鉤型と呼ばれる特異な形式をもち、オモテとウラの境界・要の位置に寝間である「納戸」が配される。

易の陰陽符号：「乾（けんいぬい）」である北西は男家長のエネルギーを示し、主人の方位と呼ばれ家族や組織を代表する。同じく「坤（こんひつじさる）」の南西は母親や女家長を示す。

図7：籾殻が室外に出ないよう、入口の敷居は20センチ以上高くなる（帳台構も同様）。

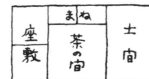
図5 今和次郎のプラン挿絵

図8 「北越雪譜」に描かれた叺に寝る人々

図9 旧山田家（長野県）の内部

基本とし、大きいものでも四畳半、大家族の場合はこうした小寝室を複数配します。山形県田麦俣の**高八方造**〈旧渋谷家〉（図1）をみると、広間・土間の周りを四つの寝室（へや、でどこ）が取り巻いています（図6、7）。

では、かつての民家の寝間で人々は、どのように寝ていたのでしょうか？　近世末期の秋山郷（長野県）について、鈴木牧之（越後塩沢の商人）は**『北越雪譜』**で次のように描いています。

「秋山の人はすべて冬も着るままにして臥す、嘗て夜具というものなし。……甚寒にいたれば他所よりわらをもとめて作りおきたる叺に入りて眠る。……秋山に夜具を持たる家は此翁の家とほかに一軒あるのみ。それもかのいらにて織りたるにいらのくずを入れ、布子のすこし大なるにて宿り客のためにするのみ也とぞ」[2]

文中の「叺（かます）」とは寝袋、「いら」とは稲藁を指します（図8）。図9は秋山郷の18世紀遺構〈旧山田家〉です。当時の人々が蒲団すら持たず、藁の寝袋に肩寄せ合って眠るさまは、寒さを逃れる目的をもって極小空間に籠る人々の姿を連想できるでしょう。住居学者の西山卯三も、岩手県曲家「ひや（小さな寝部屋）」を取り上げ、過密就寝は「寒さを防ぐため」であった点を指摘しています[3]。

〇生と死をはらむ・家運のシンボル

寝間は地域によって「産室（うぶや）」「さんじょ」とも呼ばれ、出産時の籠りにも使われました。宮崎県椎葉村〈那須家〉の「つぼね」、山形県田麦俣の「でべや」という部屋名称も女性にまつわるものです。民家研究者の**桑原稔**は、寝間（ヘヤ）が持つ役割を次のように総括しています。

「ヘヤは、主人夫婦の寝室であった。また、子供を生むときはこの室であり、子供を産湯につけるのも、死人の湯灌を行うものこの室であり得……即ちヘヤと称する室は、この世とあの世の境目にある空間であり、先祖と主人夫婦を表す重要な室でもあった。占いにおける風水においても北西は、主人の財力や事業運を支配する方位とされ、また先祖の座す方位とも両親を表す方位とも言われ、この室又は北西を粗末にすると家運が衰えると言われている」[4]

このように、寝間は出産や遺体洗浄に用いられる生死にまつわる空間であるとともに、先祖や家運を象徴する**方位**に関わる場所でもあったのです。

［註］
1　今和次郎『日本の民家』岩波文庫、1989（1922）、pp.88-90
2　鈴木牧之編『北越雪譜』岩波クラシックス、1982、p.103
3　西山卯三『日本のすまい』勁草書房、1975
4　群馬県文化財研究会編『上州の重要民家をたずねる（北毛編）』あさを社、2008、pp.112-113

第 10 章　民家のシンボリズム

●図版出典
＊特記なき場合は筆者撮影
10.1
図 3　『講座・日本技術の社会史 第七巻 建築』日本評論社、1983、p.171
図 4　宮澤智士『日本の民家―近世民家 75 に旅して考える日本人のくらしの謎』小学館、1985、p.221
図 8　吉澤政巳『東海・中央高地の住まい / 日本列島民家の旅⑥』INAX 出版、1996、p.20　より作成
10.2
図 9　田中文男『関東の住まい / 日本列島民家の旅⑧』INAX 出版、1996、p.39　より作成
10.3
図 2　川島宙次『滅びゆく民家 - 間取り・構造・内部』主婦と生活社、1973、p.107　より作成
図 3　『構造用教材』日本建築学会、1995、p.25　より作成
図 4　伊藤鄭爾『中世住居史』東京大学出版会、1958、p.248　より作成
図 10　平山育男『近畿農村の住まい / 日本列島民家の旅④』INAX 出版、1994、p.41　より作成
10.4
図 2　『よみがえる古民家―緑草会編「民家図集」』柏書房、2003、p.455　より作成
図 3　川島宙次『滅びゆく民家―間取り・構造・内部』主婦と生活社、1973、p.111　より作成
図 5　日塔和彦『北陸の住まい / 日本列島民家の旅⑦』INAX 出版、1996、p.17　より作成
10.5
図 5　今和次郎『日本の民家』岩波文庫、1989（1922）、p.88
図 6　『日本建築史基礎資料集成 21』
図 8　鈴木牧之編『北越雪譜』岩波クラシックス、1982、p.105

第11章　実用から生まれたアノニマスな機能美

　第11章では、民家における実用的な側面が、どのような伝統意匠に繋がったか？を概説する。
　第5章で既述の通り、土間は農作業の場であることに加え、東北地方の小作農を多く抱えた**上層農家遺構**では、独立柱に支えられた巨大空間（60～100畳規模）が存在する。また副業としての**養蚕**は、近世民家の屋根や窓のヴァリエーションにもっとも影響を与えた家内産業であり、**高八方造**、**合掌造**、**かぶと造**など地方色豊かなタイプを生んだ点に触れる。次に、仏間や神棚・押板・納戸構といった象徴的モチーフは、家格の表現のみならず、仏事としての「講」や来客時に、関係者の着席ルールを司るキーポイントとなっていたことを述べる（11.2節）。こうした事例から、機能分化した民家における**空間秩序の基点**としてのモチーフの役割を確認できよう。
　11.3～5節では、①風雨、②雪、③火災に対する機能的な工夫が、地域色豊かな民家意匠として、如何に定着されてきたかを見る。奈良の**竿屋造**、伊勢の**鎧囲い**、土佐の**水切り瓦**、沖縄の**雨端**は壁を雨水から守る知恵から生じたこと、斐川・砺波・花巻などの**屋敷林**は防風の機能を担ったこと、さらに旧南部藩域の**曲家**も防風目的から生まれたという新説を紹介する。耐雪の工夫は、日本海側の骨太な構造体や、**雪囲い**、**土縁**、**コミセ・雁木造**といった部位的意匠に加え、**中門造**といった民家タイプをも生みだした。同様に耐火は、**土蔵**や**卯建**以外に、川越の**蔵造**、奄美の**群倉**といった地域独特の形式につながった。

第11章 実用から生まれたアノニマスな機能美

11.1 生産手段としての建築
——農作業と養蚕民家のかたち

図1 我妻家（宮城県）　土壁の奥が全て土間空間になっている

図3 旧後藤家の独立柱

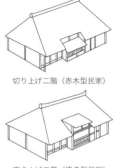

切り上げ二階（赤木型民家）

突き上げ二階（榛名型民家）

前かぶと型民家

図2 旧後藤家（岩手県）プラン

図4 併列型の旧山中家（愛媛県）

図6 西川家（山梨県）

妻かぶと型民家

図5 様々な屋根タイプ

　本章では民家における実用的な側面、すなわち①農作業や副業・②宗教儀式と接客・③耐久性や防災に対する民衆の知恵が、如何に地域色豊かな建築意匠に定着していったか？を見ます。

○土間：農作業と炊事の行われるところ

　民家における最大の作業空間は**土間**です。すでに5.5節で歴史的展開とプラン上の面積割合には触れましたので、ここでは土間の実用性について確認しておきます。

　四間取りにおける土間は、5.4節の図3（p.92）に示したように、入口付近オモテ側が「ニワ」、奥のウラ側が「ウチニワ」と区別・呼称され、機能的に前者は農作業、後者は食物調整に対応します。この機能区分は**通り土間型**（5.1節）の町家でも同様です。農家のニワにおける作業メニューは、①脱穀や籾摺り、②唐臼による米の精白と挽臼による雑穀処理、③餅つきや味噌炊きといった大人数での炊事作業、④農閑期の藁細工、⑤農作物の貯蔵、⑥農機具・燃料収納、⑦厩での馬・牛飼育など、きわめて多岐にわたりました。上層（地主で小作農を多く抱え生産力のある）農家では、必然的に土間は巨大化し、宮城県仙台市〈我妻家〉（1753、図1）では100畳超を誇る規模です。〈我妻家〉と同じ旧伊達藩領の〈旧後藤家〉（17世紀末）では、約60畳土間に10本の独立柱が林立し、多角柱の表面には「縄をしごいた跡」など農作業の名残を見つけることができます（図2,3）。

○副業がもたらした変化

　一方、中部地方以東の米の単作地帯における一般的な農家では、稲作のみで生計が成り立たないことから、様々な**副業**が行われました。**養蚕**・畜産のほかに、煙草葉の加工・製茶・製紙・製織・木工・藁細工・農鍛冶などが主なものです[1]。副業の場を併せもつ民家は、次第に生産工場的側面をもつに至り、専用住居ではなくなったり、**生産機能**の利便・能率向上のための工夫が加えられることで、近世中期以降、独特なスタイルをもつ民家タイプへと変貌していきました。

　逆に気候の温暖な近畿以西では、①二毛作が可能なので専業農家が多いこと、②温暖なため作業は屋外（庭先・縁先や附属屋）で行われたこと、以上2点の理由により生産機能が主屋内に持ち込まれることが少なく、概して家のつくりはシンプルなままでした（図4）。

○群馬・甲州・伊達地方などの養蚕民家

　数ある副業のうち、民家のかたちに最も影響を与えたのは**養蚕**です。広いスペースが必要なうえ、現金収入が

第 3 部　構成要素とマテリアル

図7　赤城型切り上げ柿沼家（群馬県）

図8　富士山麓根場の甲州妻かぶと

図9　前かぶとの冨澤家（群馬県）　セガイや柱・縁に優れた線的構成美をみせる

図10　気抜櫓の松ヶ岡養蚕場（山形県）

図11　冨澤家の低く直線材による天井

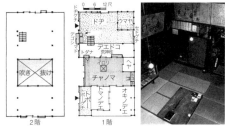

図12　上州藤原集落（群馬県）の旧雲越家の吹抜け空間

農民に富とゆとりをもたらし、民衆の造形的関心・建築技術の成熟に繋がった結果、養蚕民家は18世紀以降大きく発達しました。基本的には、小屋裏（二階以上）を蚕室（さんしつ）として利用するため、**屋根のかたち**と「**採光・通風確保用の窓**」に個性が出ます（図5）。すでに紹介した**高八方造**（10.5節）、**合掌造**（5.4節）のほかに、甲府盆地東部の**突き上げ（押上げ）屋根**（図6）、群馬県赤城山麓の**切り上げ屋根（赤城型）**（図7）、東日本の**かぶと造**などが代表格です。**かぶと造**は①甲州（山梨県）南東部、②福島県の伊達〜安達地方、③茨城県の一部、④群馬県北東部で見られる**妻かぶと**（図8）と、群馬県北西部の**平（前）かぶと**（図9）に大別されます[2]。

明治以降の蚕室建築には、軒の**気抜窓（櫓）**を特徴とするタイプがあります（図10）。これは「温暖育」のための専用小屋とも言えるもので、現在でも群馬・埼玉・山梨県北部や、明治期に宿場から養蚕に転向し繁栄した長野県海野宿でも見ることが可能です。

〇梁算段なし／垂直空間への意識

関東・中部・東北などの古式の民家は、元来天井を設けないのが一般的で、家格の表現には「**梁組（梁算段）**」を用いてきました（10.4節）。一方、養蚕民家では屋根裏を広く利用するために水平の床が必要となり、小屋梁に曲り材でなく「**直材を用いる**」必要があります。また作業効率を考えて小屋裏は一室型の空間に近づけるため、間仕切の壁を排すべく、一階の天井を低くし、指物・二階大引や床材で構造を固めます。よって多層化された建築としての養蚕民家は、「**直材**」「**低い階高**」という部位的特徴をもちます（図11）。

この点を踏まえ、図12には群馬県水上（みなかみ）の藤原集落の**両妻かぶと造**における吹抜け空間を示しました。ここでは広間上部で「**吹抜け＝表表現**」を行い、それ以外のスペースでは養蚕用に「**低い階高**」を採用しています。従来の広間の格表現と作業場の機能性をハイブリッドしたかたちです。単純な積層ではなく、広間上部が抜けることで**垂直方向の空間意識**（つまり気積（きせき）の発見）が促されます。このように江戸後期の民家では、①町家の「**高二階**（たかにかい）」化による吹抜け演出はもちろんのこと、②養蚕による多層建築の登場も「水平から垂直へ」の空間感覚の芽生えに繋がった流れには注目すべきです。

[註]
1　川島宙次『日本の民家 その伝統美』講談社、1978、p126
2　日本民俗学会『図説民俗建築大事典』柏書房、2001、pp.142-143,29-30

11.2 宗教行事と炉端の日常接客
——視線による空間秩序・仏壇と部屋飾り

図1　**越前Ⅲ型の坪川家（福井県）**　妻棟の前面への転びは上格の正面性の表現

図3　**越前Ⅲ型旧瓜生家（福井県）**

図4　**越前Ⅱ型旧梅田家（福井県）**

図6　**旧表家（富山県）の天の破風**

越前Ⅲ型では仏間周りを「御前様（仏壇の前の意）」その脇の座敷を「キュウソクマ（仏事の際の僧侶の控えの間）」と呼称し特別に扱うものがある。さらに坪川家・土屋家では妻棟の前面への「転び」「懸魚」「木連格子」が上格の表現となる。

図2　**坪川家の桁行断面（仏壇への視線と床の上昇）**

図5　**石川県白峰の居道場旧表家（現白山ろく民俗資料館）**

　本節では、空間の品位・威厳（ディグニティ）を高めるための民家における**空間軸**の演出手法を見ましょう。
○儀礼演出用の床高さによる空間秩序
　仏事における民家の僧侶のアプローチについては、10.2節の図11に示した「桁行直線型」「梁間直線型」の二つがあります。このうち前者の「シモ土間からカミ座敷（仏間）」への軸は、動線であると同時に、土間入口からオク側へ向けられた視線とも重なります。これを空間的な**奥性**として演出するのが、福井〜石川県の**越前Ⅰ〜Ⅲ型**の民家です(図1)。土間に立つと、座敷の一番奥に向かって一直線に視線が抜け、そこには仏壇が燈を灯しています(図3、4)。また仏間に向かい床が高くなる空間演出がなされる場合もあります(図2)。これについて**今和次郎**は、

> 「真宗の盛んな地方では仏壇を家の正面の奥に立派に据え……家の間取も特別なものとなっている。……浄土宗の門徒の土地である越前加賀など……それらの地方の信徒たちの家は、家の最上位の場所つまり床の間に当たる場所に、阿弥陀如来をまつる仏壇を飾る方式に変えてしまっているのである。そして間仕切りとして建てている建具をとり払うと、家そのものは、仏壇を中心にしたお堂のかたちになるようにしている……」[1]

このように①床の間（妻床）が**仏壇**（阿弥陀如来）に置き換わっていること、②仏堂建築と類似した使い方ができることを指摘しています。周知のように、北陸は真宗信仰が厚く、武家からの独立心が強い土地柄です。真宗の近世仏堂でももちろんのこと、仏間（阿弥陀如来像）の奥飾りは住居でも一般化されているのです。

○念仏のための講の場：居道場
　こうした「信仰の深さ」に支えられた**設え**は、武家を意識した座敷空間とは一味違う空気をもつものです。加えて僻地の集落には、**居(家)道場**と呼ばれる布教用の民家を見ることができます。寺号を持たず「門徒道場役」を世襲してきた家柄、かつ自宅で「講」を開き真宗の教えを広める「寺家」としての役割を担い、**合掌造**で有名な富山県の五箇山相倉集落でも見られる建築種です。図5の石川県白山麓〈旧表家〉を見ると、「仏間」「広間（衆生の間）」が柱によって**結界**され、仏堂における内陣・外陣に類似していることがわかります。また仏間の脇には「役僧の間」という特殊な待合空間が附属します。外観では、入口上部には「天の破風」と呼ばれる開口があり(図6)、そこに半鐘と板木を設えることで、集会所としての「迎えの構え」を表現しています。

第3部　構成要素とマテリアル

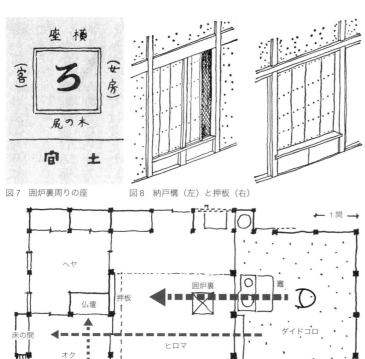

図7　囲炉裏周りの座　　図8　納戸構（左）と押板（右）

図9　旧北村家（現日本民家園）のプランと空間秩序

広間の格付けには、そのほかにも地方によって「火棚、長押、格子と障子」、10.4節で述べた「天井の高さ、梁・桁の重厚さ」が用いられる。

図10　囲炉裏の先にある押板・神棚（旧北村家）

〇囲炉裏まわりの「座」による秩序

　次に、日常生活空間における空間秩序に触れます。民家の接客には10.2節で触れた座敷接客に加え、「民衆同士の広間接客」があり、この際に空間秩序を司る装置が**イロリ（囲炉裏）**の座です。図7の炉辺の序列は全国共通、かつ①**横座**は「ていしゅざ」とも呼ばれ「土間を向き、最も土間から遠く」「押板がある間取りでは押板を背にした」上座（主人の座）となります（神棚を背にする場合もありますが、基本的には土間との関係の方が強いと言われています）。②次の座（女房座）は「かかざ」とも呼ばれ「勝手に近く」「オモテを向く」つまり戸口が見える場所です。そして③客座は「むこうざ」「おとこじろ」とも呼ばれ、来客・長男・婿の席です。土間沿いの④**木尻**は「しもざ」とも呼ばれ、嫁・下男・下女の座です[2]。来客を下座に招ずる「茶の間の作法」は、来客を上座に座らせる「客座敷」とは真逆の考え方ですが、これには広間奥に神棚（または神掛軸）を祀り、日常空間では家長がこれに仕えるため上座に座るというルールに則っているのです。

〇デザインの中心としての押板と納戸構（帳台構）

　押板は床の間の前身にあたる部屋飾りで、民家では主に関東・中部地方に見られ、日常生活の中心となる広間（居間）に設けられました。他方、**納戸構**（帳台構）は広間と納戸（寝室）の境に設けられた入口様式です（図8）。1柱間の半分を板壁とし板戸を引き込むとともに、納戸に敷いた藁が飛び散らないよう敷居が高くなっています。こうした部屋飾りについて**宮澤智士**は、

> 「近世民家は、上手、下手、表、裏などの方向性をもち、内部空間に一定の秩序を与えるとともに視点となる部屋飾りをそなえていた。成立期の民家には、書院造の床の間はなかったけれども、部屋のデザインの中心となる装置として、仏壇、押板、納戸構（帳台構）などがあった」[3]

と述べて、機能分化した民家における**空間秩序の基点**としての役割を指摘しています。**広間型三間取り**（5.1節）の〈旧北村家〉では、カマド・囲炉裏を結んだ軸線上に押板があり、広間の正面性が強調されています（図9、10）。

　以上のように空間軸の演出には、①床の高さ、②着席のルール、③象徴的な部位が用いられてきました。

[註]
1　今和次郎『日本の民家』岩波文庫、1989（1922）、p.84, pp.122-123
2　『日本の民家 第2巻 農家Ⅱ』学習研究社、1980、p.166
3　宮澤智士『日本列島民家史』住まいの図書館、1989、p.94

11.3 風雨と向き合う
——外壁の保護・屋敷林・防風と耐風・曲家

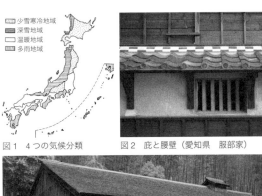

図1 4つの気候分類　図2 庇と腰壁（愛知県　服部家）

図4 伊勢の鎧囲い（西山家）　図5 土佐の水切り瓦

図3 妻垂れとウチオロシ　竿屋造の旧丸田家（現日本民家集落博物館）

図7 沖縄県の雨端（石垣島　旧大浜家）

図6 軒先尺の比較

　ここからは耐久性（防雨・防風・防雪）や防火の観点から、民家の意匠部位に触れます。

○気候と向き合う意匠

　民家研究者の白木小三郎によると、日本の**気候**は、①小雪寒冷地域（北海道・東北太平洋岸）、②深雪地域（東北〜山陰日本海岸）、③多雨地域（神奈川県〜三重・和歌山県〜四国九州の太平洋岸の台風地域）、④温暖地域（そのほか）の四つに大別されます（図1）。それぞれの気候条件に応じて、①の民家は**防寒**、②は**防寒＋積雪対策**、③は**防雨・防風・防暑**、④**夏の高温多湿対策**が主な追求性能です[1]。風土に応じた日本の民家の多様性について、ブルーノ・タウトは、

> 「日本農家の建て方がいかに豊富な変化を見せているかは、実に驚くべきものがある。それはあたかも自然の風景が北方では粗削りで、別な所では亜熱帯的であり、さらにまた牧歌的な所があるかと思うと、他の処では人を寄せつけぬほど厳しく……非常にまちまちである。……それゆえ日本の農家の建て方は、その変化において実に多種多様な追想をよび覚すのである」[2]

と簡潔に記しています。求められる条件により、必然的に意匠表現は変わるのです。

○雨から壁を守る手法

　雨から民家を守る手法（外壁保護）は、①**庇**を付けること、②板・杉皮・瓦・草などで土壁下部を覆うこと、以上二つが基本です。「白い漆喰壁」と**板壁・なまこ壁など腰壁**の組み合わせは②の代表格で、蔵にも応用されてきました（図2）。一方、個性的事例には、軒先やけらばの先端部に、③木質の囲いを付けた民家が存在します。図3は雨量の多い紀伊半島のうち、奈良県十津川の**妻垂れとウチオロシ**、図4は伊勢河崎の妻入民家における張り出し南張り囲い（**鎧囲い**）と呼ばれるものです。また上州・飛騨の妻側二階部を2m程度張り出した「沫除け」や、高知県南部の**水切り瓦**（雨押え、図5）も外壁保護の意匠です[3]。加えて、木造民家の**軒の出**は一般的に2尺程度に対し、雨の多い東海・紀伊・四国の山地では3尺程度の傾向がある（図6）ほか、沖縄県の深い軒先空間は**雨端**（あまはじ）と呼ばれ当該民家の特徴に挙げられます（図7）。

○強風への構え

　風への対策には、「防風」と「耐風」の二つの考え方があります。前者は「建物を風から守る」ことを、後者は「強風に耐え得る頑丈な建物をつくる」ことを、それぞれ企図したものです。

第3部　構成要素とマテリアル

図8　岩手県花巻周辺の居久根

図9　愛媛県外泊の石垣と板壁

図10　ツカセを備えた旧長坂家（現白山ろく民族資料館）

図11　土佐の右瓦・左瓦

カイニョは、春の「井波風」と呼ばれる白山山系からの局地的な南風と、冬の南西季節風から建物を守る。またこの地方では土蔵は延焼をさけて風上側に配置されるルールをもつ。
三方が山で囲われ、南が開けた地形の石垣集落は風減衰率が0.7との報告がある。

図12　曲家の旧小原家（岩手県東和町）

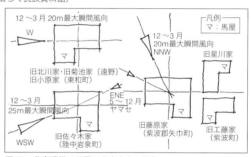
図13　曲家遺構の馬屋の突出方向と風向

　防風の代表格は**屋敷林**（6.4節）です。「散居村」の集落景観に資するとともに、大規模森の場合、①建築用材、②燃料、③食糧、④薬草などの生活資材供給源ともなりました。富山県砺波の「カイニョ（垣鳩）」、島根県斐川の「築地松」、岩手花巻や仙台平野の「居久根」（図8）、関東平野（栃木・埼玉県）の「武蔵野防風林」が知られます。カイニョは敷地の南側と西側に防風林をつくるため、主屋は東向きとなり**アズマダチ**（p.146、図1）という民家形式につながります。

　台風の通り道かつ南風が強い南方海岸エリアでは「屋敷囲い」としての**石垣**が用いられます。愛媛県外泊や佐田岬の海岸集落（図9）、高知県室戸の「いしぐろ塀」などが代表例です。石垣集落における建築は、①背が低い、②窓が少ない、③防水目的に油分の多い木材下見板を用い景観的統一感がある、という傾向にあります。

　耐風の建築については諸説があるものの、効果の科学的検証が進んでいない為、ここでは外観意匠で個性的な事例のみに触れておきましょう。図10に示した**永久出作り小屋**（石川県白峰地方）の側面支え棒は、山間の強風対策と伝わり、地元では「ツカセ」と呼ばれています。図11は高知に見られる「右瓦・左瓦」の使い分けで、風によって瓦が飛ばされない為の工夫です。

○曲家と風

　旧南部藩域に分布した**曲家**は18世紀前半に岩手県遠野地方で生まれ、18世紀後半～19世紀前半に県中央部に伝播した東北を代表する民家タイプです（図12）。馬産の振興を計った藩内では、L型の内厩住居に馬と人が同居しつつ、防寒的工夫として、囲炉裏の暖かい煙が馬屋先の入母屋屋根から抜ける仕組みをもっています。ただし、近世初期の東北農家は基本的に**直屋**が主流、かつ同じ馬産推奨エリアである旧伊達藩域に曲家が一切存在しないことから、この形式はむしろ、「家屋の前庭を突風から保護するために作られた」という新説が存在します[4]。図13は馬屋の出（左右）と風向の関係を示したものですが、遠野・東和など猿ヶ石川流域では主屋の左側（西側）に対し、盛岡市周辺の北上川流域では右側（東側）と、明らかな地域差を指摘することができます。

[註]
1　日本民俗学会『図説民俗建築大事典』柏書房、2001、pp.236-237
2　ブルーノ・タウト、森俊郎訳『ニッポン』講談社、1991、p.81
3　川島宙次『日本の民家 その伝統美』講談社、1978、pp.168-173
4　日本民家集落博物館『民家の案内』2006、p.27

11.4 雪に備える
——構造強化・中門造・セガイ・軒下空間

  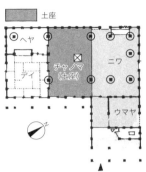 

図1 永久出作り小屋　旧尾田家（富山県）の17寸勾配　　図2 旧奈良家（秋田県）八角柱　　図3 佐藤家（新潟県）の上屋柱　　図4 旧菅野家（岩手県）の張り出し通路

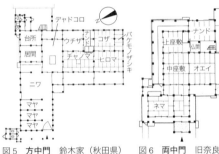 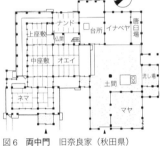 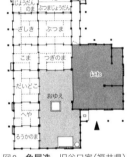

図5 方中門　鈴木家（秋田県）　　図6 両中門　旧奈良家（秋田県）　　図7 砺波の葺き下し　佐伯家（富山県）　　図8 角屋造　旧谷口家（福井県）

○骨太かつ多彩な構造ヴァリエーション

日本海側の**豪雪地帯**は、小屋組・軸組の「構造的ヴァリエーション」が多彩なエリアです[1]。「耐雪」構えの民家、つまり雪の重みに耐えることのできる「頑丈なシェルター」への志向が、内部空間の骨太な力強さや多様な構造形式に反映されます。

まず**小屋組**（10.4節）ですが、総じて**急勾配**＝10寸勾配（45°）以上が一般的で、とりわけ富山県の五箇山・砺波や石川県白峰では17寸（60°）の正三角形断面が存在します（図1）。屋根にベタ雪が溜まると「スガモレ」の危険に加え、地震時の横応力が増大するので、これを避けるためと考えられています。また雪国民家の小屋架構は、①束や貫による補強、②和小屋・サス組のハイブリッド化によって、構造強化が行われる傾向にあります[2]。軸組では**合掌造**の「鉄砲梁（10.4節）」や北陸民家の**股柱**（12.1節）、後述する**両中門造**旧奈良家の**八角柱**（図2）など、構造材そのもののフォルムに個性が見られるのも豪雪地帯の特徴です。さらに、独立柱（上屋柱）が10本以上林立する新潟県魚沼地方の民家（江戸前期、図3）について、「使い勝手よりも構造を優先する」土地柄を指摘する説もあります[3]。

○内部空間の充足：中門造・葺き下し・角屋造

雪に閉ざされた時間の長い豪雪地帯では、基本的に様々な日常活動を屋内で充足する必要があります。収穫物の処理はもちろんのこと、便所や風呂場・馬屋などが別棟にあっては、その度に寒風や吹雪に曝されかねません。こうした屋内活動充実のため、雪国民家は基本的に①面積大つまり「大構え」となる傾向にあるのです。また屋敷外に出る際、できるだけ入口を道路に近づけると同時に、除雪の労を少なくする工夫も必要です。このために②主屋から接道部に向かって張り出しの通路をつくることが各地で行われてきました[4]（図4）。

> 「日本海側の豪雪地帯では、積雪時に家の出入りを容易にするため、出入口上に小さな庇や張り出し部分を設けていたが、やがてこの出入口部分が家の格式を表現する一方法として発展し、規模が大きくなっていった」[5]

宮澤のこの記述のように、従来あった積雪対策の通路空間が発達し、のちに家格をもシンボライズする形式として定着したのが**中門造**（ちゅうもんづくり）と呼ばれる民家タイプです。主として秋田・山形・新潟・福島（奥会津）県に分布し、平面形は11.3節で触れた**曲家**と同じくL字型です。ただし、曲家では内角隅部に入口が来るのに対し、中門造で

第3部 構成要素とマテリアル

図9 旧渋谷家のセガイ（山形県）

図12 角屋・旧谷口家の雪囲い（福井県）

積雪時の採光のために天井際の壁上部に開けられた高窓は「天窓」と呼ばれ、雪国民家の特徴の一つである。
図7の草葺部は17寸勾配
図14 旧杉原家の大梯子は栗の大木を二つ割にしてつくられている。

図11 旧山川家の土縁（石川県）

図10 セガイの全国分布

図13 青森県黒石のコミセ

図14 融雪池（岐阜県）

図15 旧杉原家（石川県白峰）の大梯子

図16 旧山田家の茅壁（現日本民家園）

は突出部先端が主入口となります(図5)。また、秋田県の中門造には階層別に構えに差異があり、高持百姓ではシモ手入口部のみが突出したL字型の**方中門**、上層農家(開拓名主など)ではカミ手座敷部も突出し、コの字型の**両中門**となります(図6)。

以上のように「積雪対策」と「内部空間の拡大志向」が、東北地方における個性的な民家形成の要因です。同様に北陸地方では内部空間拡大の結果として、①主屋背面に勾配の緩い板葺の**大屋根**を増築した富山県砺波の**葺き下し**(図7)や、②主屋から座敷・炊事場を張り出した**角屋造**(図8)といった民家タイプが存在します。

〇船枻造と軒下空間・土縁・雁木

東北の多雪地帯の軒先は「付け庇」ではなく、主屋の大屋根をそのまま葺き降ろす形式が採用される傾向にあり[6]、これに対応する構法が**船枻造（セガイ）**と呼ばれる出桁形式です(図9)。垂木のみで軒先を支える**番匠造**と対比され、梁がそのまま軒先を支えるため雪の重みに強いとされます[7]。ただし分布域を検証すると(図10)、セガイは必ずしも豪雪エリアのみで用いられるというわけではなく、正確には「下屋セガイの採用」こそが雪国の特徴と考えられます(図10)。またこれ以外に、雪を避けて「広

い軒下空間」を確保し、住居内の利便性・居住性を向上させる試みが見られます。軒先に幅1間程度の土間を確保したものは**土縁**と呼ばれ、図11に示した石川県金沢の上層町家では、茶室脇の露地空間として活用されています。また山形県の上層農家・旧有路家ではオモテ側の細長い土間通路を「ろうじ」と呼称します。さらに**雪囲い**(図12)も積雪期の軒下空間を吹雪や雪の吹込みから守るための仮設的工夫です。

街路通行のためアーケード状の軒下空間では、黒石・弘前(青森県)・鹿角(秋田県)の**コミセ**、新潟県の上越高田・栃尾・塩沢の**雁木造**が知られます(図13)。このほかに積雪対策の工夫には、雪を解かすための**融雪池**(図14)、屋根の雪下ろし用の**大梯子**(図15)、秋山郷(新潟〜長野県)の〈旧山田家〉に代表される**茅壁**(図16)などがあります。

[註]
1 平尾・椙山ほか「日本海側豪雪地域における重要文化財指定民家の諸特性分析」『日本建築学会近畿支部研究報告集』2016、pp.277-284
2 日本民俗学会『図説民俗建築大事典』柏書房、2001、p.296
3 『日本の民家 第2巻 農家Ⅱ』学習研究社、1980、p.129
4 川島宙次『日本の民家 その伝統美』講談社、1978、pp.176-180
5 宮澤智士『日本列島民家史』住まいの図書館、1989、p.124
6 白木小三郎「日本民家の形成と伝承」『生活文化研究 23巻』1980、p.31
7 北上市立博物館『民俗村の民家を楽しむ（解説図録）』p.8

11.5 火災からまもる
――土倉・土蔵の系譜、卯建の成立過程、立地の工夫

図1 土蔵（堂島の米蔵、現日本民家集落博物館）

図2 蛇腹

図3 置き屋根

図4 海鼠壁

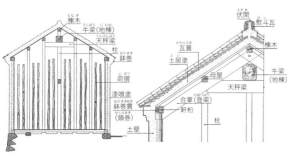
図5 土蔵 断面図

図6 様々な海鼠壁

図7 建てぐるみ（岐阜県）

　主構造を木とする日本の家屋や、これらが集合した都市は「火災に弱い」という弱点があります。本節では、これに対しなされてきた工夫について見ます。

○「土蔵」　構法でまもる

　火災に対し特に防火を考慮した建築に**土蔵**があります（図1）。木造軸組の外壁と屋根を厚い土で塗り籠め、堅固に内部を守る構えです。古くは中世の京都で「土倉」と呼ばれ、質屋を中心に広まっていたと伝わります。上等な普請で、多くの工程を経て仕上げられたものでは、壁厚は約8寸〜1尺（24〜30cm）にのぼります。入り口や窓などの開口部も**土戸**にして備えることで、火災のときに屋根や下屋が燃えても内部に延焼しない造りとなっています。窓には厚い土塗りの片開きあるいは両開きの扉が設けられ、周囲に扉の厚みだけ出張った額縁を巡らせた意匠とします。この扉と額縁には幾段もの**煙返し**あるいは**蛇腹**と呼ばれる段が付けられ（図2）、額と建具を密着させ、煙や炎の侵入を防ぎます。火災時には、この合わせ目に粘土や味噌を塗るといった対策もとられていました[1,2,3]。

　屋根は、軒を短くし、軒先までいっぱいに**鉢巻**で埋め、火炎が軒下にあがってきても屋根上に逃すつくりとなっ

ています。加えて、屋根は土居塗の上に直接**瓦葺**（9.1節）とするのが一般的（図5）ですが、これは江戸中期以降に防火建築が奨励され、屋根仕上げとして瓦葺が定着していった後の設いで、以前は蔵に限らず主な屋根仕上げは**茅葺**や**板葺**でした。この場合、屋根の上まで土を塗り、さらにその上に間をあけ屋根をのせる**置き屋根**という形式となります（図3）。これは通風を図るとともに、引火しても屋根だけが焼け落ちる工夫となっており、着火すると屋根を固定している縄を切り、置き屋根だけを地上に落としてしまう所もあります[1,2,3]。

　土壁の壁面の仕上げでは、風雨に耐えかつ火にも強い**漆喰**（12.3節）仕上げと、さらに雨にも強い平瓦を土壁の上に張りそれらの目地を漆喰で分厚く覆った**海鼠壁**が土蔵に特徴的な仕上げとして見られます（図4、6）。

　土蔵は、母屋から独立して建てられているイメージが強いものですが、母屋に内包される形で土蔵が設けられている**建てぐるみ**という形式も存在します（図7）。古代中世において、衣服や調度品を仕舞う場所として**塗籠・納戸**という小部屋があったこと（10.5節）や、中世の京では金融業者などが防犯上の理由から土蔵を母屋の中に設けていたこともあり、そのような系譜上にある形式か

第3部　構成要素とマテリアル

図8　板葺うだつの町屋（「洛中洛外図部分」より）

図9　卯建

図10　群倉（岐阜県）

図11　美濃の町並み（岐阜県）

図12　上下町の町並み（広島県）

図13　奄美大島の群倉

もしれません[1,2]。

○「卯建」と「袖壁」

　切妻屋根の妻側の壁を屋根上まで立ち上げ、小屋根をのせた設えを**卯建**といいます（図9）。古くは、町に家屋が密集して**平入**（6.3節）の町並みを形成したとき、隣家との関係から妻側に屋根を出すのが困難であるため、雨仕舞と板葺き屋根端部の耐風補強の目的で設けられたとされています（図8）[4]。これが江戸中期以降、瓦葺が広まり外壁も**塗屋造**となり、家屋が耐火性を高めるなかで、「卯建」も防火壁の役目を担うことになったと考えられています。さらに瓦屋根や塗籠めの**土蔵造**が普及した後は、家格の表現・象徴としての意味が大きくなり、軒から下に伸びた「袖壁」部分だけが、延焼を防ぐ役割として定着していきました[5]。

○防火と町並み、景観

　蔵造が立ち並ぶ川越の町並み（p.173、図9）や、「卯建」をもつ町家の連なる脇町や美濃の町並み（図11）、道路を四間に拡張し片側に土蔵群を配置した名古屋の四間道、海鼠壁で特徴的な倉敷や上下町などの歴史的町並み（図12）は、上述したような種々の火災に対する意識・知恵の集積の結果、形成されていったのです。

○「群倉」「離れ倉」　立地で守る

　農山村の集落では、建物全体が木材で構成された「板倉」もよく見られます。そして、そうした倉だけを敷地の外に建てる**離れ倉**、家々が密集した集落から離れた場所にまとまって倉を建てる**群倉**と呼ばれる配置形式が存在します（図10）。住まいである主屋が火災にあっても、倉だけは守る意図があると言われており、中部地方の山間地域や南西諸島、対馬の村々などにその例が見られます。奄美諸島の例では、**高床式**（5.5節）の「高倉」を集落のはずれにまとまって設けた**群倉**（ポレグラ）（図13）が知られています。これらの高倉は、その架構にも火災に対応した工夫が見られ、足元を貫で縦横に固め、強風で建物が動くことはあっても倒れず、火災時には貫を抜き取ることで容易に引き倒すことが可能で、容易に収納物を取り出し、延焼を押さえることができるように工夫されています[6]。

［註］
1　日本民族建築学会編『民族建築大事典』柏書房、2001、pp.238-239
2　日本民族建築学会編『写真で見る民家大事典』柏書房、2005、p.90-91
3　名古屋市教育委員会『民家　伝統的意匠』、1992、pp.34-35
4　木造建築研究フォーラム編『図説・木造建築事典（基礎編）』学芸出版社、1995、p.117
5　川島宙次『日本の民家　その伝統美』講談社、1978、pp.189-193
6　安藤邦廣＋筑波大学安藤研究室『小屋と倉』建築資料研究社、2010、pp.36-41、72-89

第 11 章　実用から生まれたアノニマスな機能美

●図版出典
＊特記なき場合は筆者撮影

11.1
図 2　川島宙次『滅びゆく民家―間取り・構造・内部』主婦と生活社、1973、p.63　より作成
図 5　日本民俗学会『図説民俗建築大事典』柏書房、2001、p.298　より作成
図 12　群馬県文化財研究会編『上州の重要民家をたずねる（北毛編）』あさを社、2008、p.104　より作成

11.2
図 2　『日本建築史基礎資料集成 21』　より作成
図 7　今和次郎『日本の民家』岩波文庫、1989（1922）、p.89
図 8　『講座・日本技術の社会史 第七巻 建築』日本評論社、1983、p.160

11.3
図 1　日本民俗学会『図説民俗建築大事典』柏書房、2001、p.236　より作成

11.4
図 3　日塔和彦『北陸の住まい / 日本列島民家の旅⑦』INAX 出版、1996、p.31　より作成
図 5　木村勉『北の住まい / 日本列島民家の旅⑨』INAX 出版、1997、p.29　より作成
図 6　木村勉『北の住まい / 日本列島民家の旅⑨』前掲、p.26　より作成
図 8　『日本の民家 第 2 巻 農家Ⅱ』学習研究社、1980、p.205　より作成

11.5
図 5　名古屋市教育委員会『民家 伝統的意匠』、1992、p.34-35　より作成
図 6　吉田桂二『日本の町並み探求』彰国社、1988、p.114　より作成
図 8　木造建築研究フォラム編『図説・木造建築事典（基礎編）』学芸出版社、1995、p.117
図 13　提供：濱岡飛鳥

第12章　素材に隠された意味と役割

　第12章では、マテリアルが日本の建築意匠において、どのような意味・役割を担っていたのか、という点を概観する。

　自然素材としての**土石草木**は、稲作文化に関わる我が国において、社寺仏閣は勿論のこと、農村風景における様々な建築素材として定着してきた。土と木では、その建物が建つ場所の生産事情を反映すると共に、仕上げプロセスの過程が、結果的に**丸柱と角柱**のフォルム格付けに影響するなど、隠された意匠との関係を指摘する。構造材や仕上げ材として多用される木材に関しては、近世以降、**素木と黒木**という対比的な価値観として定着し、現在でも茶の世界などで継承されている。左官材では素材の貧しさを補う**色付**というアイデアが千利休によって発案され、関西では色壁として様々なヴァリエーションを生むに至った。さらに、漆喰や紙といった白い素材は**プロポーションや光の扱い**、**主客のシンボリズム**に、竹は古代より**野趣・仮設性**、**自然との連繋**の演出として用いられてきた。

　素材の魅力は、地域性との関連性の深さに加え、社寺ファサードや庭園といった外部空間でも確認することが容易である。12.5節では自然素材を用いた**真行草**の考え方、閾を示す垣や石、吉祥祈願の立石などに見られる**記号性**、屋根素材に隠された格式上の**ヒエラルキー**に触れると共に、素材の**サスティナビリティ**に配慮した更新の考え方を紹介する。

12.1 素材原論
——自然素材と場所性・連想性・テクスチャー

図1 サンゴ礁からできた石灰岩の塀（沖縄県石垣島の宮良殿内）

図2 高倉（吉野ヶ里遺跡）

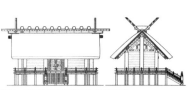

図3 伊勢神宮内宮正殿（三重県）　図4 草葺の様々な意匠（中トオシモノ、右ミンノス）

図5 円錐型の茅葺 村野藤吾設計の箱根樹木園は四国村に残る「砂糖しめ小屋」の応用とされる。近代建築家が草葺民家にイメージを求めた例。

○土石草木

かつて建築は、それが建つ**土地・場所**と密接に関わっていました。そして地域に根差した建築は、その土地の素材を用い、時にそれらを加工・工夫することで組み立てられていました（図1）。**今和次郎**は前者について、

> 「材料はともかくとするも……そのほか一般に建築は、その土地の自然条件ばかりからでなく、その土地の精神的にもっている条件や、社会の事情などによっても変わって作られるに至るものだと考えねばならぬものである」[1]

とし、建築を場所の精神・社会との関係性の中に定義しています。一方、後者については**藤森照信**が、

> 「古来、日本では、自然界全体のことを山と川に代表させて"山川"と呼び、自然界の中の大地系を土と石に託して"土石"とまとめ、大地に生きる植物系を草と木に象徴して"草木"と称してきた。山川、土石、草木。人類が建物を作るということは、山川の内に、土石と草木のカケラを積み上げ、組み合わせる営みだった。乾燥地帯では土と石を積み上げ、湿潤な気候に恵まれれば木を組み、草を葺いた」[2]

以上のように述べて、産業革命（18世紀末）以前の「建てる」という行為が、具体的には「土石草木」＝自然素材を用いた営みであった点に触れています。

○草葺のもつ連想力

かねてよりわが国の建築は「稲作文化」との関わりが指摘されてきましたが、その代表例に、高床の倉庫建築（図2）に出自をもつ神社建築（神明造の**伊勢神宮**など、図3）があります。こうした「高倉」の建築は、高床の木造軸組に**草葺屋根**を載せ、簡素かつ素朴な佇まいを伝えます。かつてドイツ人建築家**ブルーノ・タウト**は、著書『ニッポン』の中で、

> 「それは農家を想起せしむるものがあり、たまたま田圃の真中に藁葺きの極めて素朴な作事小屋を見ると、伊勢のあの古典的建築が本質的には同じものであるかのような印象を受ける。しかし実にこの一事こそが、その古典的な偉大さなのである。あの建造物は日本の国土から、日本の土壌から生い立ったのであって、いわば稲田の作事小屋や農家の結晶であり、真の「神殿」、すなわち国土とその大地の精髄の安置所なのである」[3]

このように日本人にはありふれた稲作風景の中に佇む出小屋建築の姿に、伊勢の神社建築を連想し、さらには「農村民家の結晶」つまり「収穫の大地」を象徴する価値を見出しました。こうしたタウトの感性豊かな連想力は注目に値しますが、同時にここでは藁葺屋根というモチー

第3部　構成要素とマテリアル

図6　北山型分布域の美山伝建地区の板壁（京都府　美山民俗資料館）

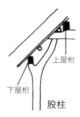

図8
上：股柱の仕組み
　　上屋・下屋桁の
　　間隔は約半間
右：旧瓜生家の股柱

図7　禅宗の宝慶寺門前集落にあった越前Ⅱ型旧橋本家の板壁（福井県）

左から
図9　岩手県の曲家旧工藤家（現日本民家園）　柱は釿だが、梁・指鴨居は荒いヨキ（切斧）仕上げ
図10　旧矢作家の釿仕上げの丸柱　座敷のみ鉋がけ角柱となる
図11　栗のなぐり仕上げ（京都府　南禅寺清流亭）

フが、連想の契機となっている点を忘れることはできません。つまり稲作文化に関わりの深い草屋根素材（図4）が、農作業小屋と伊勢の神殿イメージを結ぶとともに、太古の昔から日本建築のもつ「変わらない」土着性を示唆したというわけです。このように素材の選択には、機能性を超えた役割が指摘可能です（図5）。

○民家の壁素材と場所との関わり

壁の素材については、自給自足的な建築生産体制に支えられた民家建築の場合、地理的・生産的条件により平野部の農業水耕地＝**土壁**に対して山間部の林業地＝**板壁**がしばしば対応します。京都府北部に分布する**北山型**（図6）（5.4節）や福井県宝慶寺門前集落**越前Ⅱ型**〈旧橋本家〉（図7）の場合、山間部の木材が豊富な土地柄ゆえ、内部のみならず外壁もすべて板壁となります。加えて、福井県山間部（後者）では、先端で上屋桁を受け、枝分かれした下部で下屋桁を受ける特殊な柱：**股柱**（図8）が知られます。建物規模に比して木柄が太い傾向（約一尺二寸角）は、林業地かつ耐雪のためとされ、現在では残存文化財が3件しかなく（瓜生・堀口・坪川家）、いずれも①17世紀〜18世紀前半建造と古式[4]、②当地の**掘立柱**（5.1節）利用の名残と目されるものです[5]。身近な場所に豊かな

材料があること、このことが個性的なデザインにつながった事例をここに見ることができます。

○仕上げ道具によるテクスチャー

仕上げは、道具によってテクスチャーに微妙な変化がでます。たとえば木材加工の**釿**と**鉋**（5.1節）を比較すると、後者の方が道具発達史上は新しく、仕上げ精度も高くなります。よって開口部の造作に代表されるように、建具を建てつける場所は精度を追求し台鉋を用いるのが一般的、かつ「人目につきやすい部分は鉋で仕上げ、人目につきにくい部分・馬屋などは釿仕上げ」と道具遣いが意図的に区別され（図9）、民家空間における格の差となって現れます。鉋のかかった**角柱**と、斫りだけの**丸柱・多角形柱**（図10）では、必然前者が格上となり、寝殿造ではフォルム（かたち）の格式上「丸柱」が上位であったことを鑑みると、近世民家では仕上げグレードが影響して反対になるのです（図11）。仕上げプロセスやテクスチャーが意匠上無視できない所以です。

[註]
1　今和次郎『日本の民家』岩波文庫、1989（1922）、pp.56-57
2　藤森照信『素材の旅』新建築社、2009、p.4
3　ブルーノ・タウト、森俊郎訳『ニッポン』講談社、1991、pp.30-31
4　『日本の民家 第2巻 農家Ⅱ』学習研究社、1980、p.165
5　川島宙次『滅びゆく民家-間取り・構造・内部』主婦と生活社、1973、pp.101

12.2 素地と着色
―― 素木と黒木・色付という革新・自然との対比

図1 伊勢神宮（外宮・風宮　三重県）

図4 朱塗りの浄土寺浄土堂（阿弥陀堂　兵庫県）

図2 泉岡宗助の百楽苑（料亭建築　奈良県）

図3 村野藤吾の旧千代田生命和室ビル（東京都）

図5 黒木を取り入れた数寄屋

○素木（白木）への信頼

わが国には、古くから「素地」そのものを尊しとする伝統が存在します。その基本が**素木（白木）**です。これは「真新しい無節の針葉樹（檜など）の加工仕上げされた木」のことを指し、広葉樹や南洋樹に比して、針葉樹が一般的に「白い」ということに由来する言葉です。

一例として、20年ごとに建物の建替え（式年遷宮）が行われる〈伊勢神宮〉を思い出しましょう。伊勢の例は、古代よりわれわれの祖先が、初々しい素材の純粋な素材感に、生命の再生をイメージするとともに、一定の信頼を寄せてきたことの例証です（図1）。現在では節有り木材に比して「無節の美しい木肌（上小以上）」が重宝されるように、この嗜好は**数寄屋造**（茶室建築の手法で建てられた建物。料亭・揚屋・遊郭・相撲茶屋・旅館など）の普請を中心に民衆建築でも広く浸透するに至っています（図2、3）。建築史家の**伊藤ていじ**は、

> 「数寄屋造では素木の色やテクスチャーを大事にするが、それは文字通りの素木のままでは決してない。念入りに費用と手間をかけて麁相にみせられたものである。そうしてあるからこそ洗練された素材の美しさがつくりあげられた」[1]

とし、素木好みを念入りな加工によって「理想化された自然」を建築に取り入れる行為であると位置づけています。加えて、日本建築おける素地志向は、顔料着色をベースとする外来文化としての仏教建築の朱塗り（図4）としばしば対比される価値観でもあります。

○黒木：素地に対するもう一つの価値観

数寄屋造が模範としたのは**数寄屋**つまり「茶の湯のための独立した建物」でした。そして中世後期以降の数寄屋の伝統には、「素木」ではなく**黒木**（樹皮のついた木）を数寄（風雅）として取り入れる慣習が存在します（図5、6）。特に**千利休**は、「あをによし奈良の山なる黒木もて造れるやどはませど飽かぬかも（万葉集）」と詠まれたようなスピリット、つまり「ありのままの姿から醸し出す永遠の自然の再生」を**茶室**（9.3節）に具現化することを企図し、樹皮を残したままの柱といった「より自然に近い素材の扱い」を好みました。ちなみに茶の世界では、北山磨き丸太のような「樹皮を剥いだだけの木」は**赤木**と呼び、素木（白木）とは区別します。

以上のように、神社建築などに代表される①「精度の高い納まりや繊細な比例感覚」を求める素木の伝統と、②茶室に代表される「奥深い陰影や柔らかなテクスチャーのもつ味わい」を貴ぶ黒木（＋赤木）の世界という二

図7　備中吹屋の弁柄壁（岡山県）　　図8　丹後加悦の黄土による**塗屋造**（京都府）　　図9　黒壁で有名な川越の蔵造（埼玉県）

図5、6：**数寄屋**で用いられる柱は基本的に「面付柱」「皮付柱」「磨丸太」となる。一方、伊藤ていじによると、数寄屋造は数寄屋を出自としつつ、素木造として洗練・古式を捨て去ることで、「色付の民家系とは異なる世界を形成した」と位置づけられている。

図9：川越の黒壁からなる「店蔵」形式の構えは、日本橋界隈の江戸町家の系譜を引くとされる。

図6　民家座敷に見る黒木柱（山形県　尾形家）　　図10　京都府上賀茂・大田神社の朱と緑の対比

つの美意識は、日本の木造建築における素材扱いの代表的な対比図式です[2]。そしてこの場合、両者とも、素材の加工法にのみ注目し、「色を塗る」という行為とは一線を画しています。ブルーノ・タウトが、

> 「茶室の磨きのかかった用材と自然木との微妙な調和は……極めて小さな細部が特色を表している……すなわち単に材料のみで「色」を添えんとしているのであった」[3]

と指摘したように、顔料ではなく、材料そのもので「色」の表現を試みる伝統です。

○色付という利休の革新

一方、わが国には染色に代表される色文化の蓄積があります。町家では木部に弁柄・柿渋などの顔料を塗り、**土壁**にも色を付けます（図7〜9）。歴史上、土壁に大々的に色彩が持ち込まれたのは、桃山時代、千利休によって確立された**草庵茶室**がその始まりとされます。城郭建築の隆盛とともに左官技術が発展し、糊材の改良により土壁施工が容易かつ安価となった結果、江戸初期には茶室のみならず一般民家にも色壁が急速に拡がりました。特に弁柄色は大阪土・聚楽土など誘目的なモチーフとして知られます[4]。他方、木軸部の染色については利休による〈色付九間書院〉（現在の表千家・残月亭に継承）が先例とさ

れ、**書院造**の約束事（長押・欄間彫刻・金具・襖絵）や銘木志向を捨象し、顔料を用い、悪い材質感を補う手法で、簡素さと革新性の伴った紅書院が創作されました[5]。ありきたりの材料を色彩により引き立てる意匠上の手法です。

○自然との対比・調和

次に、建築の色彩が、四季の風景との対話のためにあるという説にも触れておきます。タウトの次の言葉、

> 「古建築物の色彩図は一見はなはだ単純に見える。しかしそれは常に用材と庭あるいは風景の色調に極めて精密に調和せしめられている・・・神社というものは、ややもすると森林の入口ようなものであるが、まばゆいばかりに赤い門はことにその感を深くする。その赤は森の緑と対応して極めて明確な色の調和を成し、秋にはそれが紅葉と溶け合う」[6]

このように鳥居の赤は、森の緑との対比・調和として評価されます（図10）。

[註]
1　伊藤ていじ『伝統とかたち』淡交社、1983、pp.306-307
2　中川武『日本の家- 空間・記憶・言葉』TOTO出版、2002、pp.216-217
3　ブルーノ・タウト、森俊郎訳『ニッポン』講談社、1991、p.50
4　立松和平ほか『さがしてみよう日本のかたち〈5〉民家』山と渓谷社、2003、p.97
5　出江寛『数寄屋の美学』鹿島出版会、1996、pp.39-40
6　ブルーノ・タウト『ニッポン』前掲、pp.42,74

12.3 漆喰と紙
―― 白い意匠とプロポーション

図1　姫路城（兵庫県）

図4　高知県安芸郡安田の土佐漆喰

図5　沖縄県のサンゴ屋根漆喰

図2　貝灰の漆喰（福岡県柳川　旧戸島家）

図3　妻入の町並み（山口県柳井市）

図6　ルビンの壺　「図と地」の関係

図1,5：屋根漆喰には石灰の消石灰に貝灰を混ぜた粘性を高めたものが用いられることが多い。沖縄の屋根漆喰はサンゴを焼成したものが用いられる。
図8：吉田五十八が日本万国博松下館でみせた白ガラスとマリオンの構成。

　前節では素木と黒木の対立図式と色壁の成立について触れました。本節では漆喰や、和紙に代表される障子など、「白い」素材にまつわる意匠に触れます。

○**漆喰の純白と余白の美**

　12.2節で述べたように、数寄屋建築における色土の伝統は、桃山〜江戸初期に「茶の湯文化」とともに成熟しました。よって古くから著名な色土は、聚楽・稲荷山土・淡路浅葱土など特に関西圏で見出されます。一方、全国的に見た場合、鎌倉期までの日本建築の壁は、民家の場合、その場所の土を練った薄茶系の**荒壁**仕上げ、上層建築では消石灰（石灰岩・貝を焼いたもの）を用いた白系の**漆喰**が主な仕上げ層材として用いられてきました[1]（図1）。建築家の出江寛は、後者の白い漆喰壁の美意識に関わり、絵画における**余白の美**（7.4節）つまり「禅画や日本画は余白に70％の心をこめ、絵は30％の力で描けと言われているように、余白に美を見出している」[2]のと同様、上層民家の漆喰壁にも「無駄な余白は全く感じられない」と積極的に評しています（図2）。

　純白の漆喰は、現在でも妻入家並みの印象的な大壁（図3）や土佐漆喰の白壁集落（図4）、**卯建**に代表される象徴・機能材（11.5節）、雨水に耐える**屋根漆喰**（図5）に見られるように、伝統建築の保全修景には不可欠な素材として生き続けています。

○**「図と地」とプロポーション**

　先に出江が指摘した「余白の美」を担う白い壁とは、ゲシュタルト心理学で言う図と地の関係（図6）の「地」の部分にあたります。図7には、**大和棟**（10.1節）民家の代表的遺構である〈中家〉（17世紀中）玄関周りを示しました。ここでは真壁の軸組に漆喰壁が組み合わされており、垂直水平の構造材が「図」をなしています。そして特に注目したいのは、1〜1間半ピッチの構造柱の中心に、2寸程度の**細柱＝付け柱（半柱）**が入っていることです。これは、散漫になりがちな真壁の白地を、細いラインで刻む感覚的・装飾的な処置と考えられ、江戸中期には民家にも意匠的感性が存在したことを示します。細柱そのものに構造的役割はないものの、白壁を縦長のプロポーションとし、全体としてスマートな印象を与えることが企図されているのです。

　こうした壁面における**プロポーション**への視座は、**吉田五十八**（2.5節）が「なんか日本的」と呼んだもの、つまり「生まれつきの感覚」としての「間の取り方」「ブランクのところと絵との組み合わせ」[3]に通じる感覚です

図7 奈良県斑鳩 中家の細柱と縦長のプロポーション　　図8 万国博松下館（吉田五十八、1970）

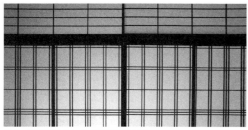

図9 障子の柔らかさ（奈良県 中家）　　図10 茶室小間の茶道口・給仕口　　図11 亭主座の白い腰張り

（図8）(2.5節)。タテヨコの線材とその寸法、さらには**間の
プロポーション**に配慮した構成美は、つくり手の感性が
問われる「余白の意匠」と言えるでしょう。

〇障子紙の柔らかな肌理

　線材と白い余白の組み合わせによる日本の建築意匠の
代表格と言えば、**障子**（9.4節）を忘れることはできません。タウトが「日本風の居間で最も驚嘆すべき点は陽光
の処理法」であるとして障子の光を賛美したこと[4]は有
名ですが、**谷崎潤一郎**はさらに『**陰影礼賛**』の中で、

「唐紙や和紙の肌理（きめ）を見ると、そこに一種の温かみを感じ、心が落ち着くようになる。……西洋紙の肌は光線を跳ね返すような趣があるが、奉書や唐紙の肌は、柔らかい初雪の面のように、ふっくらと光線を中に吸い取る。手ざわりがしなやかであり……物静かで、しっとりしている。ぜんたい我々は、ピカピカ光るものを見ると心が落ち着かないのである。……日本座敷を一つの墨絵に喩えるなら、障子は墨色の最も淡い部分であり、床の間は最も濃い部分である。……庭の陽光は……ただ障子の紙の色を白々と際立たせている……」[5]

として、和紙・唐紙に光を吸い取るような特質、「柔らか
さ・肌理の細やかさ」を指摘しました（図9）。茶の世界
では、四畳半以下の茶室小間の茶道口・給仕口は「奉書
張りの太鼓襖」とし、光が当たった時に**組子**（襖骨）が
ほんのり透けて見えるのを良しとします（図10）。このように和紙は白い面であると同時に、光を受けて拡散する
柔らかな半透膜と位置づけられるのです。

〇亭主座の白

　茶室の小間内部では、土壁に人が擦れることで痛みが
絶えません。これを防ぐため、特に畳床に近い壁に和紙
が貼られ、この壁紙を**腰張り**と称します（図11）。腰張り
和紙は、①白色の「西の内紙」と②黒系の「湊紙」の2
種類があり、①は**手前座**に1段張り（9寸高）、②は**客座**・
客付・腰掛待合に2段張り（1尺8寸高）と、主客の域は
「紙の白黒」でシンボライズされます。天井の使い分け
（真行草の平天井・掛込天井・蒲天井など）と同様、「素材の対
比」でリズムを生み出すとともに、亭主の空間は先述の
茶道・給仕口と併せて清らかな白で演出されるのです。
白は目立たず、時に地となるものですが、そこに価値を
見出した先人の感性に注目してください。

[註]
1　立松和平ほか『さがしてみよう　日本のかたち』山と渓谷社、2003、p.97
2　出江寛『数寄屋の美学－待庵から金属の茶室へ』鹿島出版会、1996、pp.24-25
3　吉田ほか「座談会　美の伝統と創造」『現代日本建築家全集3』三一書房、1974
4　ブルーノ・タウト、森俊郎訳『ニッポン』講談社、1991、pp.116-117
5　谷崎潤一郎『陰影礼賛』中公文庫、1975、pp.17,28-30

12.4 竹の野趣
——自然への連繋・数寄屋と民家の竹使い

図1　桂離宮　月波楼

図2　臥龍山荘　不老庵（愛媛県）

図3　詩仙堂　手水先の張り出し縁（京都府）

図4　軒裏の化粧垂木（臥龍山荘　主屋）

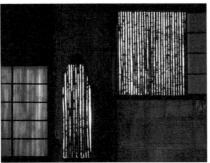
図5　竹を詰め打ちした有楽窓

図6　旧富田屋（現京都府）の上り縁

　前節まで白色系の素材として「素木」「漆喰と紙」を取り上げました。本節では、**ブルーノ・タウト**が〈ギリシア神殿〉と対比的に、〈桂離宮〉の素材に触れた次の一節

> 「前者（アクロポリス）は方石建築の、後者（桂離宮）は木・紙・竹の建築の、おのおの完成されたる技術である。……竹でできた軒樋と竪樋とが建築様式であると同時に、実用的な必需品なのである（カッコ内著者補注）」[1]

この言説を手がかりに「竹」を取り上げます。

〇茶屋・数寄屋造の竹使い

　〈桂離宮〉の竹の意匠と言えば、〈古書院〉広縁から突き出した簀子床「月見台」が有名です。

　月の名所である桂は、もともと月桂の故事や源氏物語、藤原道長の桂殿といった、古から王朝文化や竹林風景と所縁のある土地柄です。近世初期、古書院に隣接する池を見下ろす場所に、水面に映る中秋の名月を愛でるための**茶屋**として構想された〈月波楼〉は、濡れ縁の縁先・手摺、軒先の樋に加え、屋根架構の大半（垂木・母屋）が竹で構成されており（図1）、**仮設的な設えの演出**に竹が多く用いられています。文学的引用を意識した[2]こうした**自然との対話の場**としての茶屋建築のあり方は、その後の別荘建築にも影響を与え（図2）、竹を用いた意匠は、「黒木（12.2節）」とともに**野趣**を取り込む手段として定着してきました。

　他方、茶室に範をもつ**数寄屋造**では、竹は濡縁（竹簀子縁や小幅板竹挟み縁）に代表される縁側（図3）や、室内天井、化粧垂木（図4）、軽微な露地庭の仕切り・庭先の垣などに用いられます。また自然のままの数寄を良しとする茶の世界（12.2節）では、裏千家の「大玄関上り縁・中門屋根」に代表されるように、道具類のみならず建築にも竹が重用されます。

〇自然への連繋という美意識

　次に、独創的な設計者による竹の意匠例を見ましょう。織田有楽による国宝茶室〈如庵〉は、別名「暦庵」とも呼ばれ、腰壁に用いられた古い暦紙や鱗板・囲いの土間庇などで有名です。図5に示すのは、手前座側の**有楽窓**と呼ばれる窓で、節の大きな紫竹を詰め張りした独特の形式です。こうした意匠を、戦後の建築家・**村野藤吾**（3.3節）は、〈自邸〉（1940）〈中川邸〉（1959）などで模したほか、〈兼六園夕顔亭〉や〈桂離宮古書院〉といった遺構に触発されつつ、茶室露地や簀子縁（図6）・中庭の設計では、しばしば竹を用いました[3]。また〈旧千代田生命ビル〉（1966）〈東光庵〉（1970）では、スチールを用いた竹屋根

176

第3部 構成要素とマテリアル

図7　旧千代田生命ビルの茶室屋根（村野藤吾、1966）

図7：旧千代田生命ビル茶室のスチール製の波形庇は「裏千家中門の竹屋根」に着想を得たであろうことがうかがえる。また室内には折り返しのアプローチ天井にダイナミックな竹の大和天井がある。
図5：有楽窓は竹を用いるが、茶室でよく見られる下地窓（9.3節）では小舞竹ではなく、葭の組み合わせで組まれる点に注意されたい。

図9　那須・三森家の天井（栃木県）

図10　平川家土庇の竹屋根（福岡県）

図11　旧矢羽田家のひしゃぎ竹腰壁（大分県）

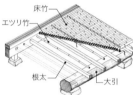

図8　聴竹居の客室窓際（藤井厚二、1928）　図12　竹床の構成

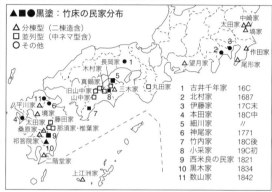

図13　太平洋岸の竹床を有する重要文化財民家の分布

の表現など、伝統にとらわれない展開を見せました（図7）。**藤井厚二**の実験住宅（1928）では、タウトを招いた茶室や客室化粧材に加え、家具面板にも竹網代・和紙が用いられるなど、藤井聴竹居（雅号）のコンセプトを素材でも表現しています（図8）。これらの例に見られるように、竹は近代に至るまで日本建築の「内と外」の境界を彩る素材として存在感をもち続けてきたのです。

　　「建物における木材の、竹の、そして紙の加工はこの自然
　　への連繋から理解することが出来るし、日本庭園もまた
　　この点から理解することが出来るのである」[4]

　タウトのこの指摘のように、木材・竹・紙といった素材演出は、**親自然的美意識**に支えられています。

○民家の竹使い

　こうした上層建築に用いられる建材としての竹（白竹・黒竹）は、伐採されたものがそのまま使われているわけではありません。①虫がつかないよう材に糖分が少ない時期に伐採し、②油抜きして磨き上げ、③淡い黄色になるまで乾燥させたものが用いられます[5]。素木（12.2節参照）同様、手間のかかった銘竹です。

　これに対して、近世民家における竹は日常的な普請材に過ぎず、**簀子天井**や釘、軒下の垂木・屋中、棟の押矛といった部位を中心に、全国的に用いられてきました[6]。このうち古民家の竹天井（図9）は、長い年月を囲炉裏の煙にいぶされた結果**煤竹**となり、昨今では希少な素材とされます。また全国の民家を俯瞰的に見た場合、天井や庇屋根（図10）における竹材の採用は九州民家で広く行われてきたほか、台風の多い土地柄ゆえ、カミ手腰壁に、竹を平らに潰した**ひしゃぎ竹**（図11）を「雨がかり対策」として用いる傾向にあります。加えて、竹敷の居間・座敷床は**竹床**（図12）と呼ばれ、古式であることや、太平洋岸の民家に遺構がみられることから、南方系の高床住居や東南アジア原始住居との関連性が指摘されます[7]。ただし、重要文化財民家の分布を検証すると（図13）、**分棟型**（5.3節）・**二棟造**の分布とは微妙にずれており、むしろ当地の素材供給状況や伝統習慣との関連の方が強いと考える方が自然です。

[註]
1　ブルーノ・タウト、森俊郎訳『ニッポン』講談社、1991、pp.33,37
2　磯崎新『建築における日本的なもの』新潮社、2003、pp.165-170
3　『村野藤吾のデザイン・エッセンス1　伝統の昇華　本歌取りの手法』建築資料研究社、2000、pp.50-53
4　ブルーノ・タウト『ニッポン』前掲 p.75
5　伊藤ていじ『伝統とかたち』淡交社、1983、p.306
6　『日本の民家 第四巻 農家Ⅳ』学習研究社、1981、p.163
7　川島宙次『古代の伝承・民家のきた道』相模書房、1992、pp.57-61

12.5 外部空間のマテリアルデザイン
——地域性・真行草・記号的意味・ヒエラルキーとサスティナビリティ

図1 生け垣・砂利敷・築地塀（平等院）

図2 築地塀の例（海龍王寺）

図3 「真行草」の書体と石積み／石敷き

図4 竹垣（左：四つ目垣、右：金閣寺垣）

　本節では、建築の外、すなわち外部空間における素材に注目し、その伝統的な意味に注目します（図1）。

○地域を代表する素材

　伝統的材料の多くは、基本的にその場所の近傍・取り巻く環境（自然）から、入手しやすいものが用いられてきた点は前述した通りです（12.1節）。

　ここにデザイン的意図が加わって、素材の様々な表情やバリエーションは生み出されます。場所と素材の対応には、琵琶湖畔において水生植物の葦が葦簀や簾や草葺屋根（12.1節）の材料となっている例、栃木県大谷町では、大谷石が塀・石垣・倉などに大々的に用いられた風景が知られます。土を用いた**築地塀**は全国各地でみられますが、土壁同様、地の色味などに地域性が現れます（図1,2）。京都の〈聚楽第〉跡地付近から採った栗色の土は「聚楽土」と呼ばれ、粘りある**土壁**として有名です。

○材料の不均一性と「真行草」のルール

　一方、自然材料はその形姿・性質が不均質で、かつ部位ごとのばらつきが常に伴います。木材は樹種によって肌理や色合い・固さが異なります。同じ木でも、内側と外側、枝先と根元の性質は厳密には同じではなく、乾燥に伴い質が変わるとともに、木目とて同じではありません。竹も様々な種類がありますが、同じ品種でも太さは均一とはなりません。石材についても姿形のみならず材料の機械的性質にもばらつきがあります。

　それゆえ、材料と加工法・仕上げ・配置のルールには無限のヴァリエーションの可能性が認められることとなりますが、わが国で基本となる造形原理として知られるのが**真行草**です[1]。もともと書体の類型とされますが、同じ内容であっても、その姿形が「真（フォーマル、公式的）」から「草（カジュアル、非公式的）」まで異なるという考え方です。

　図3には**石垣**や**石畳**の例を示しました。この例では、同じ石畳や石垣を造る際に、元来不整形・不均一な自然素材に対して、できるだけ整形に加工し幾何学的に配置した「真」、目地等も広く荒くできるだけ自然のかたちそのままに配置した「草」の違いを確認することができるでしょう。

　その用い方は、デザイナーが空間に担わせたい意味やヒエラルキーとも関連し、たとえば同じ寺院の敷地内でも、中心部に近いところと周縁部で使い分けられることがあります。できるだけ自然のかたちやばらつきを活かす志向の「草」のデザインには、この他に**あられ・豆ま**

図5 マテリアルのヒエラルキー（足助城、屋根のマテリアル）

図5の足助城（真弓山城）では、天守閣に相当する本丸の高櫓および脇の長屋（左）を柿葺屋根、離れた南の丸の厨（中）を板葺石置き屋根、同小屋（右）および西の丸の物見櫓を草葺屋根として復元している。

図6 マテリアルのヒエラルキー（高台寺、アプローチ空間のマテリアル）

高台寺にみられるアプローチ空間のバリエーション。写真左の切り石、直線的アプローチから写真右の自然に近い石と竹を用いた曲線的アプローチ。真行草の考え方にも通ずる。

図7 軒下雨落部の「あられ」風の石（新居）　図8 魚子垣（天龍寺）　図9 関守石

き（図7）と言われる、要素の配置を自然の偶然性やばらつきに任せた手法が知られています[1]。

○記号化された素朴なモチーフ

図8に示した**魚子垣**（ななこ）は、割竹を曲げて簡易に地面にさしたものですが、これは**境界を示す垣**ともなっています。露地園路の床面などにおかれる**関守石**（せきもりいし）は立ち入り禁止を表します（図9）。神仙式庭園における**立石・白砂**などのモチーフは、それぞれの要素が自然界の山・川などを**見立てて**いるだけでなく、鶴亀石や蓬莱山の吉祥祈願に見られるように、慣習・宗教的な意味が担わされています。

○マテリアルのヒエラルキー

かつて建築史家の**堀口捨己**（3.2節）は、屋根素材について、①神社建築では**檜皮葺**が古くから一般的かつ〈紫宸殿〉や〈清涼殿〉といった**寝殿造**系に採用されている点からも、日本的素材として貴重と位置づけられること、②**瓦葺**が主となる寺院建築においては中心建築から付属建築になるにつれ、屋根葺材料が**瓦→檜皮→板→草**の順となっている点に触れました[2]。藤森照信は、現代の一般的な施工コストについて、**檜皮→柿葺→茅→銅板**（9.1節）の順を指摘しており、瓦がこれに続きます[3]。

これまで述べてきたように、素材には、真行草といった嗜好性、慣習的に培われた記号的意味、建築種や値段に応じたヒエラルキーが反映されます（図5、6）。素材が場所とともに多様かつ親自然的である一方で、作為の方法・ルールに意匠の真髄があるわけです。

○素材の更新・サスティナビリティ

自然素材は、時間的な経年変化を伴います。土塀や板壁に屋根を被せるのは、**エイジング**（経年変化）や耐久性を考えたデザインです。一方、垣根や塀といった部位では耐久性よりも、加工・入手が容易な竹・草の造作が主となります（図4）。前述の葦簀や簾、**畳表・茅葺き屋根**は、①身近かつ豊富な材料供給体制（茅山や茅野）と、②メンテナンスや交換簡便性を重視する考え方に支えられています。加えて簡易な材料は「再利用・再使用・廃棄」といった3Rが容易であることも見逃せません。経年変化と更新プロセスまでもが長い伝統の中で意匠性と関連をもっている点に注目してください。

［註］
1 都市デザイン研究体『日本の都市空間』彰国社、1968、p.38、48
2 堀口捨己『建築論叢』鹿島出版会、1978、pp.215-250
3 藤森照信『素材の旅』新建築社、2009、p.169

第 12 章　素材に隠された意味と役割

●図版出典
＊特記なき場合は筆者撮影

12.1
図 2　提供：平尾洋太郎
図 3　アンリ・ステアリン『図集世界の建築 下』鹿島出版会、1979、p.331
図 8　日塔和彦『北陸の住まい/日本列島民家の旅⑦』INAX 出版、1996、p.28　より作成

12.2
図 3　提供：早崎伸一

12.3
図 8　撮影：多比良敏雄

12.4
図 1　提供：宮内庁京都事務所
図 12　『日本の民家 第四巻 農家Ⅳ』学習研究社、1981、p.164　より作成

12.5
図 2（図）　名古屋市教育委員会『民家 伝統的意匠』、1992、p12-13
図 3（書）　都市デザイン研究体『日本の都市空間』彰国社、1968、p38　より作成

問題集

第 1 章

1.1
(1) 〈奈良県庁舎〉(1895) を設計した建築家（　　）は、日本で西洋建築の学習が進められていた明治中期に日本の新伝統様式の創出を試みた最初期の建築家の一人である。
(2) 妻木頼黄と武田五一が〈日本勧業銀行〉(1899) で試みた伝統表現の手法は、壁面を(2)層に分割しつつ、上層の軸組と屋根の比例を重視した点で画期的なものであった。
(3) 関野貞の〈奈良県物産陳列所〉(1902) は、日本建築史の各時代の様式的細部を意図的に混在させている点において（　　）主義的な手法で伝統を表現したものといえる。

1.2
(1) 1910(明治43)年の建築界では日本建築界の進むべき方向についての大論争があったが、その論争の中で想定されていた建物の構造は不燃構造、すなわち石造あるいは（　　）造であった。
(2) 大江新太郎が設計した〈明治神宮宝物殿〉(1921) は、宝物を収容する機能から(ア：　　)造を参照し、建物に記念性を出すために(イ：　　)造という異なる日本建築史の様式を組み合わせている。
(3) 伊東忠太の「建築進化論」によれば、石造により木造の「古式」を忠実に再現する「（　　）の時代」があり、その後に各部が「変形」して新建築様式が成立するとされる。

1.3
(1) 昭和初期に流行した「(ア：　　)様式」とは、西洋の歴史主義的な建物の上に、日本の伝統的な瓦葺きの勾配屋根を載せる建築のことを意味し、屋根の形態は日本建築史の中でも特に(イ：　　)風のものがしばしば参照される。
(2) 1944 年、浜口隆一は論考の中で、西洋建築は「物質的・構築的」なのに対し、日本建築は「（　　）的・行為的」であるという見方を提示しつつ、前川國男の〈在盤谷日本文化会館〉(1943) を称賛した。
(3) 丹下健三の〈大東亜建設記念営造計画〉(1942) は、神明造りをモチーフとしつつも高床とせず、地面から屋根が立ち上がる「原型」的なもの、すなわち（　　）造を象徴的に表現したものである。

1.4
(1) 1955 年 1 月の『新建築』誌に掲載された建築家（　　）による論考を契機として、いわゆる「伝統論争」が起こった。
(2) 1950 年代に多くの建築家が参照した「(ア：　　)造り」は、一室空間で、必要に応じて屏風や几帳で空間を仕切るという点で、モダニズム建築の理念、特にミースの提唱した(イ：　　)と類似性がある。
(3) 1950 年以降の伝統表現において見られる日本の古民家の形式を参照する潮流は、（　　）という民家形式を用いた吉田五十八〈杵屋別邸〉(1936) に見られるように、すでに昭和戦前期から存在していた。

1.5
(1) 1960 年に結成された（　　）・グループは、都市の急拡大を背景に、建築・都市を生命体に擬え、あたかも"新陳代謝"するように状況に合わせて変化する建築的イメージを提示した。
(2) 「（　　）」は、モダニズム建築の教義を相対化しようとする国際的な潮流であり、その試みの一つとして、モダニズムが排除した伝統的・装飾的モチーフを直接的に"引用"したものが出てきた。
(3) 1980 年代に石山修武や石井和紘らは、表層的な意匠だけではなく、江戸時代から現代まで続く木造建築技術に着目し、建築の「（　　）」のあり方を含めて「伝統」を継承しようとした。

第 2 章

2.1
(1) 丹下健三は 1950 年代の一連の庁舎建築の設計において、日本建築の「(ア：　　)と(イ：　　)と(ウ：　　)」という日照調整の三要素を「日本の伝統がもっている方法的成果」と捉え、その応用と洗練を試みた。
(2) 1950 年代に丹下健三は、技術面から決定できない部材寸法に関して、建物に（　　）を合理的に配置すれば柱の太さは伝統的木割に近くなる、と述べている。
(3) 1950 年代に丹下健三は、広い空間に可動の間仕切りを用いて自由に使える「空間の(ア：　　)」という特徴を「日本建築」に見て、それを現代建築に実現するために「(イ：　　)」という建築計画方式を考案した。

2.2
(1) 丹下健三の〈倉敷市庁舎〉(1960) は、壁がちな（　　）造りのイメージが外観に表現されており、コンクリートの「壁的表現」を用いた 1950 年代後半の丹下の作風をよく示している。
(2) 丹下健三は「近代建築」が建築の(ア：　　)化の過程で空間の意味を喪失したと指摘しつつ、現代の建築は「空間を(イ：　　)化」すべきと主張した。それを目指した作品としては〈東京カテドラル〉(1964) や〈代々木体育館〉(1964) がある。
(3) 丹下健三が設計した〈（　　）〉(1958) のピロティの構造は、古建築の「木組」を思わせる形態になっているが、そこに構造的な意味はなく、「日本建築」らしさの象徴的表現の一例といえる。

2.3
(1) 戦前に前川國男は日本の建設技術の未発達が近代的技術による伝統の創造を困難にしていると指摘した。この考え方は、戦後の前川の「（　　）」に繋がる。
(2) 前川國男は〈在盤谷日本文化会館〉(1943) の計画案において、建築は本来「（　　）の芸術」であるとしつつ、これによって日本の「伝統」を表現すべきと主張した。
(3) 1970 年代以降の公共的建築の設計において前川國男は、建物のヴォリュームを細分化して(ア：　　)型に配し、エントランスを(イ：　　)に設けるという配置法をとるようになる。

2.4
(1) 吉田鉄郎の〈(ア：　　)〉(1931) は、(イ：　　)的な要素だけの現代的な構成美を特徴とする作品である。
(2) 〈大阪中央郵便局〉(1939) は、吉田鉄郎が日本建築の特質と捉えた「（　　）性」が造形美にまで高められた作品といえる。
(3) 「逓信建築」からその規範を継承した「郵政建築」は、真壁・連窓・（　　）などの建築的要素によって日本の伝統的な意匠表現をそなえた、いわゆる「郵政スタイル」を確立した。

2.5
(1) 戦後の吉田五十八は鉄筋コンクリート造で伝統的建築の不燃化を試み、〈日本芸術院会館〉(1958) などにおいて平安時代の貴族住宅の様式・（　　）造りを参照し、その「平安朝」意匠は戦後の吉田作品の基調となった。
(2) 吉田五十八の「平安朝」意匠でしばしば採用された(ア：　　)製の「御簾」や(イ：　　)製の「蔀戸」風格子窓は寝殿造りの建築モチーフであり、なおかつ日照を制御する実用的意味もある。
(3) 吉田五十八の鉄筋コンクリート造作品のうち博物館やホールなど外観に窓があまり必要ではなく、壁がちになる建物の場合は「平安朝」意匠ではなく（　　）時代の建築モチーフを用いるものがよく見られる。
(4) 吉田五十八は、鉄筋コンクリート造の寺院建築において、古代寺院建築の「(ア：　　)化」の流れを継承しようとした。たとえば〈新勝寺〉では"組物"を中国的なものと捉え、(イ：　　)を省略して(ウ：　　)だけで構成する単純化された組物を考案した。

2.6
(1) 谷口吉郎の作品によく見られる二階以上を

オーバーハングした建物について、谷口は〈慶応義塾大学学生ホール〉(1947)の設計主旨の中で、この形式を「(　　)造り」と称し、信州の古民家に言及している。
(2) 〈飛鳥資料館〉(1974)などの一連の公共的建築において谷口吉郎は、鉄筋コンクリート造の(　　)構造を採用し、緩勾配・切妻屋根・平屋建ての様式化されたほぼ同一の意匠を用いている。
(3) 谷口吉郎の〈八王子乗泉寺〉の宝塔(1971)は、奈良時代の木製三重小塔である(　　)の形態を巨大化しつつ、全体の比例や細部意匠に谷口のアレンジを加えたものである。

2.7
(1) 〈香川県文化会館〉(1965)において大江宏は、一つの建築の中に異質な要素を、異質なまま併存させるという「(　　)」という思想を打ち出した。
(2) 大江宏による伝統表現の手法的特徴の一つは、構造材=「(ア：　　)」と非構造材=「(イ：　　)」を一度分離したうえで、後者において「伝統」を集中的に表現することである。
(3) 大江宏は、江戸時代の「木割」が絶対的な比例関係でなく、設計者による微妙なアレンジを許容する「(　　)」であることに注意を促した。

2.8
(1) 浦辺鎮太郎は鉄筋コンクリート造の伝統表現において、〈日本工芸館〉(1960)などのように、各階の(　　)を傾けることで、外観上はあたかも古民家の「屋根」のように見せる手法を考案した。
(2) 浦辺鎮太郎の建築作品の多くは、〈倉敷国際ホテル〉(1963)などのように、平滑な白壁の帯に小さめの開口部を穿つという、倉敷の(　　)造りを連想させるような外観意匠になっている。
(3) 浦辺鎮太郎は、ル・コルビュジエの「モデュロール」に倣いながら、京間畳の寸法に基準を求めて「(　　)」という独自のモデュールを考案し、自らの設計に応用した。

2.9
(1) 菊竹清訓の〈出雲大社庁の舎〉(1963)の外観は、出雲大社本殿の高床式の倉に対して、(　　)に見立てられて設計されたものである。
(2) 菊竹清訓の〈島根県立博物館〉(1958)の白壁とコンクリートの柱・梁は、民家の空間要素の典型としての(ア：　　)と(イ：　　)を上下に組み合わせたものである。
(3) 菊竹清訓は「(ア：　　)は空間を限定する」という命題を日本建築から導き出した。菊竹作品においては、その端部を明確に表現す

るために(イ：　　)の使用は極力避けられた。
(4) 菊竹清訓の〈京都信用金庫〉の一連の作品群は、設計者の提案する「(　　)」という設計論をもとに展開されたものである。

2.10
(1) 大高正人は1960年代に「PAU」という理想を掲げた。「P」は(ア：　　)、「A」は(イ：　　)、「U」は(ウ：　　)の頭文字である。
(2) 大高正人は〈(　　)〉(1979)の設計時に、モダニズム建築のフラットルーフを批判しつつ日本の民家に見られる傾斜屋根を称揚し、それ以降多くの作品で傾斜屋根を用いた。
(3) 大高正人はメタボリズムの時代に槇文彦とともに「(　　)」を提案したが、その建築的思想を活かし、1970年代から2000年代に福島県三春町のまちづくりに貢献した。

2.11
(1) 磯崎新の〈空中都市〉(1961)は同時代のメタボリズム的な計画案であるが、その形態は東大寺南大門の建築様式"(　　)"の挿肘木を参照したものである。
(2) 磯崎新の〈なら100年会館〉(1999)の全体的な形態は、瓦タイルで覆われた外壁によって古都・奈良の大寺院の"大きな(　　)"を連想させるものになっている。
(3) 1960年代に磯崎新は、谷崎潤一郎の著作『(ア：　　)』を引きつつ、西洋的な「空間」に対して日本的な「(イ：　　)」を対置した。

第3章

3.1
(1) 吉田五十八は「近代数寄屋住宅と明朗性」(『建築と社会』1935.10)の中で、伝統的な和室の構成材の複雑さ・多さによる「うるささ」をなくすため、室内意匠から「(　　)」を消す手法を提唱した。
(2) 数寄屋は本来は真壁であるが、吉田五十八の考案した「(　　)」とも呼ばれる手法は、真壁を大壁に変更したうえで、意匠的に必要なところのみに柱を付けるというものである。
(3) 吉田五十八は現代数寄屋に「(ア：　　)な平面」を得るために「陰鬱」であった伝統的数寄屋に自然光を多く取り入れることを提案した。その手法の一つは平面計画において「(イ：　　)」を効果的に配置することである。

3.2
(1) 堀口捨己は、大正時代末に洋行した際にパルテノン神殿の傍らに横たわる柱頭飾りを見て、日本の「古典」としての「(　　)造り」を発見したとされる。
(2) 堀口捨己は古典的な数寄屋建築から様々なモチーフを引用した。たとえば、堀口作品によく見られる長押上の小壁をフルハイトで

切った明かり障子や、庭と建物を繋ぐ月見台は、(　　)に由来する。
(3) 堀口捨己は、伝統的な室内意匠を壊すことなく照明器具や空調設備を現代数寄屋に組み込んだ。(ア：　　)天井と(イ：　　)天井の境に照明器具や空調設備の吸気口を配するという手法はその一つである。

3.3
(1) 村野藤吾は木造の和風建築において、勾配の緩い屋根と極限まで薄くした軒先を好んだ。〈都ホテル和風別館・(　　)〉(1959)は、それがよくわかる最初の作品である。
(2) 村野藤吾の和風建築においては、「(　　)」の手法とも呼ばれる、雁行して先が見通せないような配置法がとられることが多い。
(3) 村野藤吾は、戦前の〈武智邸〉(1934)や〈橿原神宮駅〉(1939)など、急勾配の屋根と緩勾配の屋根を組み合わせた民家形式である(　　)を数多く参照した。

3.4
(1) 1950年代「伝統論争」における白井晟一は、『新建築』56年8月号の(　　)という文章によって知られている。
(2) 白井は講演「華道と建築」で、桃山～徳川期の書院・数寄屋造に(　　)という創造形式を指摘した。
(3) 白井晟一の伝統に対するスタンスは、特定の時代・形式に準拠するのではなく、DNAがもつ(　　)・文化性・精神性を日本的特質として感応すべきというものである。
(4) 1950年代半ばに白井は〈K邸書屋〉〈半僧坊計画〉で大壁に(　　)を張り付ける意匠的なデザインを始めた。
(5) 白井の1950年代初の作品〈秋ノ宮村役場〉では、秋田の風景、とりわけ当地の民家の(　　)の表現が始められた。
(6) 善照寺において白井晟一はスチール製の内部柱を(　　)形にデザインした。

3.5
(1) 北斎による『(　　)』は、F. L. ライトの作品における単純幾何学形態によるシスティマティックな構成手法の教科書となったとも言われる。
(2) F. L. ライトによる〈(　　)〉(1923)の特徴は、「空間の幾何学」とも評されるように、スクラッチ・タイルとライト特有の幾何学的文様が刻まれた大谷石による彫塑的装飾性とプレイリー・スタイルの空間構成が相まって創出された豊饒な空間にある。
(3) F. L. ライトが初来日から帰国したわずか数ヶ月後に計画案を完成させたとされる〈ユニティ・テンプル〉(1907)のプランに見られる、日本の"(　　)造"との共通性については、これまでにしばしば指摘されている。

3.6
(1) A. レーモンドによる〈夏の家〉(1933)では、列をなす荒々しい丸太柱と杉の剥き丸太を用いた（　　）による丸太架構が内部空間を律している。
(2) 〈夏の家〉(1933)や〈笄町の自邸〉(1952)といった作品に見られる柱芯と建具の敷居をずらす A. レーモンドの木造住宅作品に特徴的な手法を（　　）という。
(3) A. レーモンドの弟子の1人・増沢洵の〈（　　）〉(1952)では、繊細な線的要素が空間に緊張感を与え、4枚の大障子による淡く光る白い"壁"が空間に均質性と抽象性をもたらし、レーモンド作品に見られた民家的骨太さは影を潜めている。

3.7
(1) 清家清の〈森博士の家〉(1951)などでは、襖や障子など可動の間仕切りや家具などによって、広い一室空間が仕切られているが、これは平安時代の寝殿造りの「（　　）」の概念を導入したものである。
(2) 〈斎藤助教授の家〉(1952)などの1950年代の清家清の木造小住宅は、屋根葺材に（　　）を用いているために緩い勾配にすることができ、外観上は一見するとフラットルーフに見える。
(3) 清家清は「新日本調」と呼ばれた住宅を設計する傍らで、切妻造りの堂々とした妻面を正面とする、中部地方に見られる（　　）造りの古民家とよく似た形式の住宅も数多く設計していた。

3.8
(1) 篠原一男は、1960年代の住宅作品において、西欧の歴史的建築の平面構成が本質的に「（ア：　　）」であるのに対し、日本のそれは「（イ：　　）」であると主張し、それを自らの設計に応用した。
(2) 篠原一男の1960年代の住宅作品には、〈から傘の家〉(1961)や〈白の家〉(1966)などのように、正方形の平面に（　　）造りの屋根を架けた自己完結的な形態の住宅が目立つ。
(3) 篠原一男の1960年代の住宅作品においては、〈地の家〉(1966)などのように、日本の古民家の（　　）に原始的なもの・普遍的なものを見出し、それを現代住宅に再生させようとしたものが目立つ。

第4章

4.1
(1) 平安時代の建物の表記法である（　　）は、「母屋」の正面の柱間の数と、「庇」のある面の数で表記するものであり、「母屋-庇」の求心的な平面構成を前提としている。
(2) 奈良時代から平安時代にかけて建物の奥行きを拡張する手法として、仏堂（正堂）の前に「（ア：　　）」を建てて両建物を壁で囲って一体化する（イ：　　）という形式がある。
(3) 古代から中世にかけて仏堂建築は、求心的に序列を表現する「母屋-庇」の空間構成から、「（ア：　　）-（イ：　　）」という直線的に序列を表現する空間構成に変化した。

4.2
(1) 建物の主構造（身舎）の外側に一段下がった屋根をかけた部分のことを（　　）といい、奈良時代の大規模な金堂をはじめ、日本建築史を通じて多用された。
(2) 平安時代に数多く建設された仏堂の一形式である（　　）は、その多くが小規模な一間四面の方形造りで、軽快かつ水平的な外観になっている。
(3) 中世和様（仏堂）は正面柱間に（　　）という建具形式を用いるものが多く、これは正面に壁体がないので建物の量感が抑制され、立面の軽快さが助長されるという特徴を外観意匠に与える。

4.3
(1) 日本の仏堂建築では一般に、軒先をより外側に持ち出すために、地垂木の上に（　　）を重ね置く。このやり方では軒先があまり下がらず、柱を必要以上に高くする必要がない。
(2) 平安時代には垂木が「（ア：　　）垂木」と「（イ：　　）垂木」に分離し、両者の間に「野小屋」ができるが、そこに（ウ：桔木）という構造材を挿入し、梃子の原理によって軒先の荷重を支持するようになる。
(3) 古代建築は柱間寸法を基準に設計され、垂木はそれにあわせて配置される（柱間完数）制を採用していたが、中世には垂木と垂木の間の寸法（一枝）を基準に建物が設計される（　　）制を採用していた。

4.4
(1) 神社建築の様式の一つである（　　）造りは本殿と拝殿を相の間（幣殿）を介して連結するもので、拝殿から見て本殿の神秘性を高める空間構成は、中世和様仏堂と同質の空間の志向性を感じさせる。
(2) 中世の流造は、庇を長くのばすために地垂木と飛檐垂木に強い反りを付けつつ、さらに（　　）という別の垂木を付加することにより、建物の奥行きを拡大しつつ屋根面を大きく反り上げるようになる。
(3) 古代から中世にかけて流造の連棟式社殿が数多く建てられたが、それらには神座ごとの正面の屋根に（　　）を付けて強調し、長大立面を単調に見せないように工夫するものが多く見られる。

第5章

5.1
(1) 民家は農家・町家・漁家の3種に大別でき、近世の被支配層つまり（　　）の住まいと定義される。
(2) 17世紀半ばに成立した近世民家の技術的要点は、加工道具の発達により、①基礎部が掘立から（石場建て）となったこと、②貫や（　　）に代表される水平材の採用の2点に整理できる。
(3) 18世紀の民家は、農業生産力の向上と、上層農民である（　　）・庄屋層の富の蓄積を背景に、地方色豊かな建築様式を生んだ。
(4) 近世民家の平面構成を理解するうえで重要なポイントは、（ア：　　）の空間区別と、（イ：　　）を中心とする間取りである。
(5) 居間・客間（座敷）・寝室の基本3室からなり、関東で多くみられる平面形式を答えなさい。
(6) 日本の農家を代表する四間取りの成立は、19世紀当時憧れであった（　　）が庶民にも行き渡ったことを示す。（　　）に入る室名を漢字4字で答えなさい。

5.2
(1) 民家の基本構造は、柱と梁桁によって構成された主要部の上に、屋根を構成する（　　）を載せて成立する。
(2) 折置組に対して、京呂組は桁行方向に並ぶ（　　）の配置が自由になるメリットがある。
(3) 民家では叉首（ア：　　）の小屋組を支える部分を（イ：　　）、その周囲を囲んでいる部分を（ウ：　　）とよび区別する。
(4) 関西では室内拡張のために下屋＝庇が活用された。この場合、今和次郎が指摘したように、下屋は（ア：　　）屋根であるのに対し、上屋は（イ：　　）屋根となる傾向にあった。
(5) 関東民家によく見られる、上屋梁・桁ラインに柱を建てない架構形式を（　　）と呼ぶ。

5.3
(1) 分棟型民家とは、（　　）式の作業・炊事棟と床式の居住棟を構造的に区分した民家の総称である。
(2) 川島宙次は分棟型民家について、南方系の（　　）式住居に、北方系の土間式竪穴住居が融合したもの、という仮説を出している。
(3) 九州各地には多様な分棟型の民家形式がある。このうち、熊本県で本屋と釜屋からなる形式を（　　）と呼称する。
(4) 今和次郎が「四角いプランに凹字状の屋根をかけた不思議な家」と評した佐賀平野の民家タイプの名称を答えなさい。
(5) 分棟型成立の理由には諸説あるが、そのうちの一つに佐賀鍋島藩の梁間（　　）間の制

限（禁令）に対する庶民の知恵ではないか、という説がある。

5.4

(1) 近世民家にはオモテ-ウラの明快な領域区分がある。基本的にオモテには（　）の部屋が、ウラには寝間・納戸周りの部屋が対応する。

(2) 民家のカミ-シモの領域区分では、土間空間が（ア：　）、床座の側が（イ：　）となる。

(3) 全国的に民家は平入が主流であるが、個性的な妻入り民家に、京都府山間部の（　）型や富山県の五箇山合掌造などがある。

(4) 太陽が昇る東の方位を尊重し、一番座として据えるのは（　）県の民家の特徴である。

(5) 高度な加工技術がなかったため、近世初期の民家は特にウラ空間において（　）的になりがちである。

5.5

(1) 日本建築には三つの床形式がある。①原始住居に起源をもつ（ア：　）、②寝殿造系の（イ：　）、③書院系の畳敷である。

(2) 近世民家の平面における土間の割合には一定のルールがあり、（　）を中心とするエリアは土間が大きく、林業・畑作中心の山間部では小さくなる。

(3) 同じ合掌造でも、紙漉きを行う五箇山系は白川系よりも土間が大きくなるように、土間面積には（　）の違いが現れる。

(4) 床板を張らず土間を掘って籾殻を敷き、その上に筵を敷いて広間として使う床形式を（　）と呼ぶ。

(5) 民家の熱源には、大別してカマドとイロリがある。相対的に近畿以西で優勢なのは（　）である。

第6章

6.1

(1) 新たな都城造営の地を決めることを、（ア：　）といい、地形と神が対応した（イ：　）の地が理想的である。

(2) 古代都城の平安京の最初の宅地割りは、（　）の制と言われる。

(3) 計画都市平安京の古代の方一町の町割りが、近世初めまでに、町衆によって住みこなされた結果、どのように変化したか説明しなさい。

(4) 現在の京都御所が、かつての朱雀大路の軸線上にない理由を述べなさい。

(5) 近世京都の城下町化は（ア：　）によるが、その都市改造策は、（イ：　）、（ウ：　）、（エ：　）の三つである。

(6) 平安神宮は、平安建都1100年を記念して、建築家（ア：　）が、（イ：　）を模して5/8の大きさで計画・再建したものである。

(7) 明治の京都の近代化では、近代施設は、主に（ア：　）や市内各地の（イ：　）に組み込まれた。

6.2

(1) 一般に城下町を構成する三地区の名称を述べなさい。

(2) 山城から平城へ移行しながら城下町は、戦国期型→（ア：　）型→（イ：　）型→（ウ：　）型→開放型のように変化した。

(3) 次の城下町を、郭の型と町人地の位置関係で分類しなさい。大和郡山（ア：　）型、彦根（イ：　）型、会津若松（ウ：　）型

(4) 城下町の街路は、武家屋敷や町家の間口が並ぶ（ア：　）と、これと直角で塀や壁で閉じられた（イ：　）がある。

(5) 縦町型では大手門に至る道は、（ア：　）、横町型では、（イ：　）と呼ばれる。

(6) 縦町型の城下町と横町型の城下町の違いを述べなさい。

(7) 城下町の街路形態の特徴は、（ア：　）型である。有事に備えて、（イ：　）や（ウ：　）のあるかたちが特徴的である。

6.3

(1) 村落部から都市部へ向かうにしたがって建物の密度が上がっていくと、屋根は、（ア：　）入り→（イ：　）入り→（ウ：　）入りのように変化するのが一般的である。

(2) もともと職住が近接した町家が、専用住居になったものを（　）と呼ぶ。

(3) 通り土間の幅は、近世に台鉋が普及して、床座部分の寸法の規格化が進むと、間口寸法の（　）となる。

(4) つし二階では、二階奥座敷の採光と居住性を確保するために、屋根の（　）が短くなる。

(5) 町家では、床座列方向に沿って居室の建具を開放すると、（ア：　）側から（イ：　）側に向かって、空気の対流が起こる。

(6) 町家の通り土間の位置は、普通、東西通りでは床座列の（ア：　）側、南北通りでは（イ：　）側にある。これは、床座列への（ウ：　）のためと考えられる。

(7) 大坂建の特徴を説明しなさい。

6.4

(1) 古代王権主義国家の成立と同時に、農地に（ア：　）が敷かれた。これは、坪と呼ばれる（イ：　）m四方を基本土地単位とする。

(2) 条里制の基本土地単位である坪は、さらに10等分される。1×10分割を（ア：　）型、2×5分割を（イ：　）型と呼ぶ。

(3) 奈良盆地の囲造りが、四角く建物で囲まれた屋敷構えを持つ理由を答えなさい。

(4) 中世に群雄割拠した豪族が荘園経営をしたなかで成立した防御優先の村落のかたちを、（　）集落と呼ぶ。

(5) 江戸時代の新田開発で散村が成立したが、その背景には安定した社会情勢下で（ア：　）より、（イ：　）が優先されたことがある。

(6) 代表的な散村の例を二つ挙げなさい。

(7) 代表的な屋敷林の樹木の種類と用途を述べなさい。

(8) しばしば耕作放棄地に栽培されるヒマワリなどの花は、（　）と呼ばれる。

6.5

(1) 暮らしのなかで、水をいかに得るかは、きわめて重要な課題であり、（ア：　）や（イ：　）はまちの重要な立地要因となる。

(2) 山間部の農村や街道沿いのまちでは、（ア：　）の水を（イ：　）により住戸付近まで導水し生活に用いる様子がよく見られる。

(3) 郡上八幡では、用水路に設けられた（ア：　）と呼ばれる共同の洗い場や、（イ：　）と呼ばれる（ウ：　）の利用施設などの水の有効利用の仕組みがある。

(4) 平野部の降雨の少ない地域や乏水性の土地では、（　）が多く見られる。

(5) 河川や湖沼に囲まれた水辺のまちとして、利根川から霞ヶ浦にかけてや、琵琶湖岸に広がる（　）が知られている。

(6) 江戸や大阪はかつて水上交通網が発達した水の都で、船着きの水辺空間である（ア：　）（イ：　）の様子が名所絵図によく描かれている。

第7章

7.1

(1) 槇文彦が考える道の種類を挙げて、そのうち日本的なものを答えなさい。

(2) 西芳寺の回遊式庭園は、（　）によってシークエンスを作りだしている。

(3) 建築家（ア：　）は、著作『（イ：　）』で、日本の公共空間の特徴として、東洋の街には広場なく、道があったと述べている。

(4) 新宿歌舞伎町の盛り場の計画を行ったのは、都市計画家の（　）である。

(5) 両国では隅田川沿いに（　）と呼ばれた防災空地がつくられ、そこに種々の小屋掛け興行が集まり、江戸一のにぎわいを見せるようになりました。

7.2

(1) 雨の多い日本では深い（　）が必要で、その高さは、雨を防ぐために高すぎないように抑えられた。その結果、軒の下に深い陰影が生れた。

(2) 書院造りに代表される座敷には、外部に面して（ア：　）や（イ：　）が設けられ、さらにその内側に内部空間が続いている。

(3) （　　）は、陰翳礼賛において、「暗い部屋に住むことを余儀なくされたわれわれの先祖は、いつしか（陰翳）のうちに美を発見し、やがては美の目的に添うように（陰翳）を利用するに至った」と述べている。
(4) 日本建築は、二種類の間接光によって光を室内に取り込む。水平面は（ア：　　）光、垂直面は、（イ：　　）光を導く。
(5) 千利休が完成させた草庵茶室は、座敷に必ず備えられていた（ア：　　）を取り払い、四方を壁で囲ったムロのような構成を基本として最適の光が得られる位置に窓を開けた。（イ：　　）窓や（ウ：　　）窓が考案され、外部から直接障子に照射する自然光の量を制御した。

7.3

(1) 平安末期から鎌倉時代に生きた鴨長明の随筆『（ア：　　）』には、長明が晩年に日野の山中に方丈の庵を結んだことが記されている。この（イ：　　）は組立式移動仮設住宅といってもよいものであった。
(2) 古くからみられる（　　）は神を臨時に宿らせるために木綿や神垂を取り付けた榊の飾ってある空間である。
(3) 京都の鴨川右岸でみられる（ア：　　）は、夏の時期に夕涼みを目的として一時的、仮設的に河原に（イ：　　）を持ち出してきたのが、はじまりである。
(4) 町家や商家において、あらかじめ建物に組み込まれた仮設的な床に（　　）がある。

7.4

(1) 曲線を創り出す道具として（ア：　　）や（イ：　　）の曲線を用いる方法がある。
(2) 茶室建築に一貫した根本的原理として堀口捨己は（　　）を指摘している。
(3) かたちの違う三つの要素を使って三次元的に動的な調和、均衡を図る技法に（ア：　　）（イ：　　）がある。
(4) 日本建築は（ア：　　）と、柱と柱のあいだから発生した（イ：　　）によって構成される。
(5) 物理的要素のあいだの空白に、重要な意味役割が存在することについて、吉村は、（　　）の原理として、不要のものを削る凝縮性、それによって現れる必然性、本質性を指摘している。

第8章

8.1

(1) 『庭と空間構成の伝統』を著した建築家（　　）は、三輪山に見られる奥津磐座、中津磐座、辺津磐座をはじめとする石組を「日本庭園の祖型」であると見なした。
(2) 日本最古の造庭の指南書『（　　）』の書き出しは、「石をたたん事、……」である。

(3) 神代雄一郎は、日本の建築空間においては、柱などの実体だけでなく、2本の柱の関係性によって生じる目には見えない「（　　）」の重要性を指摘した。

8.2

(1) 16世紀の日本画家（　　）は「松林図屏風」において、西洋的な遠近法によらない空間の描画方法を示した。
(2) 日本の絵画に見られる自由視点の移動は、源氏物語絵巻における（　　）のように、視点が屋根の上にあるにもかかわらず内部空間を透視するような画法を生み出した。
(3) 通常の遠近法のように視線が消失点へと収束せず、画面の奥行方向へ向かって空間を末広がりに表す図法のことを、（　　）と言う。

8.3

(1) 延暦寺の（　　）は、常行堂と法華堂が廊で結び付けられ、両堂が並立する形式をとる。
(2) 宗教的なヒエラルキーを空間の前後関係に置き換えた、仏堂形式の双堂に類する空間構成として、神社形式において前殿・後殿からなる（ア：　　）や、その発展形とされ、本殿・拝殿からなる（イ：　　）がある。
(3) 能舞台における裏方と舞台との接続空間で、見所からの演者の見えがかりを意識し、斜めという平面的広がりを取り入れた設えを（　　）という。
(4) 寝殿造りや二条城二の丸御殿などにみられる、鉤型に屈曲しながら各空間が連結される配置構成を（　　）という。
(5) 日本における造園やいけばな、絵画などにみられる形態的特徴を説明しなさい。

8.4

(1) 哲学者メルロ＝ポンティは、「もし見ているとすれば、それは実はもう一つの〈幅〉にすぎない」として、視覚的につねに見えない側面に回り込む空間感覚として「（　　）」を位置づけた。
(2) 伊勢神宮において、次の式年遷宮の社殿地となる空地を「（　　）」といい、中央に立つ小さな覆屋が地中の心の御柱を匿っている。
(3) ロラン・バルトは日本の文化論である『（ア：　　）』で、日本の都市である（イ：　　）の特性について「いかにもこの都市は中心をもっている。だが、その中心は空虚である」と述べた。

8.5

(1) 中島をもつ池のある前庭を取り囲むように、南面する主屋たる寝殿、東、西、北に副屋となる対屋を配し、これらを渡殿でつなぐ、日本独自に発展を遂げた貴族住宅の形式を何と呼ぶか。
(2) 浄瑠璃寺は唯一の現存する九体阿弥陀堂（九体の阿弥陀像を安置）を有し、前方に池、対面に三重の塔を配した、（　　）庭園としてよく知られる。
(3) 宮島の弥山を神体山とする（　　）では、祈りを捧げる空間が、自然の湾口の地形と一体となって構成されている。
(4) 堀口は、平安期以降の庭園の展開として、（ア：　　）を抽象的な「見るだけの庭」、また、（イ：　　）を「使うための庭」と位置づけ、分類した。

第9章

9.1

(1) 伝統的な日本建築の四つの主な屋根形式は（ア：　　）・（イ：　　）・（ウ：　　）・（エ：　　）である。
(2) 屋根断面形状には、直線屋根のほかに（ア：　　）屋根、（イ：　　）屋根、（ウ：　　）屋根の3種がある。
(3) 桔木の発明によって生じた地垂木と化粧垂木との分離を妻面で一体化して隠す3次元曲面を（　　）という。
(4) 軒裏の垂木の配置法を（ア：　　）といい、放射状になる（イ：　　）と平行配列の（ウ：　　）に大別される。
(5) 垂木が平行配列の場合、垂木間のあきを（ア：　　）といい、これが垂木の幅またはせいと同じものを（イ：　　）という。

9.2

(1) 木割は、建物のある部材を基準として、それとの（　　）で各部の大きさを定めるシステムである。
(2) 木割で基準となるのは主に（ア：　　）、（イ：　　）、（ウ：　　）である。
(3) 垂木と小間、つまり垂木間のあきとの和を（　　）という。
(4) 六支掛斗棋では巻斗幅が垂木（ア：　　）本分の幅で、かつ三斗総幅が垂木（イ：　　）本分の幅に等しい。

9.3

(1) 細い材を竪または横に隙間をあけて並べたものをはめた窓を（　　）窓という。
(2) 火頭窓（花頭窓）は鎌倉時代の（　　）の導入とともに伝来した。
(3) 土壁を塗り残し、壁下地である葭をデザイン要素としたのが（　　）窓である
(4) 格子の名称には、「太格子」「細目格子」などの格子の（ア：　　）によるもの、「炭屋格子」「糸屋格子」などの（イ：　　）に由来するもの、「法蓮格子」「倉敷格子」のように（ウ：　　）に由来するものなどがある。

9.4
(1) 框の中に縦横の桟を組み、板・連子・格子などを入れる（　）は大仏様、禅宗様の扉で鎌倉時代に宋から伝来した。
(2) 日本独自の創案とされる（　）は吊り戸の一つで、格子でできた建具を建物の内または外に捲り上げて、吊金物で吊るのが一般的である。
(3) （　）は四周の框の間に板を張り、桟を片面または両面、縦横、等間隔または吹寄に取り付けた板戸である。
(4) （ア：　）は元来、平安時代にあらわれた障屛具の総称で、現在の衝立や襖も、かつては（イ：　）・（ウ：　）と呼ばれていた。

第10章

10.1
(1) 日本民家の意匠上シンボル機能が最も強調された部位は（　）である。
(2) 東北の中門造、近畿の余屋型・北山型・摂丹型など、玄関を（　）面に向けることは格式表現の一つであった。
(3) 妻入民家独特の妻飾りに、（　）を飾るという風習があり、一説には中世期の特権層の影響があると考えられている。
(4) 信州の御館層住宅を出自とし、切妻ファサードと雀踊り（棟端）が特徴的な民家タイプは何か。
(5) 防火のおまじないとして、江戸後期以降の民家の棟端には（　）に纏わるモチーフが採用されることがある。

10.2
(1) 近世民家において、書院系の座敷とセットとなり、武家や役人といった格上の迎えるための入口は（　）玄関である。
(2) 江戸後期における式台玄関と座敷のセットは、生活空間をみせずに客を迎えるという（　）の独立という歴史的意味をもつ。
(3) 栃木県の名主住宅である入野家では、式台玄関を上がった正面にアイストップとして（　）が設けられている。
(4) 土間からみて接客空間（オモテ）の配列がL型になる形式を（　）と呼ぶ。
(5) 平入四間取り民家の場合、座敷（奥）へのアプローチには①桁行直線型、②L字折れ曲がり型、③（　）の3つがある。

10.3
(1) 土間と座敷（床）部の境にたつ、民家のシンボル柱の代表格は（　）である。
(2) 大黒柱の「逃げ」とは、太い柱が（　）側に張り出して設置されることである。
(3) 近世民家は時代とともに（　）なる傾向にあり、富の集積とともに象徴性を増していく。
(4) 神が降臨する柱・宿る柱は古代から（　）

と位置づけれている。
(5) 民家の依代には大黒柱のほかに、竈神の柱や海にまつわる（　）柱がある。

10.4
(1) 民家の梁が特に太いのは、大工の信念・腕自慢と（　）の象徴、装飾の役割があったと考えられる。
(2) 棟通りに、大黒柱から土間方向にのびる桁行部材を（ア：　）、座敷方向のそれを（イ：　）と呼ぶ。
(3) 梁間が大きい場合などに、軒桁から中央の桁行梁（ア：　）に向かって懸けられた梁を（イ：　）という。
(4) 雪国の民家で、根元の曲がった木を利用し下屋まで伸ばした梁を（　）と呼ぶ。
(5) 関東地方に多い、曲がりくねった横架材を桁行・梁行に組み合わせた梁組は（　）と呼ばれる。

10.5
(1) 古式・貧民層・南方の民家になると内部空間は開放的となるが、寝室兼収納部屋である（　）だけは閉鎖的である。
(2) 今和次郎が指摘するように、民家の寝間の大きさは（　）程度である。
(3) かつて納戸の室内には（　）が敷き詰められ、室外にもれないよう、入口の敷居は床上20cm程度高く設けられた。
(4) 住居学者の西山夘三は、過密就寝は（　）対策であった点を指摘している。
(5) 寝間は生死にまつわる空間であると同時に、（　）を象徴する方位に関わる空間でもあった。

第11章

11.1
(1) 民家における最大の作業空間は（　）である。
(2) 土間空間は、入口付近・オモテ側は「ニワ」、奥・ウラ側は「ウラニワ」と区別される。ニワは脱穀など農作業が行われ、ウラニワは（　）に対応する。
(3) 中部地方以東の米の単作地帯において、副業として行われ、最も民家の変貌に影響したのは（　）である。
(4) 養蚕民家では小屋裏（二階以上）を蚕室として利用するため、（ア：　）のかたちと通風・採光用の（イ：　）に個性がある。
(5) 養蚕民家の部位に関する特徴は、水平の床をつくるため（ア：　）を用いることと、（イ：　）である。

11.2
(1) 北陸地方【越前Ⅰ〜Ⅲ型】では、入口を入った土間から、オクのアイストップに（　）が据えられる。

(2) 真宗の信仰が空間に反映された建築には、【越前型】以外にも寺ではない門徒集会場としての（　）や五箇山の合掌造がある。
(3) 日常接客空間としての囲炉裏の周りのヒエラルキーで最も上座となるのは、土間を向き、（　）や神棚を背面とする場所である。
(4) 広間と納戸（寝室）の境に設けられ、空間秩序の基点でもあった入口形式は（　）と呼ばれる。
(5) 民家の空間軸の演出には、着席座や象徴的な部位（神棚など）以外に、二条城など武家書院でも有名な、（　）によるヒエラルキーがある。

11.3
(1) 奈良十津川の「ウチオロシ」や伊勢の「鎧囲い」は、（　）の先端部に雨除けの板（囲い）を設ける防雨対策である。
(2) 風に対する民家の構えには防風に加え、「強風に耐え得る頑丈な建物をつくる」すなわち（　）の考え方がある。
(3) 「カイニョ」「築地松」「居久根」など防風対策としての（　）は、各地で優れた集落景観を生んできた。
(4) 台風の通り道かつ南風が強い南方海岸エリアで代表的な防風対策は（　）による屋敷囲いである。
(5) 旧南部藩域でL字プランをもつ民家形式の（　）について、近年その成立要因を防風対策として説明する例がある。

11.4
(1) 日本海岸の豪雪地帯の民家の屋根勾配は（　）寸勾配以上が多い。
(2) 雪に閉ざされた時間の長い豪雪地帯の民家は、①（　）となる傾向と、②接道部に張り出し通路をつくる傾向にある。
(3) 積雪対策の通路が家格をシンボライズする玄関部・座敷部に発達し、L字型またはコの字型平面となった民家形式を（　）と呼ぶ。
(4) 東北多雪地帯の軒先の一つに、梁がそのまま突き出して軒先を支える構造＝（　）造と呼ばれる出桁形式がある。
(5) 黒石や弘前に見られるアーケード状の軒下空間は（　）と呼ばれている。

11.5
(1) 特に防火を考慮した建築に（ア：　）がある。入り口や窓などの開口部は（イ：　）で、扉や額縁に額縁には幾段もの（ウ：　）あるいは（エ：　）と呼ばれる段をつけ、煙や炎の侵入を防ぐ。
(2) 土壁の壁面の仕上げは、風雨に耐えかつ火にも強い（ア：　）仕上げと、さらに雨にも強い平瓦を土壁の上に張りそれらの目地

を(イ：　　)で分厚く覆った(ウ：　　)がある。
(3) 切妻屋根の妻側の壁を屋根上まで立ち上げ、小屋根をのせた設えを(　　)という。
(4) 農山村の集落では、建物全体が木材で構成された「板倉」と、そうした倉だけを敷地の外に建てる(ア：　　)、家々が密集した集落から離れた場所にまとまって倉を建てる(イ：　　)と呼ばれる配置形式が存在する。

第12章

12.1
(1) 藤森照信によると、産業革命以前の建設行為は、主として「(　　)」＝自然素材を用いて行われていた。(　　)にはいる漢字4文字を答えなさい。
(2) ブルーノ・タウトは、(　　)屋根の素朴な作事小屋に、伊勢神宮と日本人の稲作を中心とする土着性を連想した。
(3) 民家建築の壁素材は、平地では土壁、山間地では(　　)となる傾向にある。
(4) 福井県の古式の民家では、上屋桁と下屋桁を、枝分かれした一本柱で受ける工夫があった。この柱を(　　)と呼ぶ。
(5) 近世民家の柱の仕上げは、人目に付きやすい箇所が鉋仕上げであるのに対して、そのほかは(　　)などを使って荒く仕上げられる傾向にある。

12.2
(1) 針葉樹の素地・木肌の美しさを尊ぶ伝統を(　　)好みという。
(2) 茶室建築の手法でつくられた料亭・遊郭・旅館などの建物を(　　)と呼ぶ。
(3) 中世以降の数寄屋＝茶室の世界では、樹木のついた木つまり(　　)を風雅と見なす伝統がある。
(4) 色土や色粉を用いた左官壁＝色壁は、草案茶室に始まり、(　　)時代には一般民家にも急速に拡がった。
(5) 桃山期に活躍した(　　)は、粗末な材質を用いつつ、木部の染色によってこれまでにない革新的な色付書院を創作したと伝わる。(　　)に入る人名を答えなさい。

12.3
(1) 鎌倉期までの日本建築の壁は、民家の場合薄茶系の(ア：　　)仕上げ、上層建築では消石灰を用いた白系の(イ：　　)が主な仕上げ層材として用いられてきた。
(2) 白い漆喰壁の美的魅力に関わり、【余白の美】を指摘した建築家の名前を答えなさい。
(3) 谷崎潤一郎は「陰影礼賛」の中で、和紙・唐紙に光を吸い取るような特質、(　　)・肌理の細やかさを指摘した。
(4) 四畳半以下の茶室小間の(ア：　　)・給仕口は「奉書張りの太鼓襖」とし、光が当たった時に組子(イ：　　)がほんのり透けて見えるのを良しとする。
(5) 茶室の小間内部では、土壁に人が擦れることで痛むのを防ぐため、畳床に近い壁に和紙が貼られる。この壁紙を何と呼ぶか。

12.4
(1) ギリシヤ建築と比して、日本の桂離宮に自然素材(木・紙・竹)の価値を指摘したのは(　　)である。
(2) 上流建築のうち、竹が建材として用いられる建築種には、桂離宮月波楼のような(　　)や茶室、数寄屋造がある。
(3) 国宝茶室「如庵」の竹を詰め張りした独特の形式窓は、その設計者の名をとって(　　)と呼ばれる。
(4) 民家において天井・下屋の屋根・床・腰壁などにおける竹の使用が多いのは(　　)地方である。
(5) 民家の腰壁で用いられる、竹を平らに潰した材は(　　)竹とよばれる。

12.5
(1) 自然材料はその形姿・性質が(ア：　　)で、かつ部位毎の(イ：　　)が常に伴う。
(2) わが国で基本となる造形原理として知られる(ア：　　)は、もともと書体の類型とされ、同じ内容であっても、その姿形が「(イ：　　)(フォーマル、公式的)」から「(ウ：　　)(カジュアル、非公式的)」まで異なるという考え方である。
(3) 瓦葺が主となる寺院建築においては中心建築から付属建築になるにつれ、屋根葺材料のヒエラルキーは(ア：　　)→(イ：　　)→(ウ：　　)→(エ：　　)の順となる。一方、神社建築では、(オ：　　)葺が一般的かつ日本的材料として貴重と位置づけられる。
(4) 土塀や板壁に屋根を被せるのは、(ア：　　)や耐久性を考えたデザインである。一方、垣根や塀といった部位では耐久性よりも、(イ：　　)が容易な竹・草の造作が主となる。

索引

本書の索引は重要なキーワードに広く関連するページを示している。重点的に記述されているページを太字とした。

あ

- 会津若松 … 100
- 合端のなじみ … 117
- アシンメトリー … 116
- アズマダチ … 146
- 校倉 … 14, 26, 28
- アプローチ … 149
- 阿弥陀堂 … 78
- あられ … 178
- アレグザンダー（クリストファー・アレグザンダー）… 21
- 暗渠 … 107, 130
- 安藤忠雄 … 68, 130

い

- 石井和紘 … 20
- 石垣 … 116, 163, **178**
- 石川栄耀 … 111
- 石場建て … 86
- 石山修武 … 21
- 出雲大社 … 116, **121**
- 伊勢神宮 … 17, 26, 29, 58, 82, 121, **126**, 130, 170, 172
- 磯崎新 … **46**, 94, 122, 126
- 板壁 … 162, 171
- 板葺 … 136, 166, 179
- 板床 … 94, 112
- 厳島神社 … 114, **128**
- 伊東忠太 … 14, **15**, 40, 48, 99, 139
- 伊藤ていじ … 92, 100, 116, 130, 172
- 伊根 … 107
- 井上充夫 … 116, 120, 125
- 居間 … 87
- イマジナリースペース … 117
- 入江泰吉 … 110
- 入母屋 … 136
- 色付 … 173
- イロリ（囲炉裏）… 95, **161**
- 磐座 … 120
- 陰影礼賛 … 112, 127, 175

う

- 牛梁（丑梁）… 152
- 後流れ … 103
- 卯建 … 102, 146, **167**
- 内野 … 98
- 内町外町型 … 100
- ウナギの寝床 … 102
- 運動性 … 125

え

- エイジング（経年変化）… 179
- 営農景観・営農優先 … 105
- 越前型・加賀型 … 93, 150, 153, **160**, 171
- 江戸・江戸型 … 101, 103, 107
- 恵比寿柱 … 151
- 縁・縁側 … 112
- 遠近表現 … 122
- 遠藤新 … 61
- 延暦寺 … 77, 124

お

- 近江八幡 … **101**, 107
- 大壁 … 12, 52, 59, 65, 67
- 大阪・大坂建 … 103, 107
- オーダー … 14, 139
- 大高正人 … 20, **44**
- 大手筋・大手（町）通り … 101
- 大手門 … 100
- 大鳥居 … 129
- 大神神社 … 120
- 大鋸 … 86
- 尾形光琳 … 124
- 置き屋根 … 166
- 奥性・奥・奥行 … **76**, 82, 110, 124, 126, 160
- 奥宮・神社・御旅所 … 121
- 押板 … 161
- 御土居 … 99
- オモテ・ウラ … 92, 102, 149
- オモテヤ造 … 102
- 主屋（母屋）… 90
- 折置組 … 88
- 折れ曲がり … 101, 110, 149

か

- カーテンウォール（帳壁）… 36, 38
- 会所地 … 101
- カイニョ（垣根）… **105**, 163
- 回遊式庭園 … 129
- 回廊（廻廊）… 35, 39, 70
- かいわい（界隈）… 130
- 蟇股 … 17, 35
- 鉤型 … 124
- 鍵座敷 … 149
- 郭 … 100
- 筧 … 106
- 囲造 … 104
- 河岸 … 107
- 仮設性・可変性 … **114**, 120
- 堅魚木 … 17, 29
- 合掌造 … 86, **92**, 153, 159, 164
- 桂離宮 … 18, 19, 23, 54, 176
- 火頭窓 … 140
- 冠木門 … 102
- かぶと造 … 86, 146, **159**
- かまど（竃）… 95, 151
- 釜屋 … 90
- カミ・シモ（ウラ）… **92**, 149
- 鴨居 … 52, 53, 57, 64
- 鴨長明 … 114
- 茅壁 … 165
- 枯山水庭園 … 129
- 川島宙次 … 90, 152
- カワド … 106
- 川床 … 107, **115**
- 瓦葺・瓦棒葺 … 17, 45, **136**, 166, 179
- 雁行・雁行型 … 31, 56, 60, 70, **125**, 126, 149

き

- 環濠集落 … 104
- 間接光 … 112
- 鉋・台鉋 … **86**, 102, 171
- 神奈備山 … 121
- 祇園祭 … 115
- 幾何学的空間 … 125
- 規矩術 … 138
- 菊竹清訓 … 20, **42**
- 北山型 … **92**, 146, 171
- 逆遠近法 … 123
- 京型 … 101
- 京都 … 98, 103, 107, 110, 115, 122
- 京都御所 … 14, 16, 26, 35, 37
- 京の七口 … 99
- 京呂組 … 88
- 切妻 … 59, **136**
- 木割 … 27, 28, 39, 53, **138**
- 近代化 … 12, 22, 34, 44, 52
- 禁令 … 91, 95

く

- 空間 … 122, 124, 159
- 空虚 … 127
- 公家町 … 99
- 草葺・茅葺 … 136, 166, **170**, 178
- 郡上八幡 … 106
- くど造 … **86, 91**
- 国見山 … 121
- 熊本県立美術館 … 125
- 熊本城 … 125
- 組入天井 … 81
- 組子 … **143**, 175
- 組物・斗栱 … 15, 17, 35, 78, 80, 138
- クラ・蔵・蔵造 … 103, **107**, 166, 173
- 鞍馬 … 106
- 黒川紀章 … **21**, 110
- 黒木 … 172

け

- 景観作物 … 105
- 外陣 … 77
- 結界 … 89, 92, 160
- 結合形式 … 124
- 煙返し … 166
- 玄関 … 148
- 原型 … 91
- 源氏物語絵巻 … 122
- 間面記法 … 76

こ

- 後院 … 98
- 高山寺石水院 … 112
- 格子 … 141
- 光浄院客殿 … 112
- 神代雄一郎 … **117**, 120, 124
- 高台寺傘亭 … 112

格天井……………………………… 53	シモタヤ……………………………… 102	**そ**
行動的空間…………………………… 125	借景…………………………… 112, 129	総郭型……………………………… 100
神殿………………………………… 120	蛇腹………………………………… 166	惣構え・惣構え型…………………… 100
高欄……………………………… 27, 38	重要文化的景観……………………… 107	装飾………………………… 17, 20, 61, 66
国際様式（インターナショナルスタイル）… 16, 26, 36	書院造…………………… 95, 112, 173	象設計集団……………………… 21, 68
小組天井……………………………… 81	城郭………………… 16, 22, 35, 41, 49	総建て……………………………… 103
柿葺…………………………… **136**, 179	城下町……………………… **100**, 110	反り・起り………………………… 136
コスモロジー…………………… 93, 129	床几・ばったり床几…………… 115, 130	**た**
古典主義………………………… 12, 14, 16	常行堂……………………………… 124	ターミナルビスタ………………… 111
古殿地……………………………… 126	小戸………………………………… 103	大黒柱……………………………… 89, **150**
金刀比羅宮…………………………… 110	障子…………… 26, 52, 54, 57, 60, 112, 115, **142**, 175	大徳寺……………………………… 110, 112
五の字……………………………… 101	上昇性……………………………… 121	ダイナミックバランス…………… 116
碁盤型……………………………… 101	象徴………………… 17, 29, 37, 65, 67, 120, 145	大仏様………………………………… 46
胡粉………………………………… 113	浄土庭園…………………………… 128	平清盛……………………………… 129
コミセ・雁木造……………………… **165**	条坊制……………………………… 98	タウト（ブルーノ・タウト）…… 32, 127, 152, 170, 173, 176
小屋組…………………………… **152**, 164	正面性………………… 12, 59, 66, 77, 83	高瀬川……………………………… 107
ゴルジ体…………………………… 111	縄文……………… 18, 23, 28, 55, 58, 94	高八方……………………………… 86, **155**, 159
コルビュジエ／ル・コルビュジエ…… 26, 28, 30, 41, 62	上屋・下屋…………………………… 88	高床………… 18, 23, 26, 38, 42, 90, **94**, 167
権現造…………………… 82, 124, **137**	条里制・条理集落……………… 104	竹垣………………………………… 178
今和次郎……………… 88, 150, 154, 160	浄瑠璃寺…………………………… 128	武田五一………………………… 12, 22
	織豊期………………………… 99, 101	竹床………………………………… 177
さ	白井晟一……………………… 19, 23, **58**	畳・畳敷………………… 94, 114, 179
西行………………………………… 126	素木………………………………… 172	竪穴・竪穴住居……… 18, 23, 67, 90, **94**
材野博司…………………………… 130	枝割………………………………… 81	建てぐるみ………………………… 166
西芳寺……………………………… 110	真壁…………………… 12, 33, 52, 59	竪ブロック型……………………… 101
棹縁…………………………… 54, 64	進化論／建築進化論…………… **15**, 40, 48	縦町型……………………………… 101
盛り場………………………… 111, 130	真行草……………………………… 178	棚田………………………………… 106
作庭記…………………… 116, **120**	寝室（寝間・納戸）………… 87, 92, **154**, 166	谷口吉生………………………… 129
座敷……………………… **87**, 92, 149	真副体……………………………… 117	谷崎潤一郎……………… 46, 112, 175
叉首………………………………… **88**, 152	神体山……………………………… 121	田上義也……………………………… 61
サスティナビリティ………………… 179	寝殿造………… 14, 18, 34, 64, 94, 102, 115, 116, 124, 128, 179	垂木………… 29, 37, 42, **80**, 83, 137, 138, 176
里内裏……………………………… 98	新日本調………………………… 18, **64**	撓み尺……………………………… 116
讃岐平野…………………………… 106	真柱／心柱………………………… 67	丹下健三………………… 17, 18, **26**, 28
産業構造…………………………… 94	神明造………………………… 17, 29, 89	短冊形……………………………… 101
散村・散居村………………… **105**, 163		
参道・裏参道………………… 110, 116	**す**	**ち**
	水郷………………………………… 106	千木……………………………… 17, 29
し	水平・垂直性……………………… 120	地形………………………… 106, 116, 128
仕上げ……………………………… 171	水利………………………………… 106	千鳥破風………………… 12, 16, 22, 57, 83
シークエンス………………… **110**, 125	数寄屋・数寄屋造…… 19, 21, 34, 52, 54, 59, **172**, 176	茶室・茶屋… 110, 113, 116, 126, **140**, 172, 175, 176
時間性……………………………… 125	筋…………………………………… 101	中門造…………………… 86, 146, **164**
式台………………………………… 148	筋違い……………………………… 125	町…………………………………… 98
式年造替…………………………… 82	簾・簾戸…………………………… 143, 178	帳台………………………………… 115
四行八門………………………… **98**, 102	角倉了以…………………………… 107	釿・釿梁………………………… 153, 171
軸・軸線・軸性………… **121**, 129, 149, 160	ずらし……………………………… 125	町人地……………………………… 100
軸組構造………………… 15, 19, 26, 28, **32**	諏訪大社…………………………… 121	眺望性……………………………… 121
慈光院……………………………… 112		直線的結合………………………… 124
錣屋根……………………………… 136	**せ**	
四神相応…………………………… 98	清家清……………………………… 64	**つ**
下地窓……………………… 113, **140**, 177	セガイ……………………………… 165	築地塀……………………………… 178
七五三……………………………… 117	関野貞…………………………… 13, 14	築地松………………………… **105**, 163
漆喰……………………… 59, 166, **174**	関守石……………………………… 179	束…………………………………… 52
実相院……………………………… 112	摂丹型………………………… **92**, 146	突上窓……………………………… 141
蔀戸・蔀……………… 79, 112, 115, **142**	折衷／折衷主義………… 13, 14, 16, 38	辻…………………………………… 111
篠原一男…………………………… 66	選地………………………………… 98	つし2階…………………………… 102
四方差……………………………… 150	千利休……………………………… 172	土壁………………………… 166, 171, 178
四方蓋造………………… 86, **89**, 146		
注連縄………………………… 114, 116		

坪	98
妻入・平入	92, **102**, 167
妻木頼黄	12

て
帝冠様式	**16**, 30
寺町	99, 100
天井	177
天正地割	99
天地人（エステティック・トライアングル）	117

と
戸	142
透過光	112
透視図法	122
唐招提寺礼堂馬堂	124
東大寺二月堂	110
透明性	123
土縁	165
通り庭・通り土間	18, 67, **87**, 102, 158
床の間	127
土座	**95**, 153, 154
都城	**98**, 110
土蔵造・土蔵	15, 35, 41, 103, **166**
砺波平野	105
土庇	112
トポロジカル・プランニング	100
土間	65, 67, 90, 92, **94**, 158
豊臣秀吉	99
鳥居型	89

な
内湖	107
内陣	77
中川武	94
長地型	104
長野宇平治	12
中引梁	152
長屋	102
流造	82
投掛梁	89, **153**
長押	16, 52, 60
名古屋	111
ナショナリズム	12, 14
魚子垣	179
斜め配置	125
海鼠壁	27, 35, **166**
双堂・礼堂	**77**, 124
縄だるみ	116
納戸構	161

に
にぎわい	130
二条城二の丸御殿	125
日本庭園	110, 120
ニワ・にわ・庭	102, 112, 126, 128

ぬ
貫・束	153
ヌチヤー（貫屋）	93
塗籠	**154**, 166

の
農家	86, 102
農村舞台	115
軒裏	112
軒の出	112, 162
野小屋	81
野点	114
暖簾	115

は
半折型	104
白砂	112, 117
橋掛	125
柱	89, 120, 138, 150
柱間完数制	81
長谷川等伯	122
裸貸	102
鉢巻	166
八幡造	124
八角柱（多角形柱）	59, **164**, 171
ヴァナキュラー	86
桔木	81
破風	136
浜口隆一	17, 31
梁組	**152**, 159
梁算段	153
バルテュス	123
バルト（ロラン・バルト）	127
ハレ・ケ	92
バロック	13, 16, 22
反射光	112

ひ
飛雲閣	112
東三条殿	128
簸川平野	105
樋口忠彦	121
彦根	100
庇	26, 32, 40, 55, 56, **76**, 81, 82, 88, 162
姫路	101
神籬（ひもろぎ）	89, **114**, 126
平等院鳳凰堂	112, **128**
平城	**100**
比例（プロポーション）	12, 15, 34, 39, 53, 139, 174
広縁	112
広小路	111
広島	101
ピロティ	26, 28, 63
広間型三間取り	**87**, 161
広見	111
琵琶湖疎水	99
檜皮葺	79, **136**, 179

ふ
吹抜屋台	122
福沢諭吉	127
武家町	99
藤森照信	170, 179
襖	53, 64, 66, 115, **143**
布石	117
太柱・細柱	59, 150, 174
舟入・舟屋	107, 112
浮遊感	123
ふりさけ見る	123
フレキシビリティ(融通性)、フレキシブル	89, 149
プレキャスト・コンクリート	20, 41, 42, 44
分棟型	**90**, 146, 177

へ
平安京	98
平安神宮	99
閉鎖性	23, 93, 154
平城宮	121
平面の拡張	124
併列型	87, 93
ベーシック・ストラクチャー（基本構造）	88, 140
ヘルツォーク＆ド・ムーロン	130

ほ
方位	93, 155
防火・火除け	103, 147, **167**
宝形（方形）	136
方丈記	114
忘筌	113
法隆寺	17, 22, 37, 48, 116
墨蹟窓・風呂先窓	141
ポスト・モダニズム	**20**, 39
掘立	**86**, 171
堀口捨己	17, 19, **54**, 116, 120, 128, 179
群倉（ボレグラ・ぐんそう）	167
本棟造	65, 93, **147**

ま
間	**117**, 120, 124
舞良戸	142
前川國男	17, 19, **30**, 31, 63, 125
前座敷三間取り	87
前流れ	103
曲家・曲屋	86, 146, **163**, 164
槇文彦	45, 110, 126
孫庇	**77**, 83
股柱	150, 164, 171
（町）通り	101
町家	86, **102**, 115, 167
町家郭外型	100
松本城	117
窓・開口部	93, **140**
廻り縁	79
回り縁	67
曼荼羅	128

幔幕 115
万葉集 123

み
ミース(ミース・ファン・デル・ローエ) 18, 27
見え隠れ **110**, 125, 126
水屋・水舟・水塚 106
ミセヤ 102
見立て 179
道 110
蓑甲 137
宮澤智士 90, 152, 161
三輪山 120
民家 86
民藝 19, 40
民衆 18, 23, 28, 44

む
無双 **140**, 143
棟持柱 89, 120
棟木 120
村野藤吾 19, **56**, 176

め
メタボリズム **20**, 42, 45, 46, 111
メルロ=ポンティ(モーリス・メルロ=ポンティ) 126

も
裳階 27, **78**
モダニズム=近代合理主義 16, 18, 30, 36, 52
母屋 **76**, 81, 82
森蘊 128
門 148
門前町 110, 114, 130

や
八坂造 82
屋敷林 **105**, 163
八橋図屏風 124
屋根 90, **136**, 146, 159, 165, 166, 179
屋根勾配(引渡し墨) 59, 65, 136, 164
山城 100
大和郡山 100
大和棟 19, 57, 86, **146**, 174
山宮・里宮・田宮 121
矢守一彦 101
弥生 18, 23, 26, 28

ゆ
融通性 18, 53
融雪池 165
床形式 94
床座 92
雪囲い 165
ユニヴァーサル・スペース 18, 27

よ
養蚕 158

余呉型 **93**, 146
横町型・横ブロック型 101
吉田五十八 18, **34**, 52, 53, 143, 174
吉田鉄郎 32
吉村貞司 116
寄棟 136
四間取り(田の字型) **87**, 92, 150, 158
余白 **117**, 126, 174
依代 89, 151

ら
来迎図 128
ライト(フランク・ロイド・ライト) **60**, 62, 128
洛中洛外図・洛中洛外図屏風 **122**, 130
欄間 32, 53, 64, **113**

り
離散性 91
龍安寺石庭 117
両側町 99
琳派 124

れ
レーモンド(アントニン・レーモンド) 62
列柱 17, 32, 37
連子・連子窓 113, **140**

ろ
六枝掛 81, 138
ロマン主義 13
論治垂木 81

わ
枠の内造 153
輪中 **105**, 106
渡辺豊和 21
和様 76, 78, 80
割拝殿 124

著者略歴 （執筆担当の*は共著）

〈編著者〉

平尾和洋（ひらお・かずひろ）
立命館大学理工学部建築都市デザイン学科教授
1966年生まれ。京都大学工学部建築学科卒業、京都大学大学院修了。パリ建築大学ラ・ヴィレット校、京都大学工学研究科助手を経て現職ならびに造形工房・平尾アトリエ主宰。
第Ⅲ部編著／執筆担当：3.4、5.1、5.2、5.3、5.4、5.5、10.1、10.2、10.3、10.4、10.5、11.1、11.2、11.3、11.4、12.1、12.2、12.3、12.4、12.5*、column 2

青柳憲昌（あおやぎ・のりまさ）
立命館大学理工学部建築都市デザイン学科准教授
1975年生まれ。東京工業大学建築学科卒業、東京工業大学大学院建築学専攻修了。東京工業大学助教を経て現職。
第Ⅰ部編著／執筆担当：1.1、1.2、1.3、1.4、1.5*、2.1、2.2、2.3*、2.4*、2.5、2.6、2.7*、2.8、2.9*、2.11*、3.1、3.2、3.3*、3.5*、3.6*、3.7、3.8、4.1、4.2、4.3、4.4

山本直彦（やまもと・なおひこ）
奈良女子大学生活環境学部住環境学科教授
1969年生まれ。京都大学工学部建築学第二学科卒業、京都大学大学院博士課程修了。デンマーク王立オーフス建築大学助手、立命館大学および滋賀県立大学専任講師、奈良女子大学准教授を経て現職。
第Ⅱ部編著／執筆担当：2.9*、6.1、6.2、6.3、6.4、7.1*

〈執筆者〉

大影佳史（おおかげ・よしふみ）
関西大学環境都市工学部建築学科教授
1969年生まれ。京都大学工学部建築学第二学科卒業、同大学院修士課程修了、同大学院博士後期課程研究指導認定退学。京都大学大学院工学研究科助手、名城大学理工学部講師、同准教授を経て現職。
執筆担当：6.5、7.3、7.4、11.5、12.5*

朽木順綱（くつき・よしつな）
京都工芸繊維大学デザイン・建築学系教授
1975年生まれ。京都大学工学部建築学第二学科卒業、京都大学大学院修士課程修了。（株）昭和設計、京都大学助手、助教、大阪工業大学ロボティクス＆デザイン工学部准教授を経て現職。
執筆担当：8.1、8.2、8.3、8.4、8.5

倉方俊輔（くらかた・しゅんすけ）
大阪公立大学大学院工学研究科都市系専攻教授
1971年生まれ。早稲田大学理工学部建築学科卒業、同大学院修士課程修了、同大学院博士課程満期退学。西日本工業大学准教授、大阪市立大学准教授を経て現職。
執筆担当：1.5*、2.3*、2.7*、2.10、2.11*、column 3、column 4

末包伸吾（すえかね・しんご）
神戸大学大学院工学研究科建築学専攻教授
1963年生まれ。神戸大学工学部建築学科卒業、ワシントン大学大学院および神戸大学大学院修了。鹿島建設（株）建築設計部、関西大学教授等を経て現職。
執筆担当：column 5

中江研（なかえ・けん）
神戸大学大学院工学研究科建築学専攻教授
1968年生まれ。神戸大学工学部建築学科卒業、神戸大学大学院修了。（株）武田設計、神戸大学助手、助教、准教授を経て現職。
執筆担当：9.1、9.2、9.3、9.4

福原和則（ふくはら・かずのり）
大阪工業大学ロボティクス＆デザイン工学部空間デザイン学科教授
1964年生まれ。京都工芸繊維大学工芸学部建築学科卒業、同大学院修士課程修了。鹿島建設（株）建築設計部、同社在職中に同大学院博士課程修了。2012年より大阪工業大学工学部空間デザイン学科教授を経て現職。
執筆担当：3.3*、7.1*、7.2、column 6

本田昌昭（ほんだ・まさあき）
大阪工業大学工学部建築学科教授
1963年生まれ。京都工芸繊維大学工芸学部住環境学科卒業、京都工芸繊維大学大学院修了。大阪府立工業高等専門学校助教授、京都工芸繊維大学研究員等を経て現職。
執筆担当：2.4*、3.5*、3.6*、column 1

表紙デザイン協力：石川一平

日本の建築意匠

2016年12月15日　第1版第1刷発行
2025年2月20日　第1版第3刷発行

編著者　平尾和洋・青柳憲昌・山本直彦
発行者　井口夏実
発行所　株式会社学芸出版社
　　　　京都市下京区木津屋橋通西洞院東入
　　　　〒600-8216　電話075・343・0811
　　　　創栄図書印刷／新生製本
　　　　装丁：木村幸央
　　　　編集協力：村角洋一デザイン事務所

JCOPY 〈(社)出版者著作権管理機構委託出版物〉
本書の無断複写（電子化を含む）は著作権法上での例外を除き禁じられています。複写される場合は、そのつど事前に、(社)出版者著作権管理機構（電話03-5244-5088、FAX 03-5244-5089、e-mail: info@jcopy. or. jp）の許諾を得てください。
また本書を代行業者等の第三者に依頼してスキャンやデジタル化することは、たとえ個人や家庭内での利用でも著作権法違反です。

© Kazuhiro HIRAO, Norimasa AOYAGI, Naohiko YAMAMOTO 2016
ISBN978-4-7615-3224-6　Printed in Japan